DOUZE ANS

EN ALGÉRIE

SAINT-QUENTIN. — IMPRIMERIE JULES MOUREAU.

DOUZE ANS
EN ALGÉRIE

1830 A 1842

PAR

LE DOCTEUR BONNAFONT

MÉDECIN PRINCIPAL DES ARMÉES, EN RETRAITE, ETC.

PARIS
E. DENTU, ÉDITEUR
LIBRAIRE DE LA SOCIÉTÉ DES GENS DE LETTRES
Palais-Royal, 15-17-19, *Galerie d'Orléans*
—
1880
(Tous droits réservés).

PRÉFACE

Bien des histoires, bien des relations, bien des souvenirs ont été publiés sur l'Algérie depuis sa conquête; et, moi-même, je me suis permis de nombreuses réflexions sur ce pays au point de vue hygiénique et ethnographique. Eh bien ! malgré le mérite de ces publications, il m'a semblé, en compulsant mes notes prises jour par jour, depuis le départ de la flotte de Toulon (1830), jusqu'à 1841. qu'il y avait encore place, sinon pour les opérations militaires, racontées par des hommes compétents, mais pour certains événements et incidents civils et militaires qui ont surgi aux diverses phases de notre occupation.

En écrivant ce livre, je n'ai d'autres prétentions qne de me donner la satisfaction de raconter les faits, simplement, dans l'espoir que quelques-uns au moins, par leur originalité et toujours leur vérité, inspireront quelque intérêt.

Je me suis aussi appliqué à étudier comment, dans un pays nouvellement conquis, aux mœurs et à la religion, si différents des nôtres, la société civile s'y est établi : qu'elle a été la nature, surtout la qualité des premiers émigrants. C'était là un sujet délicat et difficile à traiter, j'ai cherché néanmoins à en donner une idée sommaire tout en dissimulant le nom des personnes dont la position imposait cette réserve,

En résumé, mon livre n'a d'autre prétention que d'apporter un modeste tribut à l'histoire de ce pays, destiné à devenir une nouvelle France, dont la conquête par les circonstances si essentiellement humanitaires qui l'ont suivie, a mérité à la France la reconnaissance de toutes les nations, de celles, surtout, plus immédiatement tributaires de ce nid de Pirates qui s'appelait Alger. Peu de nations peuvent prétendre à inscrire sur le bilan de leurs conquêtes un semblabie résultat. L'honneur en restera à la nation et au gouvernement qui l'ont si opiniâtrement entreprise et si heureusement accomplie.

DOUZE ANS EN ALGÉRIE

CHAPITRE PRÉLIMINAIRE

Quand on parcourt l'histoire de la régence d'Alger, on a lieu d'être étonné que cet État, peu important en apparence, ait pu vivre et exister pendant plusieurs siècles, tout en soutenant une lutte presque continuelle avec tous les états européens et même l'Amérique. On comprend encore moins que ces puissances aient été aussi débonnaires et aussi peu confiantes dans leur supériorité pour rester, durant cette même période, tributaires de ce minuscule repaire de pirates ; ou du moins, qu'après les échecs que chacune d'elle avait essuyés isolément, elles n'aient pas eu la sagesse de réunir leurs forces pour écraser, dans une action commune, cette puissance éphémère, raser les villes du littoral et détruire ou capturer tous les bâtiments qui y trouvaient un refuge. En agissant ainsi et en renouvelant cette opération, autant de fois qu'elle eût été nécessaire, les corsaires n'auraient pas tardé à disparaître complètement de la Méditerranée et la liberté de la navigation eût été promptement acquise aux bâtiments de tous les États, grands ou petits.

Il est impossible que cette idée si simple ne soit point venue à la pensée de quelques hommes d'État; surtout après l'insuccès des diverses expéditions entreprises, même par les puissances militaires et maritimes de premier ordre. Je sais bien que, pour les gouvernements comme pour certaines associations, il est moins difficile de se réunir pour frapper un grand coup que de se mettre ensuite d'accord pour le partage du butin, tout en donnant à chacun la part à laquelle il croit avoir droit. C'est peut-être ce qui avait fait échouer toutes les tentatives de ce genre, bien que, dans une expédition commune contre la régence d'Alger, on ne dût avoir comme objectif que la destruction de la piraterie sans chercher à faire aucune conquête.

Le seul avantage réservé aux puissances consistait uniquement à acquérir, pour chacune d'elles, le droit de sillonner librement et en tous sens la Méditerranée, sans crainte de rencontrer ces barbares et cruels forbans.

Après des siècles de patience et de nombreux échecs essuyés par toutes les puissances, il était réservé à la France, *seule*, de remplir victorieusement cette mission si périlleuse et si humanitaire.

Chacun connaît les motifs qui poussèrent la France à déclarer la guerre au dey d'Alger, et pourquoi elle entreprit une expédition contre lui. En toute impartialité, justice doit être rendue à ce gouvernement qui eut à lutter, et qui lutta victorieusement, avec une grande énergie, contre l'opposition qui lui fut faite à ce sujet, tant en France qu'à l'étranger; en Angleterre surtout.

Honneur soit donc rendu à la mémoire de Charles X : car, sans la volonté ferme qu'il manifesta, qui ressembla à de l'audace, Alger serait probablement encore la ville capitale de la piraterie et le repaire des anciens écumeurs de mer. Je suis heureux de rappeler quelques faits qui témoigneront de toute l'énergie qu'il déploya pour exécuter ce grand œuvre. J'ose espérer qu'on me pardonnera ces détails. Nous traversons d'ailleurs une période où la société est encore si peu en équilibre ; elle est si troublée ; les événements y naissent, y passent et s'y succèdent avec une telle rapidité, qu'ils entraînent après eux les jeunes générations sans leur laisser le loisir de jeter un regard sur le passé. Il n'est peut-être pas mal de leur rappeler, et de mettre de temps en temps sous leurs yeux les événements, encore contemporains, qui ont jeté quelque éclat sur la France. Celui qui fait le sujet de mes causeries comptera toujours pour un des plus glorieux et surtout des plus humanitaires.

Les rapports de bonne intelligence qui avaient existé entre la France et la Régence d'Alger depuis le règne de Louis XIV, la terreur que Napoléon avait inspirée aux nations barbaresques cessèrent avec la Restauration. La politique suivie depuis 1815 par notre représentant à Alger avait un tel caractère de faiblesse qu'elle ne pouvait commander ni la confiance ni le respect. M. Deval, né dans le Levant, connaissant la langue turque et les usages des Orientaux, fut nommé consul général à cette résidence en 1815. Il avait exercé pendant plusieurs années les fonctions de drogman à Péra, et y avait contracté l'habitude de ces formes souples et obséquieuses que les autorités musulmanes exigent toujours des agents subalternes. Ainsi, il avait consenti, sans faire d'objections, à ce que la redevance annuelle de la compagnie d'Afrique fût portée de 60,000 à 200,000 francs; il avait laissé imposer à la France la condition de ne construire dans les limites de ces concessions à la Calle ni forts, ni enceintes pourvus d'artillerie, privilège réservé dans les anciens traités.

Enhardi par tant de faiblesse, le dey d'Alger annonça hautement le projet de chasser la compagnie d'Afrique de ses possessions et de détruire ses établissements. Il avait violé le privilège de la pêche du corail, en exigeant une redevance énorme; il refusait maintenant de se conformer au droit maritime international; il prétendait continuer son système de piraterie et commettait sans cesse des infractions aux règlements arrêtés pour la visite des bâtiments en mer; enfin il autorisait et encourageait, sous divers prétextes, le pillage des bâtiments qui naviguaient sous la protection du pavillon français. Une dernière insulte, faite au représentant de la France, amena une rupture immédiate.

En 1828 et au commencement de 1829, la presse française blâmait beaucoup l'hésitation du gouvernement à répondre à l'insulte qui venait de lui être faite par le dey sur la joue de son consul général Deval. Ce fonctionnaire, qui laissait bien à désirer, dit-on, avait reçu, comme on sait, un léger coup d'éventail ou de chasse-mouche sur la joue, de la main même du dey. Aussi, certains journaux et plusieurs membres honorables de la Chambre des députés et des pairs reprochaient-ils au gouvernement sa lenteur et sa faiblesse.

Nous aurons l'occasion de revenir sur le sujet important de la Calle. Nous signalerons ici, entre tous les opposants, l'auteur d'une brochure intitulée : *Sur les véritables causes de la rupture avec Alger et l'expédition qui se prépare*, par Alexandre de Laborde, député de la Seine; Paris, avril 1830. On verra, par l'échantillon suivant, l'état d'exaltation où en était l'opposition même pendant qu'on faisait les préparatifs de l'expédition.

Après la prorogation de la session de 1830, c'est-à-dire dans le mois d'avril de la même année, au moment où la flotte et l'armée se réunissaient à Toulon, M. Alexandre de Laborde publia un écrit dans lequel étaient résumés et aggravés, par l'amertume du langage, toutes les objections, tous les reproches, toutes les préventions, tous les blâmes accumulés par les journaux de l'opposition contre l'expédition d'Afrique. Cet écrit était adressé au roi et aux Chambres, « seuls juges de ce grand procès, » disait l'auteur. Mais le roi avait pris sa résolution, puisque les vaisseaux et les troupes se rassemblaient ; les Chambres provoquées étaient absentes et ne devaient se réunir qu'après le succès ou l'échec de l'expédition. Ces paroles ardentes n'arrivaient donc qu'aux passions émues, qu'elles excitaient encore, aux gouvernements étrangers opposés à notre entreprise, et enfin à l'ennemi, qu'elles encourageaient.

L'auteur disait, dans la préface : « Il est plus facile de surprendre la religion d'un prince généreux que le bon sens d'un peuple éclairé. La vérité se fait jour avec peine à travers les murs d'un palais et les rigueurs de l'étiquette ; mais le bon sens circule dans les masses, est accueilli partout, et partout il dit aujourd'hui qu'avant de sacrifier 30,000 hommes, soixante millions, il faut savoir pourquoi et comment. »

Plus tard, l'expédition étant décidée, il advint le contraire. La même presse, qui avait montré une si grande impatience et un si grand patriotisme en 1828, n'eut pas d'arguments assez forts ni assez persuasifs en 1829 pour faire ressortir la légèreté d'un pareil projet et les dangers d'une semblable expédition, en énumérant, commentant avec détails, l'échec de toutes celles qui avaient été déjà tentées par l'Espagne, l'Angleterre et la France, dans le même but.

Les puissances étrangères, excitées et secondées par nos journaux, se mirent de la partie, non par crainte d'un échec pour la France, mais redoutant de lui voir acquérir trop de prépondérance sur la Méditerranée; une influence morale trop grande sur le continent. Et, ce qu'il y eut de plus déplorable, c'est que cette opposition rencontra des défenseurs jusqu'au pied du trône. Heureusement le Roi eut deux fermes auxiliaires dans le ministre de la marine, le baron d'Haussez, et le prince de Polignac, ministre des affaires étrangères, président du conseil, lesquels convaincus, de la nécessité de lever haut l'étendard de la France et du succès de l'expédition, demeurèrent inébranlables. Ils eurent le bon esprit de garder le silence et de laisser crier. Mais il n'en fut pas de même à l'égard des puissances qui essayèrent de mettre des entraves aux préparatifs; une surtout, la fière Albion, qui osa se poser en adversaire. Il y avait aussi le ministre de la guerre, le général de Bourmont, dont la vie avait été pleine de vicissitudes: il avait les connaissances et cette aptitude naturelle que rien ne remplace; dès son entrée au ministère de la guerre, il eût à cœur de prendre des mesures les plus utiles à l'armée. Aussi peut-on dire, à l'honneur de sa mémoire, que jamais expédition n'a été mieux préparée; tout avait été prévu avec une intelligence rare. Le général savait que, si les batailles se gagnent à coups de canon ou de fusil, il faut, pour que les armes portent plus juste, que les hommes qui s'en servent n'aient pas la préoccupation d'être mal nourris ni mal soignés.

Les quelques citations qui vont suivre suffiront pour mettre en évidence l'opposition de l'Angleterre, la fermeté que le Roi et le ministre durent déployer pour y répondre et pour persister dans leur résolution.

Aux observations que les ambassadeurs firent à une circulaire du gouvernement, le président du conseil des ministres leur répondit :

« La France insultée n'a besoin de l'aide de personne pour se venger...

Quant aux Anglais, nous ne nous mêlons pas de leurs affaires, qu'ils ne se mêlent pas des nôtres. »

A Lord Stuart, ambassadeur anglais. Voici la réponse qui lui fut faite :

Le Roi veut que l'expédition se fasse et elle se fera. — Vous croyez donc qu'on ne s'y opposera pas, dit Stuart? — Sans doute. Qui l'oserait? — Qui? Nous, les premiers! — Milord, lui dit le ministre d'Haussez avec une émotion qui approchait fort de la colère, je n'ai jamais souffert que, même vis-à-vis de moi, simple individu, on prît un ton de menace; je ne souffrirai pas davantage qu'on se le permette à l'égard du gouvernement dont je suis membre.

Je vous ai déjà dit que je ne voulais pas traiter cette question diplomatique; vous en trouverez la preuve dans les termes que je vais employer.....

La France se moque de l'Angleterre... La France fera, dans cette circonstance, ce qu'elle voudra sans souffrir de contrôle, ni d'opposition. Nous ne sommes plus au temps où vous dictiez des lois à l'Europe...

Votre influence était appuyée sur vos trésors, vos vaisseaux, et une habitude de domination. Tout cela est usé.

Vous ne compromettrez pas ce qui vous reste de cette influence en allant au-delà de la menace. Si vous voulez le faire, je vais vous en donner les moyens. Notre flotte déjà réunie à Toulon, sera prête à mettre à la voile dans les premiers jours de mai. Elle s'arrêtera pour se rallier aux îles Baléares; elle opérera son débarquement à l'ouest d'Alger. Vous voilà informé de sa marche; vous pouvez la rencontrer si la fantaisie vous en prend; mais vous ne le ferez pas; vous n'accepterez pas le défi que je vous porte, parce que vous n'êtes pas en état de le faire. Ce langage, je n'ai pas besoin de vous le répéter, n'a rien de diplomatique. C'est une conversation entre lord Stuart et le baron d'Haussez, et non une conférence entre l'ambassadeur d'Angleterre et le ministre de la marine de France.

Je vous prie cependant de réfléchir sur le fond que le ministre des affaires étrangères pourrait vous traduire en d'autres termes, mais sans rien changer au fond (1). »

Après ces déclarations si formelles et si accentuées, le silence se fit partout, et le gouvernement continua avec la plus grande activité les préparatifs de la marine et de l'armée de terre. Ainsi, tout étant prêt, les corps

---

(1) Pour plus de détails sur les préliminaires, voir :
L'Algérie ancienne et moderne, par Léon Galibert, 1844.
ALFRED NETTEMENT, *Histoire de la conquête d'Alger*, 1867.
CAMILLE ROUSSET, de l'Académie française, *Histoire de la conquête d'Alger*, vient de paraître, 1879.

désignés pour faire partie de l'expédition reçurent l'ordre de se rendre à Toulon.

A ce moment, je fus nommé sous-aide major à l'ambulance de la 3e division, commandée par le duc d'Escars, dont le quartier général était à Aix.

DÉPART DE PARIS.

Avant de partir et de quitter Paris, M. de Champagny, directeur de l'administration au ministère de la guerre, et M. Dubois, son adjoint, devenu plus tard intendant général et mon ami intime, désirèrent me présenter à S. A. R. le duc d'Angoulême. La présentation eut lieu aux Tuileries, un dimanche, au sortir de la messe. Le prince eut la bonté de m'assurer de toute sa bienveillance et me fit entrevoir un avenir que les événements n'ont pas permis de réaliser. Mais je ne puis laisser échapper cette occasion d'exprimer, sur la tombe de mes si bienveillants protecteurs, ma profonde reconnaisance que je leur conserverai jusqu'à ce que j'aille à mon tour les rejoindre.

Quelques jours après mon arrivée à Aix, on m'envoya à Marseille, pour assister, sur le cours Bourbon, à la revue des officiers de santé, sous les ordres de MM. de Beaupré et Roux, médecins en chef.

Disons, d'abord, que le personnel des officiers de santé en activité, étant insuffisant, le gouvernement dut faire appel à tous ceux qui, licenciés, en 1815, avec l'armée de la Loire, voudraient reprendre du service.

Plusieurs répondirent à cet appel et endossèrent, pour venir au rendez-vous, les costumes qu'ils avaient portés vaillamment sous l'Empire et dont ils se paraient alors, dans leurs beaux jours.

Ces costumes étaient très variés de formes et de couleurs. Les habits verts, rouges ou bleus, avaient des collets couvrant les oreilles, des basques flottant et caressant les mollets; quant aux pantalons, ils étaient collants, rehaussés de galons dorés ou argentés plus ou moins fanés ou rapés.

Le sabre, traîné à la hussarde ou retroussé à la turque; on y voyait même de petites épées d'abbés de cour.

Tout cela formait un assemblage bizarre que nous, jeunes gens, admirions avec un sentiment de respect. Mais cette variété de costumes était si originale et si pittoresque que, ma foi, nous ne pouvions nous défendre d'en rire un peu à l'écart.

Ce bizarre recrutement n'avait guère trouvé d'adhérents que parmi quelques enthousiastes ou ceux qui n'occupaient que de modestes positions. Car, déjà âgés, ceux qui avaient un foyer convenable n'éprouvaient nul besoin de courir de nouvelles aventures.

La ville de Marseille fit à l'armée l'accueil le plus enthousiaste. D'abord, comme ville maritime et commerçante, elle prévoyait, dans le succès de cette entreprise, un nouvel et immense essor donné à son commerce; et, comme ville essentiellement légitimiste, elle était bien aise de voir la branche aînée des Bourbons tenter une conquête si humanitaire, dont le succès, qu'on escomptait d'avance, devait ajouter un si glorieux fleuron à sa couronne.

Quelques jours après cette revue, je reçus l'ordre de me rendre à Toulon pour m'embarquer. J'y arrivai le 11 mai. Jamais on n'avait vu pareil encombrement. Les hôtels étaient remplis. Impossible d'y trouver place, même sous un escalier et de s'y caser à l'exemple de saint Alexis. Les maisons particulières étaient également assaillies.

Enfin, un scribe de la mairie découvrit une maison qui n'avait pas été requise. Il me délivra un billet que je me hâtai d'utiliser ; car la chaleur était extrême et j'étais horriblement fatigué.

L'accueil que j'y reçus fut gracieux ; on me conduisit aussitôt à une chambre proprette, où je fis un peu de toilette ; le soir, je rentrai de bonne heure, savourant d'avance la douceur d'un sommeil auquel un lit moelleux semblait me convier. Nous étions d'ailleurs assez loin du centre de la ville pour que le tumulte et le bruit des tambours et trompettes ne vinssent pas troubler un repos auquel j'avais si bon droit. Je me couchai, m'apprêtant à faire les plus beaux rêves. Mais, ô cruelle déception ! je ne prévoyais pas l'empressement des hôtes que je devais rencontrer à cet étage.

Les habitants du rez-de-chaussée avaient été très agréables ; mais ceux que je trouvai là-haut devinrent trop importuns, *trop piquants* et surtout trop insinuants ; ne respectant rien, passant par-dessus toutes les convenances, ils m'obligèrent bientôt à leur abandonner ce lit tant convoité. J'en fus réduit à m'installer sur une grande table où je plaçai seulement mon oreiller après l'avoir fortement secoué et en avoir, aussi complètement que possible, chassé les habitants *lilliputiens*.

Mais rien n'y fit. Mon campement improvisé sur ce lit d'un nouveau genre ne put me préserver des atteintes de mes ennemis ; toute la nuit se passa sur une constante et persistante défensive.

Le lendemain, je revins à la mairie ; quand je fis ma plainte au secrétaire, tous les scribes se mirent à rire et s'étonnèrent que je ne fusse point accoutumé à ce genre de tourment dont les gens du pays ne s'inquiétaient guère.

J'obtins toutefois mon changement. En ma qualité d'officier de santé, ils m'envoyèrent chez M. Fleury, médecin en chef de la marine, qui était dispensé de loger des militaires. Ils espéraient que, les circonstances plaidant en ma faveur, M. Fleury voudrait bien faire une exception pour un futur confrère; ils le jugèrent bien, car je reçus chez mon chef le plus gracieux accueil; je trouvai, dans sa maison, un confortable dont je garde bon souvenir.

Il serait difficile de décrire Toulon à cette époque. Les rues, les places, les quais étaient encombrés de troupes. Les restaurants, les cafés, ne pouvant contenir tous leurs consommateurs, avaient dû mettre des tables et des sièges dans les rues. C'étaient des reconnaissances continuelles et imprévues; des oh! des ah! et des cris divers, poussés avec l'enthousiasme dont l'armée était animée. Non, jamais, j'ose le dire, la France n'assistera, avec le même entraînement, aux préliminaires de la grande œuvre qu'elle allait entreprendre.

Le port et la magnifique rade, couverts de bâtiments, étaient sillonnés par les canots majors et minors qui allaient sans cesse de la ville aux bâtiments et des bâtiments à la ville. Ce spectacle, était grandiose et des plus imposants.

EMBARQUEMENT.

La première division s'embarqua le 12 mai 1830.

Le 13 et le 14, ce fut le tour de la deuxième; le temps était alors très mauvais. Un bâtiment faillit échouer sur la côte, près le fort Balaquié. Il fut heureusement secouru par le *Rhône* et la *Bonite*, qui reçurent à leur bord les militaires jusqu'à ce que le temps permît de les renvoyer à bord de leur bâtiment respectif.

La troisième division, dont je faisais partie, s'embarqua le 15 et le 16, par un très beau temps. Je montai à bord de la *Caravane* et j'y rencontrai un détachement du 28ᵉ de ligne, avec son état-major, que j'avais connu à Paris.

A peine les troupes furent-elles embarquées, on annonça l'arrivée à Toulon du grand-amiral de France, le duc d'Angoulême, qui se proposait de visiter la flotte le 28. C'était un dimanche; une réception splendide fut préparée à Son Altesse par l'amiral Duperré et le général en chef Bourmont. Toute la flotte se faisait une fête de cette royale visite.

Le canon des forts tonna le dimanche matin, à neuf heures, pour annoncer l'embarquement du prince sur le canot major. A ce signal, les pavillons de toutes les couleurs de l'arc-en-ciel apparurent et flottèrent au sommet des mâts. Les matelots, rangés sur les vergues, comme des hirondelles, attendaient le moment de l'arrivée du grand-amiral pour faire retentir les cris de : Vive le Roi, vive le duc d'Angoulême!

On n'attendait qu'un simple avertissement; un religieux silence régnait à bord. Mais le temps s'écoulait dans une anxieuse attente.

Ce retard commençait à impatienter les matelots perchés au haut des mâts.

— Comment! c'est notre grand-amiral de France, disaient-ils, qui recule devant quelques lames houleuses et seulement en pleine rade?

Pour moi, qui avais gardé si bonne mémoire du bienveillant accueil dont le prince m'avait honoré, j'étais très contrarié d'entendre les chuchotements qui se faisaient autour de moi à propos de ce retard que les officiers du bord attribuaient à une faiblesse.

Enfin le prince arriva et son embarquement sur le vaisseau amiral la *Provence* fut signalé par un salut tel que la marine a le secret de les faire.

Nous pensions tous mettre à la voile le 20 ou le 21; la flotte militaire était prête le 19. A ce moment, un incident assez piquant égaya un instant l'équipage de la *Caravane*, mais il fut bien pénible pour celui qui en était l'objet.

Le lieutenant de vaisseau L..., qui venait de se marier, arriva à Toulon accompagné de sa jeune femme. Désirant ne la quitter qu'au moment du départ, il la laissa à terre, comptant revenir la retrouver quelques heures après.

Il se rendit à bord le 20, au matin, pour présenter ses devoirs au commandant et aussi pour présider à l'aménagement de sa cabine.

Pendant qu'il était absorbé dans ses occupations intérieures, arriva à toutes rames un canot major avec un personnage qui venait prendre passage sur la *Caravane*.

C'était le diplomate d'Aubignosc, qui, envoyé en mission à Tunis, avait été nommé grand prévôt et chef de la police de l'armée expéditionnaire.

A cette époque, bâtiments et passagers arrivant des côtes orientales et africaines, étaient, sans exception, mis en quarantaine. Aussi, à peine ce diplomate eut-il touché les premières marches de l'escalier du bâtiment, que le pavillon jaune fut hissé au grand-mât et l'équipage entier dut subir cette loi quarantenaire.

M. d'Aubignosc eut beau affirmer qu'aucune maladie n'avait éclaté à Tunis durant le court séjour qu'il y avait fait ; c'était le règlement sanitaire alors en vigueur, et ses réclamations ne furent point écoutées. D'importants changements ont été apportés depuis lors à ces mesures qui n'ont d'autre mérite que de rassurer les peureux. Devant lever l'ancre le lendemain, cet incident ne nous contraria pas autrement.

Tout l'équipage croyait que le nouveau marié était retourné à terre auprès de sa femme, lorsque, à l'étonnement de tous, il apparut sur le pont, se disposant à aller à Toulon. Pendant qu'il demandait un canot, on le pria de jeter un regard sur le sommet du grand mât. En apercevant cette couleur sinistre, n'y comprenant rien, il poussa un cri de détresse. Dès qu'on lui eut donné l'explication de l'incident et comment il s'était accompli, il alla trouver le commandant.

Ce pauvre lieutenant, désespéré, s'arrachait les cheveux ; et, d'un ton très exalté, il annonça à son camarade de quart qu'il allait se jeter à la mer et gagner un canot pour se rendre à terre.

L'officier de service lui fit observer qu'un tel acte l'obligerait à faire tirer le canon d'alarme, comme pour un forçat évadé, et qu'on tirerait sur lui comme sur un requin, un être malfaisant et pestiféré. Tel est le règlement que les nations soi-disant les plus civilisées conservent précieusement dans leur législation. Le malheureux descendit dans sa cabine et y pleura comme un enfant. Bientôt on vint lui apprendre que le départ de la flotte était remis, et qu'en tout cas, elle ne partait pas le lendemain. A cette nouvelle, qu'il se fit répéter, il reprit un peu de calme et s'écria : « Je pourrai donc, quoique au lazaret, revoir ma femme avant de partir, causer avec elle et lui faire mes derniers adieux?... » Nous fûmes aussi en quarantaine et forcés de rester à bord ou d'aller respirer l'air du lazaret. La petite ville de la Seyne nous était aussi interdite. Le lazaret, où nous respirions plus à l'aise, était proche de la *Caravane*, nous y passâmes toutes nos journées jusqu'au départ.

Là, seulement, nos jeunes mariés purent se voir et converser ensemble; mais deux grilles implacables éloignées de deux à trois mètres séparaient ces tourtereaux.

Cinq jours se passèrent ainsi; c'est pendant notre séjour et nos promenades au lazaret que j'eus occasion de faire la connaissance du savant et spirituel secrétaire perpétuel de l'Académie de médecine, M. Pariset, qui arrivait d'une mission en Grèce, en compagnie du docteur X...

Enfin, nous apprîmes que le départ était fixé au lendemain, dimanche 25, à midi : quelle ne fut notre joie à cette heureuse nouvelle!...

Le lieutenant L...., qui avait fait ses adieux et adressé du geste seulement, hélas! mille baisers affectueux à sa chère femme, reprit sa gaieté habituelle et fut le plus aimable et le plus spirituel de la fête.

La soirée parut très longue; dans la surexcitation où nous étions personne ne songeait à se coucher, attendant le lendemain avec une fébrile impatience.

DÉPART DE L'ESCADRE.

Ce jour si désiré arriva, en effet, et s'annonça sous les plus souriants auspices. Le ciel, d'un pur azur laissa toute liberté à un soleil radieux d'éclairer de ses plus joyeux rayons cette journée qui fut la plus belle et la plus poétique que l'histoire de France ait eue et aura probablement à enregistrer.

L'aspect de la rade de Toulon, vue du centre de l'escadre, où je me trouvais alors, était indescriptible.

Comptant sur l'indulgence du lecteur, que je sollicite avec instance, je ne peux résister au désir d'essayer d'en donner une idée.

La rade de Toulon, est de forme à peu près circulaire. Elle est entourée de côtes et de collines qui lui forment, en quelque sorte, un immense amphithéâtre. Eh bien, l'affluence des curieux était si grande que la surface du sol, faisant face à la rade, était littéralement tapissée de monde.

Les populations, surtout la partie féminine, étaient venues de bien loin pour assister au départ de l'armée expéditionnaire et lui donner ainsi un profond témoignage de leur sympathie. Aussi en étions-nous tous très flattés et en ressentions-nous une douce émotion.

L'escadre se composait de 104 bâtiments de guerre, de tous rangs, et de 676 bâtiments de commerce : en tout, 780 voiles portant 36,000 hommes, y compris l'armée expéditionnaire, et 60,000 au moins, attachés au service de la marine : soit 100,000 hommes; plus le matériel immense pour le service et l'alimentation de toute sa nombreuse population. Jamais on n'avait vu et on ne verra très probablement maintenant, une pareille flotte allant naviguer de concert sur les eaux de la Méditerranée ou ailleurs.

L'ordre de départ étant donné, à dix heures, tous les bâtiments se pavoisèrent. Leurs pavillons multicolores, agités aussitôt par le vent, produisirent un effet merveilleux ; leurs couleurs, constamment mélangées, transformèrent en quelque sorte la rade en un immense jardin aérien, au milieu duquel circulaient et se fondaient, sous des formes fantastiques, les épais nuages de fumée que des centaines de canons lançaient dans l'espace.

L'ensemble de ce spectacle si original ressemblait à un kaléidoscope aux dimensions infinies.

Les musiques de la marine et les musiques militaires firent alors retentir ensemble l'air national.

Au signal donné par le vaisseau amiral, elles se turent : alors éclata à bord de tous les navires un cri formidable de : Vive le Roi ! qui fut répété par les milliers de spectateurs contemplant cette scène si grandiose et si patriotique.

L'émotion générale était à son comble.

Les pavillons de fête furent amenés, les voiles larguées, et le défilé du départ commença.

Lorsque le premier bâtiment passa devant le cap Cepet, un nouveau cri unanime de : *Vive le Roi !* — retentit spontanément et nous arriva comme un dernier adieu et un souhait d'heureux voyage de la part de la population animée de si bons sentiments à l'égard de toute l'armée expéditionnaire et de la flotte.

A six heures, la *Caravane* doublait le cap Cepet, où se trouve le tombeau du général Destouches.

Le 26, à dix heures du matin, nous perdions de vue la côte.

Une demi-heure après, une frégate apparut ; mais si loin de nous qu'il nous fut impossible de la distinguer sans lunette d'approche. A l'aide de cet instrument nous découvrîmes qu'elle avait un pavillon rouge au grand-mât. Le mat de misaine aussi portait un pavillon rouge, sur lequel était brodé un croissant blanc ; cet emblème indiquait suffisamment la nationalité du bâtiment qui avait toutes voiles dehors et marchait avec une extrême rapidité. Elle était escortée d'un brick français qui faisait partie du blocus d'Alger où elle avait été arrêtée.

Parvenue à la distance réglementaire du vaisseau amiral, la frégate salua la *Provence* qui lui rendit immédiatement le salut. Ce devoir accompli, il s'établit entre les deux bâtiments un va et vient d'officiers qui témoignaient que des relations importantes s'échangeaient entre notre général en chef et l'amiral turc. Ces pourparlers, se prolongeant plus de deux heures, provoquèrent une certaine anxiété dans le personnel expéditionnaire. On craignait quelque intrigue tendant à une conciliation. Le calme ne fut rétabli qu'en voyant la frégate turque naviguer à côté de la flotte, escortée d'une frégate française, et faisant route du côté de la France.

L'amiral turc était, en effet, porteur de dépêches de son gouvernement pour négocier la paix. Ses démarches ayant échoué auprès du général de Bourmont, le plénipotentiaire ottoman se rendit à Paris, où elles éprouvèrent le même sort de la part du prince de Polignac et du roi.

On disait que Tahir-Pacha, c'était le nom de l'amiral turc, en supposant qu'il eût pu pénétrer à Alger, y aurait reçu un accueil peu favorable. Hussim-Dey le détestait et le croyait porteur du *cordon fatal*.

Sans s'en douter l'escadre de blocus commit une bonne action dont plus tard dut se féliciter le plénipotentiaire turc. On ajoute même que l'apparition devant Alger de ce vaisseau nous fut de quelque utilité ; les Algériens le croyant au milieu de nous, cette opinion nous fit quelques partisans dans la ville.

Du 25 au 26, et jusqu'au matin du 27, nous ne fîmes que trois nœuds à l'heure, soit une lieue.

La mer devint un peu houleuse les 27 et 28, et notre vitesse acquit six nœuds et demi, soit deux lieues et quart.

Le 28, à 4 heures, nous aperçûmes les îles Baléares; et à 5 heures nous arrivions en face et à deux lieues de l'île Minorque.

Nous distinguions Mahon et son port; les forêts d'orangers, d'oliviers et de figuiers qui couvrent les environs de la ville nous parurent en pleine végétation et bien cultivées.

Le roulis insupportable, que nous avions eu le 27 et le 28 jusqu'à deux heures, finit heureusement par disparaitre. Nous étions alors juste en face et assez près de terre; aussi une foule d'oiseaux vinrent nous souhaiter la bienvenue.

Le 29, calme plat ; à midi, un grand vent du Nord s'éleva et le roulis redevint très gênant.

Les officiers furent presque tous malades et ne purent prendre de nourriture. Seul, je restai sur le pont et m'y fis monter du pain et du fromage que je mangeai tout en me maintenant debout en enlaçant un des bras du grand-mât. Le pont prenait parfois une telle inclinaison, qu'il semblait que le navire allait tourner complètement sur lui-même.

Malgré ce roulis et le tangage qui lui faisait opposition, le bâtiment continua sa marche avec une vitesse de huit à neuf nœuds à l'heure. Nous n'étions plus, le soir, qu'à une quarantaine de lieues d'Alger.

Le 30, au matin, une distance de quinze lieues seulement nous séparait d'Alger; le temps était assez beau ; le vent très fort. Toute la nuit, nous ne fîmes que louvoyer en restant à la même distance de la côte.

Le 31, ordre fut donné de revenir du côté des îles Baléares ; le vent redevint très-fort vers quatre heures ; le bâtiment roula de plus belle et obligea les passagers à reprendre la position horizontale.

L'ordre de regagner les îles Baléares étonna tout le monde ; on se demandait s'il avait été donné à cause du mauvais temps ou pour y attendre la flotte marchande. Ce dernier motif nous parut plus plausible ; c'était probablement pour cela que nous ne devions point aller trop près de la côte d'Afrique, où nous comptions effectuer notre débarquement le 2 ou le 3 juin. Le mauvais temps persistant dut bien être pour quelque chose dans l'ordre de nous tenir au large. Peut être aussi le souvenir des précédentes expéditions, terminées d'une façon si désastreuse, était-il trop présent à l'esprit de tout le monde et surtout de nos chefs.

Le 1er juin, l'amiral donna à l'escadre de réserve l'ordre de mouiller à Palma, capitale des îles Baléares. L'ancre fut jetée assez près, et nous distinguions parfaitement tous les mouvements qui se produisaient dans le port. Quant à la troisième escadre, dont la *Caravane* faisait partie, à peine était-elle entrée dans la baie, qu'elle reçut l'ordre de virer de bord et de naviguer à l'entrée.

A huit heures, une grande partie de la flotte marchande passa devant nous pour aller mouiller dans la rade. A neuf heures, la ville paraissait bien éclairée et la côte se garnissait de feux nombreux.

Pendant la journée du 2, on fit louvoyer dans la baie les vaisseaux de guerre ; le lendemain nous étions près de la ville. Nous voyions distinctement les édifices les plus remarquables ; les églises, les couvents, etc.

Nous apercevions aussi les rues et distinguions même les personnes qui se trouvaient sur le quai. Ce fut un moment bien agréable pour tous les passagers, qui voyaient enfin approcher le terme de leur voyage.

Les alentours de la ville, décorés d'un grand nombre de maisons de campagne, présentaient un aspect très pittoresque ; elles nous paraissaient toutes neuves. Il n'en était rien ; cet effet étant dû au badigeon blanchâtre dont on les recouvre fréquemment ; éclairées par un magnifique soleil, elles se détachaient très coquettement sur le fond verdoyant des orangers et des citronniers. Cet ensemble si nouveau pour les passagers nous procura d'agréables distractions.

Le bâtiment tira des bordées toute la journée du 4 devant la baie ; il s'en éloigna pendant la nuit pour y revenir le 5 au matin.

Vers sept heures, plusieurs bâtiments marchands, après avoir défilé devant nous, jetèrent l'ancre au fond de la baie.

La frégate *Iphigénie*, qui avait accompagné l'amiral turc ou, pour mieux dire, l'avait conduit à Toulon, rejoignit l'escadre. En même temps arrivait le brick *Actéon* venant d'Alger. Plusieurs bâtiments, partis des côtes d'Afrique, entrèrent aussi en rade le soir.

L'intendant en chef Déniée eût, au moyen de signaux, une longue conversation avec le vice-amiral commandant. Il était alors six heures et demie.

A neuf heures, des signaux de nuit firent leur apparition.

Ils étaient composés de fusées de couleurs les plus variées, qui éclatèrent en grand nombre de toutes les parties de la flotte. Ces feux, se reflétant dans les eaux étaient d'un effet magique.

Les bâtiments faisant partie de l'armée de débarquement reçurent, le 6, l'ordre de se tenir en pleine mer à deux lieues de la ville. Nous aperçûmes alors la côte de l'île de Cabrera, de si trîste mémoire.

Une pluie abondante et le vent impérieux qui régnèrent toute la journée occasionnèrent un roulis très désagréable.

La position fut la même le 7; nous eûmes du tangage, le matin, jusqu'à dix heures, et un calme plat le reste du jour.

La mer, qui, la veille, avait été agitée et l'était encore en dessous, produisit un roulis insupportable qui nous empêchait de jouir avec satisfactîon du beau temps dont nous étions pourvus. Les passagers sans exception furent plus ou moins malades; personne ne put manger.

J'étais moi-même légèrement indisposé.

La nuit, la mer s'étant calmée; il nous fut donné le spectacle d'une illumination merveilleuse. Je veux parler d'un clair de lune splendide, comme il arrive rarement d'en voir en France, surtout dans le nord. Pour l'admirer, chacun de nous resta presque toute la nuit sur le pont.

Nous nous trouvions au même endroit le 8; le temps était encore superbe et la mer polie comme une glace. De temps en temps, une brise légère et bienfaisante soufflait légèrement, ridait un peu la surface de la mer qui bientôt redevenait absolument unie.

Vous dire la joie générale à bord n'est pas possible; chacun, ce jour-là, commodément assis devant une table bien dressée, mangea de bon appétit. Et, le repas fini, il ne fut pas moins agréable de se promener de long en large sur le pont, sans crainte d'y perdre l'équilibre.

C'était la première fois que la mer nous permettait de jouir de cette liberté; aussi la gaîté était-elle sur tous les visages et dans tous les cœurs.

Le 9, nous reparûmes de nouveau, en louvoyant auprès de Palma. A sept heures, nous étions en panne, à l'entrée de la baie.

Nous aperçûmes bientôt un bateau pêcheur, à une assez grande distance de la *Caravane*. Comme il venait du côté de la ville, et qu'il avait l'air de chercher, nous eûmes l'idée qu'il portait des provisions de bouche. A l'aide du porte-voix, il fut hélé et prié d'approcher. Parvenu à une faible distance, il était huit heures du soir, nous lui demandâmes s'il avait des aliments frais.

— Oui, nous répondit-il, et je les porte à la frégate *la Jeanne-d'Arc*.

Un capitaine du 28e, vrai loustic, qui aurait bien regretté de ne pas saisir cette occasion de faire une espièglerie et surtout de saisir ces vivres frais si convoités, s'empressa de répondre au patron du bateau que c'était précisément de la *Jeanne-d'Arc* qu'il recevait ces questions. Il ordonna au patron d'aborder sans plus tarder et de lui remettre son chargement.

Le patron obéit; nous lui achetâmes la plupart de ses provisions :

2 moutons;
600 oranges, à 7 fr. le cent;
144 laitues, à 1 fr. la douzaine;
1 grand panier d'abricots ⎫
1   —   de prunes ⎬ pour 5 francs

d'autres légumes aussi, des choux, des carottes, etc., plusieurs livres de chocolat, à 2 francs. Nous ne lui laissâmes qu'une paire de gallines (*poules*), qu'il ne voulait céder qu'à 10 francs.

Les officiers passagers firent seuls les frais de ces acquisitions qu'ils confièrent triomphalement à l'officier du bord, chargé spécialement de notre cambuse, le malheureux M. L....

La *Jeanne-d'Arc*, plus généreuse, eût acheté peut-être aussi les deux gallines.

Nous nous sentîmes cependant un peu envahis par les remords d'avoir commis une action déloyale ; mais ces remords n'étaient pas de force à lutter longtemps avec le bonheur de posséder des denrées si fraîches et si appétissantes ; puis en guerre on se pardonne facilement ces petits écarts.

Ces provisions bien venues, bien reçues, et surtout bien accommodées, furent unanimement fêtées le soir à table. La succulence du mouton, la fraîcheur des oranges et la sapidité des abricots ramenèrent bientôt la tranquillité dans nos consciences : je confesse même naïvement que dans un moment d'expansion bien excusable à nos âges, et en savourant le parfum des prunes de reine claude, nous fûmes assez généreux pour porter un toast aux camarades de la *Jeanne-d'Arc*, qui, bien inconsciemment, nous avaient procuré une agréable aubaine qui nous mettait ainsi à l'abri de doubler de sitôt le cap Fayol (1).

Le patron nous fit aussi connaître la cause d'un léger désordre provoqué en ville par la présence de quelques marins et militaires auxquels on avait octroyé la permission de se rendre à Palma.

(1) Doubler le cap Fayol veut dire, en terme marin, être réduit à manger des haricots secs.

On raconte, nous dit-il, que dans un bal nos matelots s'étant permis de se livrer à une danse un peu trop *Mabilienne* dont les évolutions auraient été plus sympathiques aux jeunes majorquines qu'aux indigènes, il en résulta, entre les danseurs, une querelle qui frisa la rixe.

Afin d'y mettre un terme les matelots reçurent l'ordre de quitter la salle et de se rendre à bord de leurs bâtiments. Ce qu'ils firent d'ailleurs sans opposer la moindre résistance.

L'amiral Hugon, instruit de cet incident, prévint toute récidive en supprimant les permissions.

Il paraît que les officiers passagers qui furent autorisés à aller à terre durant les quelques jours que la flotte de transport stationna dans la rade, reçurent un cordial accueil en ville et rapportèrent de Palma d'agréables souvenirs.

ESCADRE.

Le 9 juillet, les chefs de l'armée de terre furent appelés sur l'*Aréthuse*, où s'était rendu le général en chef. Il leur fit part des moyens de défense que le dey d'Alger devait nous opposer. Il avait, disait-on, réuni 2,000 chameaux qui seraient enchaînés deux à deux par les narines, puis lancés contre les premières troupes de débarquement après avoir mis préalablement le feu à leurs queues enduites d'une forte couche de goudron. Les instructions du général en chef portèrent spécialement sur les moyens de défense contre un si bizarre et si singulier ennemi. (général BERTHEZÈNE.)

Le 10 juin, jour de la fête Dieu, la *Caravane* s'éloigna de la ville; à six heures du soir, elle reçut l'ordre de reprendre son rang de bataille. Nous voyagions le cap sud-sud-est, et jouissions d'un très beau temps.

Le 11, à cinq heures et demie du matin, nous apercevions, à deux lieues environ, la flotte de guerre, et bientôt nous étions à notre poste.

Nous nous trouvions, à ce moment, à 25 lieues de Bougie. La nuit du 11 nous préparait un magnifique spectacle. La flotte marchande, qui nous précédait, reçut l'ordre de s'arrêter ou au moins de ralentir sa marche.

Pendant que nous défilions lentement à côté d'elle, le sommet des mâts du vaisseau-amiral, comte Hugon, se couronna de fanaux. Les cinq cents autres bâtiments hissèrent de suite ces mêmes signaux, lesquels reproduits de mille façons par l'agitation et la transparence de l'eau, nous valurent le spectacle magique d'une illumination à *giorno*.

Il est impossible de comparer la splendeur d'un tel coup d'œil à ceux, de même genre, qui se produisent à terre ; la réflexion de la lumière dans les eaux y ajoute beaucoup et en multiplie infiniment les effets.

Une nouvelle merveille nous attendait le lendemain matin, et cela n'a rien d'étonnant ; car, en mer, avec une flotte à voiles, on va toujours de surprises en surprises et on est à chaque instant témoin d'incidents pittoresques et inattendus.

Les voiles, mouillées la veille par une pluie très fine avaient été carguées et pliées encore humides. Pour les sécher, on donna l'ordre à toute la flotte de les larguer en même temps.

Au signal convenu les matelots étaient à leur poste ; les voiles se détachant des mâts avec un ensemble surprenant se déployèrent en face d'un soleil levant splendide venu fort à propos.

Cette ville flottante dont les toits étaient assez bien

représentés par les voiles étendues en tous sens, produisait un effet très original. Ajoutez à ce spectacle l'effet du soleil dont les rayons resplendissants les éclairaient de mille manières. Ce coup d'œil ravissant exhalait une poésie qu'on ne reprochera jamais à ces nouveaux monitors, masses lourdes, informes, vraies citadelles flottantes qui, si elles ne peuvent être la ruine de l'ennemi, sont et seront à coup sûr, dans l'avenir, celle des gouvernements.

On a fait, depuis, subir à la marine de radicales transformations qui bannissent à jamais de pareils et si surprenants effets. L'aspect si grandiose produit par la hauteur et l'élégance des mâts; la multiplicité, l'entrecroisement si varié des cordages; et, par-dessus tout, le déploiement si majestueux des voiles, tout cela a disparu pour laisser la place au progrès. Les navires, maintenant, n'offrent à la vue qu'une masse de fer prosaïque; mais ils sont, je le répète, les témoignages du progrès et du génie de la destruction.

Nous éprouvions sous cette influence émouvante des sentiments indéfinissables. Nous ne pouvions nous en communiquer l'expression qu'en nous serrant cordialement la main et en nous félicitant tous de prendre part à une pareille expédition.

Nous étions, il est vrai, bien jeunes, nos cœurs, loin d'être blasés, comme le sont peut-être ceux de la jeunesse actuelle au même âge, étaient accessibles aux plus légers événements. Un ardent patriotisme les animait; ils n'avaient encore pu s'émousser aux distractions si nombreuses, si attrayantes, qui se sont introduites peu à peu dans nos habitudes et dans nos mœurs.

Le 13, à huit heures, les côtes d'Afrique nous apparurent de nouveau. Nous étions en face du cap Matifoux, et nous distinguions parfaitement quelques maisons qui bordaient la côte.

Nous rencontrâmes, à huit heures et demie, trois bâtiments qui croisaient devant la rade d'Alger; vers neuf heures, la mer était trop mauvaise pour songer au débarquement.

La flotte de transport, qui était en arrière, nous rejoignit à deux heures : le vent se calmant, nous nous approchâmes de terre.

A trois heures, la *Caravane*, qui se trouvait en tête, s'éloigna de la côte pour laisser la place à deux divisions de l'escadre de guerre.

Ces dernières défilèrent devant nous sur deux colonnes de trois lieues de longueur environ. Le temps resta couvert toute la journée.

On fit paravirer dans la nuit du 12 au 13. Nous naviguâmes au nord jusqu'à dix heures du soir. A une heure du matin, des signaux nous firent reprendre le large. Cet ordre donna lieu à une panique et à des murmures qui s'étendirent bientôt d'un bout à l'autre de la flotte.

Les ordres et contre-ordres qui se succédaient depuis quelque temps n'étaient pas faits, du reste, pour rassurer nos esprits; les officiers de l'équipage se disaient que l'hésitation de l'amiral Duperré venait de ce qu'il craignait de ne pas trouver, sur ces côtes inhospitalières, un endroit propice au débarquement.

Il aurait même manifesté un doute au général Bourmont, qui lui aurait très énergiquement répondu qu'il persistait dans l'accomplissement de sa mission; qu'il fallait et qu'il voulait débarquer.

On dit même que l'opinion des deux chefs se manifesta en termes un peu énergiques.

Dès le début de cette expédition, pendant ses préparatifs et durant toute la traversée de la flotte, il y eut une froideur apparente entre les deux commandants en chef, c'est-à-dire le vice-amiral Duperré et le général Bourmont. Celui-ci aurait voulu arriver à Alger avant que les beys de Constantine et d'Oran eussent eu le temps de réunir le contingent qu'ils avaient promis au dey d'Alger, dont le chiffre était évalué, pour Constantine, à treize mille hommes, presque tous cavaliers, et pour Oran à trente mille.

Duperré, moins confiant dans le succès de l'expédition, n'eut pas l'air de mettre toute l'ardeur désirée ni dans les préparatifs, ni dans la traversée. Peut-être aussi doit-on mettre au compte de la responsabilité énorme qui incombait au vice-amiral, cette prudence qui ressemblait à de l'hésitation que Bourmont et son chef d'état-major, Desprez, prenaient un peu pour du mauvais vouloir.

Dans cette journée du 13 juin, il y eut, entre le commandant de la flotte et le commandant en chef de l'expédition, une explication qui décida du sort de l'entreprise. L'amiral Duperré se promenait sombre et soucieux sur le pont de la *Provence*, lorsque le comte de Bourmont se dirigea vers lui et dit : « Monsieur l'amiral, cette fois, il faut débarquer. » L'amiral répondit avec hésitation que cela dépendrait du vent. « Non, monsieur l'amiral, cela dépend de moi, et je vous assure que cette fois nous débarquerons. » L'amiral renouvela ses objections, en alléguant que toute la responsabilité pesait sur sa tête, et qu'il tiendrait compte des circonstances de la mer. « Monsieur l'ami-

ral, la mer n'est pas mauvaise; vous savez que j'ai le droit de vouloir, et je veux que nous débarquions. »
L'amiral Duperré ne répondit pas. Il continua à se promener de long en large avec des marques non équivoques d'impatience. Ce ne fut qu'à l'entrée dans la baie de Sidi-Ferruch, quand plusieurs vaisseaux eurent passé sans encombre devant la batterie ennemie, que la confiance revint à l'amiral. Il s'avança, les bras ouverts, vers le général en chef et lui dit : « Maintenant, c'est, entre nous, à la vie à la mort! Nous débarquerons demain. » — « Voilà qui est à merveille, Monsieur l'amiral, reprit le comte de Bourmont avec ce doux et fin sourire qui lui était habituel. J'étais bien sûr que nous débarquerions. »

Toujours est-il que des signaux donnèrent, à deux heures, l'ordre à la flotte de regagner la côte; et, le 13, au matin, nous doublions le cap Matifoux.

A six heures du matin, on ordonna à toute l'escadre de se ranger et de naviguer sur une seule file. En ce moment, la terre apparaissait distinctement.

La ligne de guerre, formée à onze heures, comptait au moins quatre lieues de long. Nous laissions la flotte marchande à notre gauche.

Notre défilé, qui dura jusqu'au soir, produisit un certain effet sur les habitants d'Alger; on apprit depuis que cette capitale vit la plupart de ses hôtes saisis d'une grande et soudaine panique.

Nous nous trouvions assez près pour distinguer la ville, bâtie en amphithéâtre de forme triangulaire.

L'aspect général en était blanchâtre, et nous apercevions un grand nombre de minarets. Le môle, communiquant avec la ville, était hérissé de canons et dominé par le phare.

Sur la partie la plus élevée, on distinguait le fort l'Empereur; à droite et à gauche, la campagne, en pleine végétation et parsemée de coquettes habitations.

La tête de l'escadre se trouva, à deux heures, en rade de Sidi-el-Ferruch: soudain, deux bombes lancées de la côte nous annoncèrent que l'ennemi était présent et qu'il nous préparait une réception assez brutale. Quelques optimistes croyaient que le débarquement pourrait s'effectuer sans que nous rencontrions grande résistance; mais, le soir, cinq ou six autres bombes, qui nous furent lancées, dissipèrent tous les doutes.

La soirée entière fut consacrée aux préparatifs du débarquement.

SIDI-FERRUCH, — DÉBARQUEMENT.

Le 14, à quatre heures du matin, le canon gronda très fort pour débloquer la plage qui devait servir à la descente des troupes.

L'ennemi riposta avec énergie; mais à six heures, sa batterie était réduite au silence ; la plage, paraissant libre, la descente commença.

En débarquant, à dix heures du matin, j'aperçus un blessé que l'on transportait. Je me précipitai à son secours. Quoique seul et sans le matériel d'ambulance qui n'était pas encore en situation, je pus néanmoins extraire la balle superficiellement placée sous la peau à l'épaule gauche. Je fis ensuite, à l'aide de mon mouchoir, un pansement provisoire.

On comptait trop sans les Arabes qui n'avaient fait que se dissimuler dans les ondulations de terrain et qui arrivèrent bientôt en bandes nous offrir une résistance opiniâtre.

On trembla même un instant pour le général en chef qui, ayant eu le courage ou l'imprudence de descendre trop tôt, courut le grand danger d'être fait prisonnier.

Le fort de Sidi-el-Ferruch fut pris vers neuf heures; il ne put résister plus longtemps au feu nourri de notre artillerie.

De l'autre côté, nos troupes s'avançant, baïonnettes en avant, s'emparaient de deux batteries avec quatorze pièces de canon; deux lieues seulement les séparaient alors du camp ennemi.

Pendant ce temps, le débarquement du matériel s'effectuait avec une grande rapidité.

A onze heures du matin, notre ambulance était installée et prête à fonctionner. Les deux premiers blessés qu'on y amena furent deux Arabes.

Pour ne pas entraver les mouvements de l'armée et laisser la liberté aux ambulances actives, tous les blessés, après un premier pansement, étaient conduits sur les bâtiments *le Duquesne* et *la Vigogne*, qui les transportaient à Mahon où on avait eu la précaution d'établir un grand hôpital largement pourvu de personnel et de tout le matériel nécessaires.

Une alerte très regrettable, qui aurait pu avoir les plus fâcheuses conséquences, eut lieu dans la nuit du 14 au 15.

Quelques hommes appartenant au 28ᵉ s'étant égarés en avant de nos lignes cherchaient à rentrer au camp. Les sentinelles les prenant dans l'obscurité pour des Arabes, firent feu sur eux. Ces détonations réveillèrent tout le monde; le jour apparut heureusement pour empêcher de plus grands malheurs. Cependant quelques blessés furent amenés à l'ambulance, où des soins leur furent aussitôt prodigués.

Le lendemain, 15, l'armée ne put s'avancer que d'une lieue d'environ. On songea alors à mettre à l'abri d'un coup de main le camp et le matériel.

Il fallait, pour cela, faire une tranchée : les soldats se mirent à l'œuvre avec un entrain et une gaîté dignes de tous éloges. Aussi ce travail gigantesque s'accomplit-il miraculeusement en 24 heures, à l'étonnement et à la grande joie de toute l'armée.

Le 16 au matin, les fossés étaient creusés et les batteries à leurs places. Ce moyen de défense, en rassurant les esprits, permit à chacun de prendre un peu de repos; nous nous croyions déjà tous un peu chez nous.

Un tant soit peu délassés, nous fîmes de bonne heure, une longue promenade jusqu'aux avant-postes.

La mer, sous l'influence d'un vent très violent, devenait très mauvaise; pour éviter des malheurs, la flotte de transport, qui n'avait encore débarqué que fort peu de choses, dut prendre le large et s'éloigner de la côte.

En apercevant ces vagues immenses soulevées par ce gros temps, le souvenir pénible des désastres des précédentes expéditions envahissait les esprits, et y jetait une très grande anxiété.

Telle était la situation des deux armées le 16 juin 1830 au matin. Nos troupes restaient dans les positions dont elles s'étaient emparées en avant de Torre Chica, où le général en chef avait établi son quartier général. La presqu'île se convertissait en place d'armes. Le débarquement des vivres, des munitions, du matériel, continuait avec une admirable activité. Le temps, qui était favorable depuis le débarquement, se gâta dans la nuit du 15 au 16 juin; à huit heures du matin, il devint orageux. Le tonnerre gronda avec force; des grains violents se succédèrent jusqu'à onze heures environ.

Dans un instant, la mer devint monstrueuse; les lames croissaient à un tel point, qu'un navire du convoi, tirant 13 pieds d'eau et mouillé par vingt, talonna et démonta son gouvernail. « Si ce temps s'était prolongé deux heures de plus, disait l'amiral Duperré dans son rapport, la flotte était menacée d'une destruction peut-être totale. Le vent a sauté du nord-ouest à l'est, et aussitôt la mer a tombé. Le mal s'est borné à un gouvernail démonté par la bagarre. La *Vigogne*, que j'ai fait retirer des lames au milieu des grains, et trois navires du convoi ont éprouvé la même avarie, mais la leçon a été effrayante pour tout le monde, à terre comme à la mer. »

A terre, les inquiétudes furent grandes. Il n'y avait que quinze jours de vivres de débarqués; les pièces n'avaient que deux cent vingt coups chacune à tirer, les grands approvisionnements de munitions étaient à bord, ainsi que la plus grande partie des chevaux de trait et le matériel nécessaire pour le siège. La flotte portait la victoire, peut-être le salut de l'armée. Aussi tous les regards se tournaient-ils avec anxiété vers la mer pendant cette tempête. Vu du rivage, le spectacle qu'elle offrait avait quelque chose d'effrayant. Le vent poussait à la côte. Des torrents de pluie inondaient le camp; les plus gros bâtiments chassaient sur leurs ancres; les navires du commerce, moins en état de lutter contre la fureur des vagues semblaient menacés d'une perte prochaine; les bateaux-bœufs disparaissaient sous la lame. Les soldats étaient inquiets de ce qu'ils voyaient; les officiers, plus érudits, étaient en outre tourmentés par le souvenir du désastre de

Charles-Quint, dont les espérances, après un débarquement heureux, avaient été ainsi ruinées par une tempête. La mémoire du passé ajoutait aux craintes du présent. Dans ce péril on n'oublia point la précaution que la marine avait prise sagement de donner de doubles enveloppes imperméables aux caisses et aux ballots, afin de les lancer à la mer si le mauvais temps empêchait les vaisseaux d'approcher et d'approvisionner l'armée. Lancées à l'eau avec une incroyable célérité les caisses de biscuits, les tonneaux de vin, d'eau-de-vie, de farine, de légumes, les ballots de foin, les sacs d'orge et d'avoine, vomis avec la vague venaient échouer sur le rivage.

Plusieurs bâtiments de guerre furent très exposés. Deux vinrent s'échouer sur la côte qui, heureusement, etait en la possession des troupes françaises. La frégate *l'Iphigénie* n'eut que de légères avaries.

La flotte marchande put revenir au mouillage à quatre heures. L'orage était alors dissipé et la mer assez calme.

Il ne se passa, le 17 et le 18, aucun fait intéressant ; le débarquement du matériel *administratif* et de guerre continua sans encombre.

Le 19, ce fut tout différent ; l'affaire devint très sérieuse.

STAOUÉLY.

De quatre à six heures du matin, le canon tonna continuellement ; les feux de peloton se succédèrent sans interruption. Une grande anxiété régnait au camp, placé entre un ennemi qui semblait vouloir disputer courageusement le terrain, et une mer qui paraissait aussi peu hospitalière ; les désastres du passé aidant, notre position était émouvante.

Le calme finit cependant par se rétablir; et c'est avec une bien grande joie que nous reçûmes la nouvelle de la défaite des Arabes.

Nous avions gagné la bataille et conquis le camp de Staouély. Les forts, ainsi que toutes les tentes des Arabes, y compris celle de l'Aga; plus 100 chameaux, 300 moutons et plusieurs chevaux tombèrent en notre pouvoir.

Cette victoire, remportée fort à propos, releva le courage de l'armée, qui reprit confiance : l'avenir de la campagne apparut alors sous un aspect beaucoup plus souriant.

La bataille de Staouéli fut, sans contredit, l'une des plus brillantes et des plus décisives qu'aient gagnées les armées françaises depuis celles de Napoléon Ier. Nous pouvons ajouter maintenant la plus profitable à la France.

Elle nous ouvrait le pays, nous donnait un immense ascendant sur les Arabes et nous assurait le succès de la campagne en inspirant aux soldats une confiance sans limites.

Le 20, le camp fut de nouveau troublé par une alerte sérieuse.

Deux marins, pris pour des Arabes, qui s'étaient éloignés du camp, voulurent, comme les soldats du 28e, y rentrer pendant la nuit, malgré la défense des factionnaires; ceux-ci ne pouvant se faire obéir, tirèrent sur les marins dont l'un parvint cependant à entrer.

La sentinelle continua à tirer sur lui tout en lançant le cri sinistre : Aux armes!

Ce cri, répété par tous les postes, jeta l'alarme, dans tout le camp; les occupants, saisis de frayeur, sortirent de leur tente dans un costume très simple courant en tout sens comme des effarés et demandant des nouvelles.

Quant à moi, ne devant pas quitter l'ambulance, je restai à mon poste de guerre. Je pus néanmoins jouir d'un coup d'œil assez pittoresque

Ce cri de : aux armes ! jeté au milieu de la nuit, produisit le même effet que dans une salle de spectacle alors que le cri : au feu ! se fait malheureusement entendre.

Le désarroi fut à son comble : les uns, plus calmes, avaient eu le temps de se vêtir et de s'équiper; tandis que d'autres, seulement à moitié éveillés, avaient quitté leur tente n'ayant pour tout insigne militaire qu'un *casque à houpe !*

Oh ! cruelle ironie !

Il faut dire cependant qu'en sortant dans ce simple appareil, la plupart avaient néanmoins eu le soin de s'armer, qui d'un sabre, d'un pistolet ou d'une arme quelconque.

Un vieux de la vieille, muni d'un pistolet dans chaque main, courait comme un fou et ne cessait de crier : « Où donc sont-ils ? »

Cette scène, qui eût été comique dans toute autre circonstance, dura environ une heure. Elle prit fin, grâce à l'arrivée d'un officier d'état-major qui parcourait le camp au galop en criant qu'il ne s'agissait que d'une fausse alerte, que le calme régnait partout. Un aide-major, M. P..., ayant conservé les allures du premier Empire, eut l'air de beaucoup regretter cette bonne occasion de faire prendre l'air à son sabre, qui n'avait, depuis longtemps, disait-il, quitté son fourreau. Il répétait sans cesse que, depuis qu'il ne faisait plus de moulinets, il lui semblait que ses mains se garnissaient de poils.

Peu à peu, l'ordre se rétablit ; nous aurions bien ri de la méprise qui venait de se produire et de la scène burlesque qui en était résultée, si des blessés assez nombreux ne nous eussent été amenés. L'alerte avait été très sérieuse aux avant-gardes du camp.

J'aurai malheureusement à enregistrer pas mal de méprises de ce genre dans le cours de mon récit.

Il se produisit quelques faiblesses ; ainsi pendant l'alerte et la panique qui s'ensuivit, plusieurs personnes essayèrent de se sauver. Un officier d'administration de l'ambulance du quartier général, M. L..., parvint à sauter dans le plus simple appareil, sur une petite embarcation et se fit conduire à bord d'un bâtiment marchand. M. X..., aide-major, se sauva de la même manière et ne revint plus. Il demeura à bord et aima mieux rentrer en France que de revenir sur un sol si inhospitalier ; il dut à la haute et influente position d'un parent de n'être point inquiété pour cet acte d'insubordination et de pusillanimité.

Les personnes qui ne doutent jamais de leur courage ne pourront s'expliquer que des militaires deviennent si facilement la proie de terreurs pareilles. Cela serait peut-être étonnant si les deux armées en présence appartenaient toutes deux à un pays également civilisé.

Mais il n'en était pas ainsi dans cette campagne qui avait lieu sur un sol absolument inhospitalier dont les habitants, ne faisant aucun quartier à leurs ennemis, soumettaient aux plus atroces tortures tous ceux qui avaient le malheur de tomber entre leurs mains ; et, finalement leur coupaient la tête. Une pareille perspective était bien faite pour marquer d'un point noir l'esprit des plus courageux.

Il est donc bien excusable, alors que l'existence est en

jeu et qu'on a pour objectif d'atroces supplices, d'avoir la fibre nerveuse et conservatrice un peu susceptible. C'était ici le cas, car un échec un peu important aurait fait surgir une quantité énorme d'Arabes qui, accourant de tous côtés, seraient venus fondre sur nous et eussent complètement entravé notre réembarquement.

Telle était la triste perspective qui apparaissait à nos yeux, d'autant que le mauvais état de la mer empêchait les bâtiments de transport, contenant les provisions et notre grosse artillerie d'approcher de la terre.

Heureusement, la mer se calma peu à peu, quoique lentement, ce qui permit aux secours de nous arriver.

Ce changement de situation nous rendit l'espoir qui nous abandonnait déjà, et nous envisageâmes la position sous un jour plus favorable.

Rien de bien important ne survint pendant les journées des 21, 22 et 23.

Mais un sérieux combat eut lieu le 24. A six heures du matin, le feu commença et continua sans interruption jusqu'à onze heures.

Il reprit ensuite à une heure après midi, pour ne cesser qu'à sept heures du soir.

Au nombre des blessés transportés à l'ambulance, se trouvait le fils du général Bourmont. Il avait été atteint au cou par une balle qui lui avait fait une blessure très grave, dont il mourut peu de temps après.

L'ambulance, qui comptait un assez grand nombre de blessés, dut, le 25, quitter Sidi-el-Ferruch, pour aller rejoindre la 3ᵉ division.

Nous arrivâmes à onze heures au camp de Staoüely, où l'armée s'était déjà confortablement installée sous les tentes que les Arabes y avaient abondonnées. Notre halte sous ces abris ne dura que deux heures, et nous continuâmes notre route jusqu'aux avant-postes, où se trouvait alors placée notre division.

La chaleur était excessive et fit quelques victimes dans nos rangs.

Le chirurgien-major du 48e, entre autres, qui nous accompagnait, allant rejoindre son régiment, tomba tout à coup de cheval. On tenta de lui porter secours et de le ranimer; mais il venait d'être atteint d'une congestion cérébrale et avait rendu le dernier soupir.

A six heures, nous arrivions à Sidi-Mohamet, bien fatigués et littéralement couverts de poussière, où une installation tout à fait inattendue nous était réservée.

Nous pûmes nous abriter sous des ruines romaines, à proximité desquelles nous découvrîmes une fontaine coulant abondamment, et que nous nous empressâmes de mettre à contribution.

Après avoir fini nos ablutions, ce qui ne nous était pas arrivé depuis quelques temps, nous nous aperçûmes que des bosquets de tamarins et d'orangers nous environnaient. Aussi, notre joie fut grande de pouvoir prendre un peu de repos sous ces ravissants et odorants ombrages.

SIDI-MAHOMET.

Les combats recommencèrent peu après et durèrent toute la journée. Vers trois heures, nous vîmes passer à une grande distance un troupeau de bœufs destiné à nos ennemis.

A quatre heures, nos avant-postes reçurent un renfort d'une batterie de six pièces de canon. Nous apprîmes en même temps une nouvelle agréable, celle de l'arrivée du reste de la flotte de transport à Sidi-el-Ferruch, à neuf heures du matin. Elle y amenait six cents chevaux et plusieurs pièces de siège.

Toute la nuit se passa sans repos, troublée qu'elle était par des alertes successives dont l'une fut causée par une pauvre chèvre qui, s'étant détachée, parcourait le bois et y cherchait un abri.

Le bruit qu'elle faisait la fit prendre pour un ou plusieurs Arabes nous guettant et se préparant à commettre quelque mauvaise action. Aussi de nombreux coups de feu furent dirigés sur la partie du bois d'où le bruit semblait s'échapper,

Heureusement, la pauvre bête ne fut pas atteinte ; son propriétaire, un cantinier, ne la trouvant plus à sa place, s'en inquiéta et crut d'abord qu'elle lui avait été dérobée. Il apprit avec plaisir qu'elle s'était réfugiée à trois cents pas environ de la cantine près de notre ambulance, où, plus heureuse que nous, elle s'était tranquillement endormie.

Le général en chef arriva le 26 juin aux avant-postes, escorté de trois batteries de campagne.

Nous apercevions alors les Arabes massés sur le côté, à notre droite et à une faible distance. Les voyant s'avancer, nous ouvrîmes sur eux un feu très rapide, qui fit de nombreuses victimes dans leurs rangs et les força, vers sept heures, à battre en retraite.

Vingt Bédouins voulurent aller s'installer dans une maison de campagne qui leur semblait délaissée. Ils y rencontrèrent un détachement du 23ᵉ, qui leur fit une réception peu courtoise. Aucun d'eux ne put échapper à cette malheureuse rencontre.

Je dois dire que ce massacre, qui avait lieu à une

très faible distance de l'ambulance, nous impressionna profondément.

Trois hommes du 23ᵉ furent blessés aussi. A ce moment, six Bédouins passant non loin de l'ambulance, tirèrent sur nous chacun un coup de fusil. Personne de nous ne fut blessé; mais nous entendîmes parfaitement siffler les balles qui passèrent heureusement sans atteindre personne.

L'ordre nous fut donné à midi de nous porter en avant. Nous arrivâmes à deux heures à notre poste. Les deux armées étaient aux prises depuis huit heures du matin.

CHAPELLE-FONTAINE.

La position occupée par les Arabes dominait la nôtre; nous étions sous le coup de l'artillerie ennemie, composée de plusieurs pièces de 16 qui nous firent bien du mal.

Malgré notre résistance énergique et nos pièces à longue portée, nos batteries furent très endommagées.

Les canons durent alors cesser de tonner. Mais une fusillade très vive continua jusqu'à sept heures.

Notre armée ne pouvait malheureusement pas avancer, car elle attendait une batterie de siège qui, n'arrivant pas assez vite, donna à penser aux Arabes que nous étions sans moyens de défense : aussi entretinrent-ils sur nous un feu très ardent qui nous blessa un grand nombre d'hommes.

Aussitôt pansés, nos blessés étaient évacués sur Sidi el Ferruch où se trouvait l'hôpital général. De là, ceux qui pouvaient supporter la traversée, étaient expédiés pour Mahon, où, comme nous l'avons dit, un grand hôpital, richement pourvu en matériel et en personnel, avait été installé pour les recevoir.

Le fils d'un cheik, d'une tribu importante, ayant été blessé à cette bataille, fut transporté à l'ambulance; il avait la jambe gauche fracturée d'une manière si grave, que l'amputation fut jugée nécessaire. Mais le malade, faisant de la résistance, désira que son père, qui était parmi les combattants fût instruit de sa blessure. On s'empressa d'accéder à ses désirs. Le père, prévenu, s'opposa formellement à toute opération, en s'écriant : « Par Allah, je le défends; je ne veux pas qu'il en soit ainsi. C'est Allah qui nous a donné le corps, c'est Allah que nous a donné la vie : ni l'un ni l'autre ne nous appartiennent. Couper une partie du corps, c'est un sacrilège. Les hommes n'ont le droit d'abréger ni de prolonger la vie. Dieu seul a l'un et l'autre. » Le fils mourut de sa blessure. Le père, ayant obtenu un sauf-conduit, vint remercier le général en chef de l'hospitalité si généreuse qu'il avait donnée à son fils; il était curieux, ajouta-t-il, de voir le général des étrangers qui était venu envahir son pays, et de s'informer des sentiments qu'il avait à l'égard des Arabes. Bourmont lui fit répondre qu'il était venu pour les délivrer du joug des Turcs. Mais, à peine eut-il quitté le camp français et revenu auprès des siens, sa démarche fut dénoncée à Hussein-Dey, qui lui fit expier bien vite sa généreuse résolution, inspirée par la piété paternelle; il lui fit trancher la tête presque aussitôt.

Les armées conservèrent, le 27 et le 28, les positions qu'elles occupaient la veille; mais de terribles combats y furent livrés : le canon, ainsi que les feux de peloton et de tirailleurs ne cessèrent de se faire entendre depuis cinq heures du matin jusqu'à huit heures du soir.

De grands ravages eurent lieu et nos blessés furent nombreux. Nous en reçûmes plus de quatre cents à l'ambulance. C'est là que commença ma carrière chirurgicale que j'ai si rapidement parcourue en Afrique.

Un grand nombre d'amputations devant être faites aussitôt, M. Devaux, le chirurgien-major, voyant que, malgré son habileté, il ne pourrait suffire aux nécessités du moment, dut appeler à son aide M. H..., vieil aide-major, et le pria de le seconder.

N'ayant osé décliner son inexpérience à son chef, il communiqua l'invitation à son collègue, M. A., qui, borgne, mais très spirituel et aussi ancien de grade, déclina cet honneur, en disant que, n'ayant jamais fait d'opération, il n'osait commencer.

Je fus alors signalé par les deux aides-majors au chirurgien-major, comme ayant été préparateur d'anatomie au Val-de-Grâce et étant, par conséquent, habitué à manier les instruments. Je reçus immédiatement l'autorisation, et procédai à l'amputation d'une jambe, de deux bras et d'un avant-bras.

Il paraît que M. Agniés, qui me secondait, fut satisfait de moi ; car, à peine nos pansements terminés, M. Devaux me fit appeler et me complimenta sur l'énergie et la présence d'esprit dont je fis preuve pendant l'accomplissement de ces pénibles devoirs professionnels.

Je fus très touché des paroles que m'avait adressées mon supérieur, j'en ressentis une émotion bien compréhensible ; car, jeune et simple sous-aide, j'étais heureux de pouvoir être sérieusement utile.

Nous attendions toujours l'artillerie, qui arriva enfin dans la soirée. Elle fut saluée avec joie et dirigée aussitôt sur les avant-postes.

Deux heures après, neuf heures du soir, le bruit courut qu'une attaque générale devait avoir lieu pendant la nuit ou au point du jour. Tout le monde reçut l'ordre de se tenir prêt.

SIDI-KALEF.

A deux heures et demie du matin, toutes les divisions marchent de front, par un très beau temps et un splendide clair de lune.

A quatre heures, l'armée était rangée en bataille sur une même ligne qui, éclairée par un beau soleil levant, présentait un magnifique coup d'œil.

Nous restâmes une demi-heure, sous les armes, attendant l'ordre de marcher. Le signal d'attaque fut bientôt donné; mais avant d'y répondre, un cri formidable de *Vive le roi!* partit spontanément sur toute la ligne, lequel, s'il n'ébranla pas les montagnes voisines, dut pourtant étonner les Arabes qui l'entendirent. Cette explosion produisit une violente et patriotique commotion.

Le pas de charge sonna; l'armée, la bayonnette en avant, franchissant les obstacles et bravant, en silence, le feu de l'ennemi, s'empara victorieusement de toute la position. Les Arabes, surpris à pareille heure, quittaient les maisons dans le plus grand désordre, n'ayant même pas eu le temps de faire leurs ablutions. Un grand nombre furent tués pendant qu'ils se sauvaient.

Bientôt après ce magnifique et si poétique succès, il

se produisit un mouvement désordonné et un incident qui, au milieu de ce désordre, est demeuré inaperçu ; il n'est, du moins, arrivé au bout de la plume d'aucun historien.

Pendant que, emportés par leur élan, le centre et l'aile gauche de l'armée poursuivaient l'ennemi et le chassaient du plateau de Sidi-Kalef, l'aile droite, faisant une fausse manœuvre, laissa notre ambulance et tout son matériel complètement à découvert.

Les Arabes, s'en apercevant, coururent sur nous en braillant leur cri de guerre et de victoire.

M. Mélin, le comptable, voyant l'ennemi se diriger de notre côté, et prêt à nous atteindre poussa un cri d'alarme et nous cria : « Mes amis, coupez les cordes des bagages, nous sommes tous perdus! »

Nous vîmes aussitôt les caissons de l'ambulance rouler au fond du ravin.

Chacun prit ce qu'il put de ce qui restait à sa portée. Pour moi, je ne pus saisir que la musette contenant quelques provisions de bouche, et tout le monde se sauva dans le plus grand désordre.

Afin de me dérober, le plus possible, aux Arabes dont j'entendais les cris de joie et que je sentais arriver par derrière, je me couchai à plat ventre ; et mon camarade Batigue, suivant mon exemple, nous descendîmes ainsi, en roulant, jusqu'à ce que nous trouvions une haie ou tout autre abri pour nous dérober à la vue de l'ennemi.

Pendant ce temps, les Arabes se disputaient le butin du matériel de notre ambulance, dont ils eussent massacré tout le personnel sans le secours d'un bataillon du 35ᵉ de ligne. Le colonel Ruillère, qui le commandait, s'étant aperçu de notre position critique, fit faire halte à sa troupe et arrêta la marche de l'ennemi.

Les balles échangées des deux côtés, sifflèrent au dessus de nous pendant un bon quart d'heure, qui fut certainement pour nous le quart d'heure de Rabelais.

Je ne sais ce qu'il serait advenu de nous, si du renfort n'était arrivé pour arrêter la marche triomphale des Arabes.

Nous reprîmes alors notre marche à la débandade, car nous ignorions complètement où nous étions et ce qu'était devenue l'ambulance.

Deux infirmiers avaient été tués : le plus étonnant fut que tous nos mulets, au nombre de vingt environ, s'étaient sauvés du côté où le canon tonnait. tous furent remis le lendemain par l'artillerie à l'ambulance avec leur harnachement complet.

Une fausse direction nous ayant été donnée, nous dûmes, pour rejoindre notre quartier général, descendre et remonter des ravins escarpés, au fond du Boudjareah, et nous y frayer un passage à travers des broussailles et des ronces abondantes qui nous écorchaient ; trébuchant de temps en temps sur des cadavres arabes que l'ennemi avait oubliés, ou n'avait pu enlever.

Harassés de fatigue et complètement isolés au fond d'un grand ravin, nous n'osions nous arrêter et prendre un peu de repos, dans la crainte d'être coupés par l'ennemi ; imitant les mulets, *qui ne furent si ânes*, nous nous dirigions toujours du côté d'où le bruit des coups de feu nous arrivait. Mais, exténués, nous dûmes enfin nous arrêter sur le bord d'un ruisseau, où ne coulait malheureusement que de l'eau bien troublée.

Nous fîmes, en cet endroit, un bien frugal déjeuner, composé d'un biscuit que j'avais dans ma musette, que nous arrosâmes avec l'eau vaseuse du ruisseau.

Mais enfin, à la guerre comme à la guerre !

Ce repos et cette mince restauration si peu confortable nous remirent un peu. Nous nous préparions à reprendre nos difficultueuses et pénibles ascensions lorsqu'un bruit de voix d'homme se fit entendre à une faible distance.

N'étant pas en pays ami, nous jugeâmes prudent de nous arrêter et d'écouter attentivement de quel côté elle venait.

Ne pouvant distinguer les paroles, il nous était bien permis de craindre, dans des contrées si isolées, qu'elles ne fussent prononcées par des Arabes : heureusement une voix de femme criant et appelant un Victor quelconque de venir l'aider à relever son mulet, nous rassura complètement.

Nous nous dirigeâmes de leur côté, en décelant notre présence par des cris et des appels en français, dans la crainte où nous étions que le bruit de nos pas fît penser à nos compatriotes que nous étions des Arabes ; ce qui nous eût certainement rendu victimes de quelques coups de fusil.

Nous nous trouvâmes bientôt en présence d'une cantinière et de son mari qui, comme nous, tapis derrière une haie entre les deux combattants, dont les balles se croisaient s'étaient sauvés comme ils avaient pu du milieu de la bagarre.

Ils furent aussi bien heureux de nous rencontrer ; l'ayant aidée à relever son bouricot, Mme Victor nous pria d'accepter un petit verre d'eau-de-vie et nous continuâmes de cheminer ensemble.

A force de nous renseigner, nous arrivâmes enfin à notre but, mais absolument meurtris et dans un état de fatigue morale et physique extrême.

Notre arrivée étonna tout le monde, car on nous croyait perdus et nos têtes déjà portées en triomphe à la Casbah.

Un moment, le drapeau du 28ᵉ de ligne, se trouvant très-compromis, par l'attaque vigoureuse des Arabes, le colonel s'apercevant de cet incident, s'écria : « Mes amis, au drapeau ! » et, donnant l'exemple, il y courut lui-même ; tout le monde s'y rallia, et le drapeau fut sauvé.

Dans cette journée, la troisième division, duc D'Escars, eut la tâche la plus laborieuse. Après avoir repoussé et chassé les Arabes jusqu'au mont Boudjaréah, l'armée n'avait qu'à continuer sa marche dans l'ordre primitivement donné, pour investir tout le promotoire où se trouvait le fort l'Empereur et la ville d'Alger ; et, finalement pour empêcher la retraite des troupes du bey de Constantine, chargées d'un immense butin, massées et repoussées qu'elles avaient été contre la ville et le fort Bab Azom. Soit par ignorance de la disposition du terrain, des ordres impératifs furent donnés par le général Desprez, chef d'état-major, et transmis par le général Tholosé au général Berthezène de marcher à gauche. Malgré son étonnement, Berthezème dut obéir et les transmettre au général d'Arcines qui était déjà parvenu avec sa brigade presque sous le fort l'Empereur qu'on pouvait apercevoir. Le général de Loverdo, frappé de ce mouvement, en fit à son tour l'observation ; mais, devant un ordre aussi absolu, il dut y obtempérer à son tour et le transmettre au général d'Arcines. Celui-ci, homme d'expérience, résista successivement à trois aides de camp en disant que sa position était bonne ; que le plus léger mouvement de sa part serait considéré par les

Arabes qui l'observaient, comme un acte de faiblesse et un signal d'alarme. Connaissant ses devoirs, il se rendit lui-même auprès du général Loverdo escorté de deux colonels.

Ces observations furent d'autant plus favorablement accueillies que Loverdo les avait, lui aussi, faites à Barthezème et celui-ci à Tholosé. Mais rien n'y fit, les ordres de Desprez demeurèrent aussi impératifs. D'Arcines rejoignit sa brigade mécontent ou plutôt en colère de ces ordres et contre-ordres.

On trouve dans la vie du général Souwarow, racontée par lui-même, l'épisode suivant qui trouve ici une trop juste application.

Après une bataille perdue par les Russes, où ce général commandait une division, il dut obéir à des ordres contradictoires qui, suivant lui, devaient fatalemement conduire à une défaite. Mécontent de n'avoir pu faire prévaloir ses conseils et voulant donner une leçon à ses chefs, il fit faire un mannequin, le fit attacher, les bras étendus, au haut d'un poteau au milieu d'un carrefour. La main droite portait en grosses lettres le mot *ordre*, la gauche *contre-ordre*, et sur le front le mot *désordre*.

Les généraux Loverdo et d'Arcines auraient pur dans cette journée, rappeler l'épisode de Souwarow. Seulement ici, l'ordre se rétablit, lentement, c'est vrai, mais il se rétablit parfaitement. Le lendemain au matin, tout le monde était à sa place et à son rang de bataille, excepté pourtant la section de notre ambulance dont je faisais partie, qui avait été égarée, qu'on croyait perdue comme je viens de le dire. A l'appui de ces réflexions, je copie les lignes suivantes empruntées à l'*Algérie* (de Galibert, page 3oo), qui peint bien cette journée qui aurait pu être si néfaste. « Au reste, dit Galibert, pendant toute cette journée du 29, notre armée fut exposée aux plus grands dangers (1).

Obligées de s'avancer sans guide, sans cartes stratégiques, à travers un pays hérissé de monticules, sillonné par des ravins et des anfractuosités sans nombre, les divisions et les brigades s'égarèrent plusieurs fois dans ce vaste labyrinthe. On faisait deux et trois fois la même route ; le mirage produit par les vapeurs de la Mitidja fit supposer à plusieurs chefs de corps qu'ils se trouvaient en face de la mer, et que par conséquent ils prirent une route contraire à celle qu'ils devaient tenir. Les régiments se confondaient, leurs drapeaux marchaient pêle-mêle dans le même peloton ; et, de toutes parts, on entendait battre le rappel pour rallier les détachements, comme il arrive après une violente mêlée. La chaleur excessive qu'il faisait au milieu de ces gorges et de ces vallons rétrécis rendait encore plus pénibles ces marches et ces déconvenues ; l'eau manquait partout ; le soldat tombait accablé de fatigue ou exténué de besoin. Si, dans cette journée de désordre et d'imprudence, Hussein eût fait garder les principaux passages et couronner quelques hauteurs par ses miliciens et ses Arabes, c'en était fait de notre armée ; une poignée d'hommes eût suffi pour l'anéantir ou la forcer à rendre les armes sans avoir combattu. Mais Dieu, en ce moment, protégeait la France !

On raconte que l'L'Aga, gendre du dey, quand il se présente devant son beau-père après la bataille de Sidi-Kalef, honteux de n'avoir qu'une mauvaise nou-

---

1. Voir aussi la relation émouvante de cette journée. *Conquête d'Alger*, par Camille Rousset, 1880.

velle à lui annoncer, le dey le prévînt ; et, faisant semblant de croire à un succès, il lui dit :

« Salut, invincible Aga! Salut, vainqueur des infi-
« dèles! Ils sont tous probablement précipités dans la
« mer, comme tu nous l'avais promis ; il faudra sans
« doute agrandir la Casbah pour contenir leurs dé-
« pouilles, créer de nouveaux bagnes pour tant d'es-
« claves ; qu'en pense notre invincible Aga ? »

Un terrible silence succéda à cette interpellation du Dey.

Est-il vrai, reprit Hussein d'une voix vibrante de colère, que toi, notre Aga, notre guide, le généralissime de milliers de nos odjeac ; est-il vrai que tu as fui lâchement devant les Français ?...

« Je me suis précipité trois fois avec rage contre ces
« infidèles maudits ; trois fois j'ai été repoussé ; les
« murs de la Casbah sont moins inébranlables qu'eux ;
« il faut, par Mahomet, qu'on les ait ferrés les uns
« contre les autres. »

Ces paroles n'ébranlèrent pas la fureur du Dey qui éclata par ces paroles : « Chien! poltron! esclave! s'écria-t-il, sors de ma présence ; va-t'en misérable ; va-t'en et bénis Allah d'être l'époux de ma fille ; sans cela je t'aurais fait à l'instant précipiter sur les garches (Crochets où on suspend les têtes.)

Le mercredi, 30 juin, les canons du fort l'Empereur commencèrent le feu à 3 heures du matin, et le continuèrent avec rage toute la journée.

Les boulets dépassant l'ambulance, un cheval et un homme ayant été tués tout près, on nous fit déloger ; trois heures après, nous dûmes encore changer de place pour échapper aux boulets des canons à longue portée.

Ayant quelques loisirs et très désireux de visiter les travaux de la tranchée, commencés la veille, mon camarade Lambert me proposa de l'accompagner.

Nous arrivions à peine, le général Valazé, commandant le génie et dirigeant ces travaux, courut à nous et nous dit en nous arrêtant.

— « Mes amis, je comprends parfaitement votre curiosité; elle est naturelle à votre âge; mais sachez qu'à l'armée, en campagne et surtout en faisant le siège d'une ville, chacun doit absolument être à son poste et ne le quitter sous aucun prétexte. C'est ici qu'est le mien; j'y serai tué si tel est mon destin; mais le vôtre est à l'ambulance où vous avez des devoirs sacrés à remplir et où, en ce moment, vous faites peut-être bien défaut; votre mort ici n'aurait aucun mérite et vous courez de grands dangers en vous y trouvant. »

Le général eut à peine prononcé ces mots qu'un biscaïen, pour donner raison à ses arguments, rasait la terre entre nous.

— Partez vite, s'écria le général, avant qu'il nous vienne un nouveau projectile moins révérencieux.

Nous remerciâmes respectueusement le savant et si bienveillant général de ses sages conseils, prîmes congé de lui, et nous regagnâmes notre poste au pas accéléré.

A peine étions-nous rentrés à l'ambulance qu'un gros boulet renversa un gros figuier et nous obligea à changer encore de place.

Le canon du fort ne cessait de tirer.

Une alerte eut lieu pendant la nuit. Quelques Arabes s'introduisirent dans le camp en rampant. Deux furent faits prisonniers et exécutés sur le champ.

Après cela, l'aboiement des chiens, des chacals nous empêchait absolument de prendre le moindre repos.

Le fort lançait quelques fusées pour éclairer le camp et tâcher de voir les travaux ou mieux les travailleurs de la tranchée.

Le 1ᵉʳ juillet, à trois heures du matin, on nous fit changer de bivouac pour nous envoyer à la droite d'Alger. Là, une discussion assez vive s'engagea entre le chirurgien-major et un commandant d'état-major, à propos de la mauvaise installation qu'il nous avait indiquée.

Le sous-intendant d'Arnaud ayant fait part au général des observations de notre chef, on nous fit revenir sur nous-mêmes, chercher un endroit plus favorable.

Nous nous trouvions très heureux de notre nouvelle installation dans un jardin où l'ambulance eût été très convenablement à cause de l'eau et de l'ombrage; notre bonheur fut de courte durée, car un général de l'état-major général, que je ne veux pas nommer, nous laissa à peine le temps de descendre nos caisses et nous signifia d'avoir à *déguerpir* bien vite; l'emplacement lui étant réservé.

Nous eûmes beau invoquer l'avantage de l'eau et de l'ombrage pour les malades et la commodité du service; rien n'y fit, nous ne pûmes gagner notre procès. Force fut de plier bagages et d'aller nous établir dans un endroit sec, aride et tout à fait à découvert.

On verra du reste par la suite, que les sentiments d'humanité en campagne, tant vantés dans les livres, sont plus sur les lèvres que dans les cœurs : et que le *pro mihi* est la devise la plus généralement mise en pratique.

A peine étions-nous installés qu'il nous arriva un grand nombre de blessés.

Les canons du fort ont fait un feu si violent dans la

soirée que les travaux de tranchées en furent un instant interrompus.

Nous aperçûmes alors un détachement de trois ou quatre cents bédouins, sans armes, qui cherchaient à pénétrer dans Alger, par la porte Bab Azoum, et suivaient les bords de la mer.

Une batterie de campagne et un détachement de tirailleurs furent aussitôt envoyés contre eux.

Deux de nos soldats furent blessés par les Bédouins qui se défendirent en lançant des pierres.

La marine défila devant le fort des Anglais en lançant plusieurs bordées. Mais, à cause de la distance, peu de projectiles arrivèrent à terre.

Après cette canonnade très bruyante, dont le spectacle était saisissant, mais dont les effets sur terre furent à peu près nuls, le vice-amiral écrivit à Bourmont. « Tel est, après le premier mouvement effectué avant-hier par la division Rosamel, celui opéré par l'armée navale, il a dû être une diversion puissante et produire un grand effet sur le moral de l'ennemi. »

Sur le moral, c'est possible et même probable, mais sur le matériel tout se borna à quelques dégâts sur le mur d'enceinte des jardins du dey et sur le fort des Vingt-Quatre heures, à Bab-el-Oued.

Le 2 juillet, le fort ne cessa de tirer et nous blessa beaucoup de monde. Les éclats d'obus étaient projetés de tous côtés.

Dix soldats, revenant de porter à manger à leurs camarades de la tranchée, rapportaient les gamelles vides, enfilées dans des bâtons et marchaient de cette façon les uns derrière les autres, séparés entre eux de deux mètres à peu près.

C'est alors qu'un boulet, parti du fort, saisit ces malheureux en enfilade, à la droite, en décrivant sa parabole descendante et en atteignit sept.

Le premier, touché à l'épaule droite, eut un bras emporté et la poitrine ouverte; il mourut sur-le-champ. Le second eut aussi le bras droit emporté. Le troisième atteint au flanc eut le foie à découvert, la mort fut immédiate. Le quatrième eut la région fessière en partie enlevée, l'articulation coxo-fémorale ouverte et l'épine illiaque fracturée. Le cinquième eut la cuisse enlevée dans son tiers inférieur; le sixième et le septième eurent la partie inférieure de la jambe emportée également.

De ces sept blessés, trois ont immédiatement succombé. Les quatre autres furent amputés; trois seulement survécurent. Le quatrième, amputé de la cuisse, ne put supporter l'opération et rendit le dernier soupir.

Je ne sache pas qu'il ait été donné d'observer, aussi malheureusement, la marche parabolique qu'affecte le boulet dans sa course, ou plutôt vers la fin de sa course.

Cet accident étant arrivé à peu de distance de l'ambulance, il fut possible de porter immédiatement secours à ces malheureux.

Une sérieuse discussion éclata entre quelques sous-aides et d'autres employés à propos de la distribution du vin.

Chacun voulait avoir sa ration intégrale.

Il était assez difficile de leur donner satisfaction; les bidons n'en contenaient pas, hélas! la quantité suffisante.

La discussion s'envenimait et prenait un caractère de plus en plus agressif: un officier blessé jugea à propos de s'approcher des discutants et de leur faire remarquer que ce petit désagrément était bien léger en comparaison de ce qu'il leur fit entrevoir pour l'avenir si la campagne se prolongeait.

— De toutes les denrées qu'il faut transporter à longue distance, disait-il, le vin est certainement celle qui s'altère et *s'évapore* le plus facilement, surtout dans un pays aussi chaud.

Tous les intéressés saisirent parfaitement l'apologue et la paix se rétablit.

Après avoir achevé les pansements, nous fîmes une courte promenade jusqu'aux consulats de Suède et de Hollande.

Pendant ce temps, les travaux de la tranchée devenant très difficiles à cause des rochers qu'on rencontrait ; on y détacha trois ou quatre mille hommes pour les terminer. Le maréchal Bourmont alloua cent francs de gratification par compagnie, afin d'encourager et de stimuler les travailleurs.

Pour conduire, à huit heures du soir, six pièces de quarante-huit ; six de vingt-quatre ; six mortiers et autant d'obusiers à la tranchée, et craignant que le bruit des roues, sur l'ancienne voie romaine, ne fût entendu de l'ennemi, on para à cet inconvénient en jonchant les chemins pierreux d'une couche épaisse de branchages de lentisque.

Le fort lança toute la nuit des bombes et des feux d'artifice.

Notre ambulance était placée à cinq cents mètres environ de la tranchée.

Les abords de la ville étaient encore défendus au sud par de nombreuses batteries échelonnées sur la plage, et au nord par le fort des Vingt-Quatre Heures, situé à 300 mètres du Fort-Neuf ; plus loin encore, à 1,500 mètres, s'élève le fort des Anglais. Malgré ces constructions multipliées, la défense d'Alger était faible du côté de la terre, car il n'y avait sur ce point que le château de l'Empereur qui pût faire une résistance sérieuse ; encore était-il dominé lui-même, et vu dans son intérieur par le plateau supérieur du Bou-Zaréah. Aussi, dès que nos soldats eurent couronné ces hauteurs, le fort l'Empereur tira le canon d'alarme ; les Algériens n'avaient jamais pensé que notre armée eût tenté de les escalader et de s'y établir.

On était persuadé à Alger, et le dey lui-même partageait cette opinion, que les Français ne pourraient jamais s'emparer du château de l'Empereur qu'après avoir construit une citadelle de force supérieure et capable de les ruiner. Cependant les progrès rapides que nous avions faits dans une seule journée avaient jeté une vive alarme dans la ville. Le muphty fut chargé de relever, par ses exhortations, le moral des troupes et des habitants; on distribua de nouveaux étendards, auxquels étaient attachées des grâces spéciales ; le Kaznadji (ministre des finances), qui avait toute la confiance du dey, se chargea de la défense du château de l'Empereur, 800 kobjis (cannoniers) pris parmi les plus habiles pointeurs, et 1,500 jannissaires furent chargés de le seconder ; tous jurèrent de défendre la place jusqu'à la dernière extrémité.

Après avoir visité les différentes positions de notre armée et reconnu un plateau que le capitaine Boutin avait désigné en 1808, comme l'emplacement le plus favorable pour l'ouverture de la tranchée, de Bourmont établit son quartier-général à 2,000 mètres du fort l'Empereur. A peine y fut-il installé, que les consuls résidant à Alger demandèrent à lui être présentés. Ils venaient complimenter le général en chef de l'armée française, et lui exprimer les vœux qu'ils faisaient pour le succès de notre entreprise. Quoique leur pavillon flottât sur chacune de leurs résidences, ils s'étaient cependant tous réunis pour plus de sécurité, au consulat américain, situé à mi-côte du Boud-Zaréah. De Bourmont les rassura encore davantage en mettant à leur disposition une garde particulière, composée de grenadiers français. Malgré les horribles fatigues de la journée, il fut ordonné que les travaux de tranchée commenceraient dès le soir même.

Le feu dérigé contre nos travailleurs cessait ordinairement après le coucher du soleil ; car, en bons musulmans, les tobjis du fort l'Empereur ne se souciaient ni de veiller ni de combattre au milieu des ténèbres. L'imminence du danger les fit pourtant déroger à cet usage, pendant la nuit qui précéda la ruine de Sultan-Calassy. Ayant aperçu nos travailleurs sur plusieurs points, ils y dirigèrent un feu terrible de mitraille, accompagné de bombes et d'obus; en même temps qu'une troupe de miliciens braves et dévoués se précipitait sur une de nos batteries qui n'avait pas encore été démasquée. Assaillis impétueusement et à l'improviste par les Arabes et les Turcs, qui, après avoir escaladé les gabions et les sacs à terre, déchargeaient sur nos artilleurs à bout portant, leurs pistolets et leurs fusils où les égorgeaient à coups de yatagan, nos soldats furent obligés de se défendre avec leurs instruments de travail. On combattit corps à corps; d'un coup de levier un sergent d'artillerie assomma un Bédouin, les officiers d'artillerie mirent le sabre à la main; l'un d'eux, le lieutenant vicomte Daru, reçut une légère blessure ; le capitaine du génie de Villalier, moins heureux que lui, succomba : après avoir déchargé ses pistolets sur les Arabes, ne pouvant plus leur opposer que sa frêle épée, assailli par le nombre, il reçut un coup de yatagan au cœur, et sa tête alla augmenter le nombre de celles qui décoraient déjà la porte de la Casbah. Mais bientôt l'infanterie, qui s'était formée en bataille, ouvrant un feu de deux rangs bien nourri, força des Arabes et les janissaires à une prompte retraite.

Tout le personnel de l'ambulance satisfait, car il avait bien rempli son devoir, manifesta, le soir, l'intention de faire un repas aussi bon que possible.

Il fut bien frugal, car nous n'avions pas sous la main de quoi faire dîner Lucullus chez Lucullus et la carte n'indiquait aux gourmets que du bœuf, du saucisson, du jambon et du fromage. Mais quelques bouteilles de bordeaux et du champagne devaient donner de l'entrain à la fête qui fut assaisonnée d'une gaîté toute juvénile.

A cette époque, on avait l'agréable et innocente habitude de chanter après le repas du soir. Chacun dut payer son écot en en puisant le sujet dans les œuvres, si populaires alors, de Désaugier et de Béranger, deux chansonniers qui attendent encore un successeur. Deux sous-aides, mélomanes émérites, qui faisaient partie de l'ambulance, nous firent grand plaisir en nous faisant entendre quelques chansons : Jacques, le guitarero. (*La guitare était, à cette époque, en grande faveur.*) Deux romances alors en vogue, *La Petite Mendiante et Mire dans tes yeux mes yeux, Nanette.* L'aimable Lambert en nous régalant d'un air varié de Mozard sur le violon.

Le bruit du canon, des boulets et des bombes se succédant, il nous vint une idée assez originale ; c'était de danser avec accompagnement des détonations fulgurantes en leur faisant faire leur partie dans l'orchestre. Le canon simulait parfaitement la grosse caisse ; un galop, et celui-là était, à coup-sûr, infernal, termina la fête. Tout cela était bien prosaïque, et nos petits crevés comprendront difficilement les plaisirs qu'entre hommes on pouvait trouver à cet exercice. Ils ne savent pas que l'homme, cloué dans un milieu où sa vie, est, à tout instant, mise en cause, entouré de privations si diverses, un rien suffit pour l'amuser et le distraire. En somme, la soirée fut très gaie. J'oubliais de dire que le personnel dansant et chantant s'augmenta considérablement. Le son du violon et le *trom-trom* de la guitare se faisant entendre chez les voisins, plusieurs officiers vinrent se joindre à nous et y mêler leur gaîté.

La fête terminée, la salle de danse et de concert se transforma aussitôt en vrai dortoir. Chacun se coucha avec l'espoir et la quiétude de se livrer à un sommeil calme et réparateur. Mais nous avions compté sans notre brutal voisin ; car, à peine endormis dans les replis de nos manteaux, le fort, redoublant son vacarne, nous réveilla, du moins bien à propos, pour recevoir et soigner les nombreux blessés qu'il nous envoya, et qu'il fallut panser aussitôt à la lumière des lanternes. Deux officiers gravement blessés, nous apprirent que l'attaque du fort aurait lieu le lendemain de bonne heure : toutes les pièces de siège étant en place.

Cette nouvelle mit tous les cœurs en émoi ; c'était le dernier problème de la campagne qui allait se résoudre, et il ne fut plus question de sommeil.

Le feu commença, en effet, à trois heures et demie du matin. Le chef d'escadron d'état-major de Borne, un des aides-de-camp du général en chef, vint se placer sur un monticule à côté de l'ambulance pour examiner la direction des feux d'une batterie du fort l'Empereur ; à peine avait-il placé sa lorgnette, qu'un biscaïen lui brisa l'épaule gauche. Après avoir subi le premier pansement, qui fut long et pénible, fait avec une grande habileté par le chirurgien-major Devaux, que le blessé supporta avec un courage héroïque, le commandant me demanda du papier et de l'encre, en me disant : « Ma blessure est mortelle, je veux, si j'en ai encore le temps, envoyer mes derniers adieux à ma femme et à mes parents, » transporté le lendemain à Sidi el-Ferruch, il y mourut le même jour.

L'attaque était vive et la résistance de même ; à six heures, les batteries du fort étaient réduites au silence ; à neuf heures et demie éclata une formidable explosion qui fit sauter en l'air une immense quantité de terre et de pierres qui dérobèrent un instant la vue du soleil.

Un épais nuage de poussière et de fumée s'éleva au-dessus du fort et s'étendit avec rapidité dans toutes les directions ; des masses de maçonnerie, des quartiers de remparts, d'énormes pierres, des affûts de canon et des lambeaux de cadavres, furent lancés dans les airs et tombèrent en pluie effroyable sur nos batteries. L'obscurité, plus encore que cette horrible grêle, ébranla quelques courages ; des travailleurs et des sentinelles abandonnèrent leurs postes ; mais les canonniers, impassibles, restèrent à leurs pièces, et les coups de canon qui partirent de nos batteries rassurèrent l'armée sur les effets de l'explosion.

Un grand nombre de projectiles informes et très dangereux tombèrent et blessèrent quelques personnes.

L'ambulance en reçut plusieurs, mais n'eût heureusement qu'un mulet de blessé.

Cette explosion était celle de la poudrière du fort, à laquelle les assiégés mirent le feu pour la soustraire au vainqueur.

Ce bouquet était pour les Arabes, surtout les Turcs, le signal d'un dernier et cruel adieu ; il fut pour nous, au contraire, celui d'un magnifique succès et nous combla de joie.

C'est l'éternelle histoire du cœur humain. A côté de Jean qui pleure se trouvera toujours un Jean qui rit.

Un silence religieux succéda au bruit de cette terrible explosion. Chacun se regardait anxieux et se demandait si tout était fini et si tout danger avait bien disparu.

Le kasnadji, ministre du trésor, qui commandait le fort et chargé de le défendre, reçut, dit-on, une forte contusion qui l'obligea à quitter son poste. On suppose que s'il y était resté, il aurait prévenu cette explosion et prolongé de quelques jours la défense du fort. C'est toujours l'état psychologique du vaincu de regretter et de critiquer ce qui a été fait et de n'avoir pas agi autrement.

Nos troupes occupèrent le fort à onze heures.

M. de Bourmont y était à peine établi avec son état-major, qu'un parlementaire, envoyé par le Dey, se présenta aux avant-postes. C'était Sidi-Mustapha, premier secrétaire de Hussein-Dey. En arrivant auprès de lui, l'envoyé turc se prosterna, à la manière orientale ; le général le releva avec bonté, et un interprète fut chargé de traduire ses paroles.

« O invincible tête des armées du plus grand sultan de notre siècle, lui dit-il, Dieu est pour toi et pour tes drapeaux ; mais la clémence de Dieu commande la modération après la victoire. La prudence humaine la conseille comme le moyen le plus sûr de désarmer tout à fait l'ennemi vaincu. Hussein-Pacha baise la poussière de tes pieds, et se repend d'avoir rompu ses anciennes relations avec le grand et puissant Melek Charal (le roi Charles X.) Il reconnaît aujourd'hui que, quand les Algériens sont en guerre avec le roi de France, ils ne doivent pas faire la prière du soir avant d'avoir obtenu la paix. Il fait amende honorable pour l'insulte commise sur la personne de son consul : il renonce, malgré la pauvreté de son trésor, à ses anciennes créances sur la France, bien plus, il paiera tous les frais de la guerre. Moyennant ces satisfactions, notre maître espère que tu lui laisseras la vie sauve, le trône d'Alger, et que, de plus, tu retireras ton armée de la terre d'Afrique et tes vaisseaux de ses côtes. »

Ce langage fut loin de satisfaire le général en chef. « Monsieur Bracewithz, dit-il en s'adressant à son interprète, recommandez à ce parlementaire de rapporter fidèlement à son maître la réponse que je vais faire à ses propositions :

« Le sort de la ville d'Alger et de la Kasbah est dans mes mains, car je suis maître du fort l'Empereur et de toutes les positions voisines. En quelque heures, les cent pièces de canon de l'armée française et celles que j'ai enlevées aux Algériens auront fait de la Kasbah et de la ville un monceau de ruines ; et alors Hussein-Pacha et les Algériens auront le sort des populations et des troupes qui se trouvent dans les villes prises d'assaut. Si Hussein veut avoir la vie sauve, pour lui, les Turcs et les habitants de la ville, qu'ils se rendent tous à merci, et remettent sur-le-champ aux troupes françaises la Kasbah, tous les forts de la ville et les forts extérieurs. »

En entendant cette fatale réponse, une tristesse profonde se répandit sur la mâle et belle figure de l'envoyé du Dey. Il parut consterné, et déclara que sa bouche n'oserait jamais transmettre à Hussein-Pacha de si dures conditions. Il fallut pour le décider que M. de Bourmont les fit rédiger et apposât son cachet sur cette pièce officielle.

Survint ensuite un Kodja, écrivain secrétaire d'Etat, envoyé dit-on par les janissaires chargés de proposer au maréchal une capitulation ; et, afin d'obtenir de conserver le gouvernement turc, il rejetait sur le Dey *seul* le malheur de cette guerre; il alla jusqu'à proposer, pour se débarrasser de cet obstacle, d'apporter la tête de Dey même.

Ces propositions furent, comme on le pense, rejetées par Bourmont qui demanda la remise immédiate, *sans conditions*, de tous les forts et de la ville.

Après cette manifestation très caractéristique, des notables de la ville vinrent alors solliciter la clémence du maréchal, au nombre desquels se trouvait le fameux Boudarba, qui, sous ses dehors mielleux et rusés, fut, dans cette circonstance, comme il a toujours été depuis, l'ennemi le plus intelligent, le plus adroit et le moins soupçonné. Il fut, depuis, nommé syndic d'Alger. Parlant très bien le français, sa position l'avait mis à même d'étudier et de bien comprendre la situation des deux partis; puis sa qualité de Maure lui donnait une espèce de neutralité: car au fond, la guerre n'existait qu'entre les Français et les Turcs. Aussi son intervention aplanit-elle bien des difficultés.

Sidi-Abou-Derbah fit aisément comprendre à de Bourmont qu'il fallait abandonner cette demande de reddition à merci; elle n'était propre qu'à exaspérer des hommes barbares qui, n'ayant jamais épargné un ennemi vaincu, verraient toujours dans cette clause la mort en perspective. En effet, les premières conditions dictées par de Bourmont avaient causé une grande fermentation dans Alger, ainsi qu'à la Kasbah. On ne se faisait point une juste idée de ce que le général entendait par ces mots : « se rendre à discrétion; » on pensait que les Français avaient l'intention de se livrer aux actes les plus barbares : de là ces accès de rage et de fureur. Il était donc indispensable de rassurer les esprits, de développer les articles de la capitulation, et de les faire expliquer au divan par un interprète de l'armée.

De Bourmont assembla son conseil; et avec le concours des généraux Desprez, Berthezène, d'Escars, Valazé, La Hitte, Tholozé, etc., il rédigea une nouvelle convention, en ayant soin d'adoucir les conditions qu'auraient causé tant d'alarme parmi la population et la milice algérienne; puis il remit cette pièce, revêtue de sa signature, aux envoyés d'Hussein, en les faisant accompagner de M. Bracewithz, un des principaux interprètes de l'armée.

La mission de Bracewithz n'était pas sans danger. Le récit que nous en a laissé ce fonctionnaire, prouve assez que ses appréhensions n'étaient pas sans fondement. Les longs rapports que cet interprète avait entretenus avec les Orientaux, car il avait été premier interprète de Bonaparte dans la campagne d'Égypte, lui avaient appris tout ce qu'un parlementaire peut redouter de la colère des Turcs, lorsqu'il est porteur de dépêches contraires à leurs idées ou à leurs intérêts. Nous consignons donc ici cette relation, non seulement parce qu'elle renferme de curieux détails, mais encore parce qu'elle consacre le dernier acte politique que le gouvernement de l'odjack accomplit à Alger.

« En arrivant à la Porte-Neuve, qu'on n'ouvrit qu'après beaucoup de difficultés, je me trouvai, dit Bracewithz, au milieu d'une troupe de janissaires en fureur : ceux qui me précédaient avaient peine à faire écarter devant moi la foule de Maures, de Juifs d'Arabes qui se pressaient à nos côtés. Pendant que je montais la rampe étroite qui conduit à la Kasbah, je n'entendis que des cris d'effroi, de menace et d'imprécation qui retentissaient au loin, et qui augmentaient à mesure que nous approchions de la place. Ce ne fut pas sans peine que nous parvînmes aux remparts de la citadelle. Sidi-Mustapha, qui marchait devant moi, s'en fit ouvrir les portes, et elles furent, après notre entrée, aussitôt refermées sur les flots de la populace qui les assiégeait. La cour du divan où je fus conduit était remplie de janissaires, Hussein était assis à sa place accoutumée. Il avait, debout autour de lui, ses ministres et quelques consuls étrangers. L'irritation était violente ; le Dey seul me parut calme mais triste. Il imposa silence de la main, et tout aussitôt me fit signe de m'approcher, avec une expression très prononcée d'anxiété et d'impatience. J'avais à la main les conditions écrites sous la dictée de M. Bourmont. Après avoir salué le Dey et adressé quelques

mots respectueux sur la mission dont j'étais chargé, je lus en Arabe les articles suivants, avec un ton de voix que je m'efforçai de rendre le plus rassuré possible :
1° L'armée française prendra possession de la ville d'Alger, de la Kasbah, et de tous les forts qui en dépendent, ainsi que de toutes les propriétés publiques, demain 5 juillet 1830, à dix heures du matin, heure française.

« Les premiers mots de cet article excitèrent une rumeur sourde, qui augmenta quand je prononçai les mots à *dix heures du matin;* un geste du Dey réprima ce mouvement. Je continuai : 2° La religion et les coutumes des Algériens seront respectées ; aucun militaire de l'armée ne pourra entrer dans les mosquées. Cet article excita une satisfaction générale; le Dey regarda toutes les personnes qui l'entouraient, comme pour jouir de leur approbation, et me fit signe de continuer. 3° Le Dey et les Turcs devront quitter Alger dans le plus bref délai. A ces mots, un cri de rage retentit de toutes parts; le Dey pâlit, se leva et jeta autour de lui des regards inquiets. On n'entendait que ces mots répétés avec fureur par tous les janissaires : *El Mout! el Mout!* (la mort! la mort!) Je me retournai au bruit des yatagans et des poignards qu'on tirait des fourreaux, et je vis leurs lames briller au-dessus de ma tête. Je m'efforçai de conserver une contenance ferme et regardai fixement le Dey. Il comprit l'expression de mon regard et prévoyant les malheurs qui résulteraient d'un acte de violence, il descendit de son divan, s'avança furieux vers cette multitude effrénée, ordonna le silence d'une voix forte et me fit signe de continuer. Ce ne fut pas sans peine que je fis entendre la suite de l'article qui ramena un peu de calme : on leur garantit la conservation de leurs richesses personnelles; ils seront libres de choisir le lieu de leur retraite.

« Des groupes se formèrent à l'instant dans la cour du divan; des discussions vives et animées avaient lieu entre les officiers turcs; les plus jeunes demandaient à défendre la ville. Ce ne fut pas sans peine que l'ordre fut rétabli et que l'aga, les membres les plus influents du divan et le Dey, lui-même, leur persuadèrent que la défense était impossible et qu'elle ne pourrait amener que la destruction totale d'Alger et le massacre de la population. Le Dey donna l'ordre de faire évacuer les galeries de la Kasbah ; je restai seul avec lui et ses ministres. L'altération de ses traits était visible. Sidi-Mustapha lui montra alors la minute de la convention que le général en chef nous avait remise et dont presque tous les articles lui étaient personnels et réglaient ses affaires particulières. Elle devait être échangée et ratifiée le lendemain matin, avant dix heures. Cette convention fut l'objet d'un long débat entre le Dey et ses ministres; ils montrèrent, dans la discussion des articles et dans le choix des mots, toute la défiance et la finesse qui caractérisent les Turcs dans leurs transactions. On peut apercevoir, en la lisant, les précautions qu'ils prirent pour s'assurer toutes les garanties désirables; les mots et les choses y sont répétés à dessein et avec affectation; et toutes ces répétitions, qui ne changeaient rien au sens, étaient demandées, exigées ou sollicitées avec les plus vives instances de la part des membres du divan.

« Sidi-Mustapha copia en langue arabe cette convention, et la remit au Dey avec le double en langue française que j'avais apporté. Comme je n'avais pas mission de traiter, mais de traduire et d'expliquer, je demandai à retourner vers le général en chef, pour lui rendre compte de l'adhésion du Dey et de la promesse que l'échange des ratifications serait fait le lendemain de grand matin. Hussein me parut très satisfait de la conclusion de cette affaire. Pendant que ses ministres s'entretenaient entr'eux sur les moyens à prendre pour l'exécution de la capitulation, le Dey se fit apporter par un esclave noir un grand bol en cristal rempli de limonade à la glace. Après en avoir bu, il me le présenta, je bus après lui et je pris congé. Il m'adressa quelques paroles affectueuses et me fit reconduire jusqu'aux portes de la Kasbah par le bachi-chiaouh et par Sidi-Mustapha, son secrétaire. Ce dernier m'accompagna avec quelques janissaires jusqu'en dehors de la Porte-Neuve, à peu de distance de nos avant-postes. »

Ainsi cette ville, qui avait tenu en échec toutes les puissances européennes qui, pendant plusieurs siècles, étaient restées ses tributaires; devant laquelle toutes les expéditions dirigées jusqu'alors par l'Angleterre, l'Espagne, la France, avaient vu leurs efforts s'épuiser, plusieurs même suivis de plus grands désastres. Eh bien, vingt jours avaient suffi à l'armée française pour opérer un débarquement excessivement laborieux, défaire l'ennemi dans deux batailles terribles, repoussé dans plusieurs combats, investir une place très étendue, exécuter des travaux de siège importants, prendre d'assaut le fort l'Empereur et, finalement, prendre possession de la ville. Qu'on lise l'histoire, on trouvera difficilement une campagne où l'armée aura accompli, en si peu de temps et sous l'influence d'un climat aussi chaud, une œuvre si laborieuse et si essentiellement humanitaire.

Sitôt son entrée à la Kasbah, le général en chef fit chanter le *Te Deum* pour remercier Dieu de la victoire qu'il venait d'accorder aux armes de la France. Ce devoir accompli, M. de Bourmont adressa à l'armée l'ordre du jour suivant :

Soldats,

La prise d'Alger était le but de la campagne. Le dévouement de l'armée a devancé l'époque où il semblait devoir être atteint; vingt jours ont suffi pour la destruction de cet État dont l'existence fatiguait l'Europe depuis tant de siècles. La reconnaissance de toutes les nations civilisées sera pour l'armée d'expédition le fruit le plus précieux de sa victoire. L'éclat qui doit en rejaillir sur le nom français aurait largement compensé les frais de la guerre, mais ces frais mêmes seront payés par la conquête. Un trésor considérable existe dans la Kasbah; une commission, composée de M. l'intendant en chef de l'armée, de M. le général Tholosé et de M. le payeur général, est chargée par le général en chef d'en faire l'inventaire; dès aujourd'hui, elle s'occupera de ce travail sans relâche, et bientôt le trésor conquis sur la régence ira enrichir le trésor français.

Le comte de BOURMONT.

L'entrée des français dans Alger eut lieu le lundi 5 juillet, pour les états-majors seulement. Il était complètement défendu à l'armée d'y pénétrer.

Cependant bien grande était son impatience de voir l'intérieur de cette ville qui, depuis des siècles, jetait la terreur sur la Méditerranée.

Il était onze heures quand Bourmont, précédé de son état-major, partit du quartier général. L'artillerie qui était en avant eut de la peine à arriver jusqu'à la ville à cause de l'encaissement et l'étroitesse de la route, de même que pour traverser la petite rue sinueuse qui conduisait de la Porte-Neuve à la Kasbah. L'entrée fut très solennelle, faite aux sons d'une musique qui traduisait l'enthousiasme de tous.

Toutefois un serrement de cœur inexprimable se fit sentir dans toutes les poitrines, lorsque, approchant des remparts, l'armée aperçut dans les fossés de la ville, les cadavres mutilés des prisonniers que les Algériens avaient faits pendant la campagne. Des têtes séparées du corps; des membres épars; des cadavres traversés par des crochets, souillés de boue et de sang, livrés à de dégoutantes insultes! Une larme fut donnée à ces nobles restes, auxquels on rendit ensuite les honneurs de la sépulture; la générosité du vainqueur sut encore pardonner ces froides atrocités, lorsque le vaincu ne sut même pas lui en épargner le spectacle.

Alger ne présentait point l'aspect triste et désolé d'une ville conquise. Quand l'armée y pénétra, un assez grand nombre d'habitants, surtout des enfants, sortirent de leurs maisons pour la voir. Les boutiques étaient fermées; les marchands, assis tranquillement devant leurs portes, semblaient attendre le moment de les ouvrir. La crainte ne se trahissait point sur leur physionomie; ils savaient que la capitulation garantissait à chacun l'inviolabilité de ses propriétés, le respect des femmes, sa sûreté individuelle; aussi témoignèrent-ils plus de curiosité que de défiance. Les

Maures, les Koulouglis et les Juifs surtout, accueillirent notre domination sans trop de peine; ils espéraient que la longue oppression des Turcs allait faire place à un régime humain, basé sur la légalité et la justice. La façon généreuse dont nous usions de la victoire ne les surprenait pas moins que la tenue de nos régiments; que nos manœuvres précises et régulières; que la rapidité foudroyante avec laquelle nous avions terminé la guerre en quelques jours. Les Turcs étaient consternés; la résignation ennoblissait leur défaite autant que leur courageuse défense avait mérité notre estime dans les combats.

Il faut le dire à la gloire du soldat; comprenant admirablement qu'il représentait l'une des nations les plus civilisées du monde, il mit une grande loyauté dans ses rapports avec les habitants.

Toutefois, cette réserve du vainqueur dans une ville si opulente, ne doit point faire oublier que quelques désordres eurent lieu à la Kasbah. Hussein venait d'abandonner son palais; il s'était retiré dans une maison de la ville basse qu'il occupait avant son élévation: il y avait déjà fait transporter ce qu'il possédait de plus précieux; mais restait encore une grande quantité de meubles et d'objets de luxe, qu'on n'avait pu déménager faute de temps. Lorsque les corps qui devaient occuper la Kasbach entrèrent dans la cour du divan les esclaves du Dey, qui emportaient de nombreux paquets, saisis de frayeur à la vue des soldats, abandonnèrent les objets dont ils étaient chargés, et se sauvèrent. Les troupes se répandirent bientôt dans le palais où la nouveauté des objets qui s'offraient de toutes parts devint un motif de tentation. Chacun crut se faire un trophée de ce qui avait le plus piqué sa curiosité:

c'étaient des babouches de maroquin et des pantoufles de femme richement brodées ; des tasses de porcelaine d'Italie ; des soucoupes en cuivre doré de Constantinople ; des vases de terre et de cristal à fleurs d'or ; des flacons remplis d'eau de senteur ; des cuillères de forme bizarre pour manger le riz et le couscoussou, faites en bois de palissandre, en ivoire ou en ébène, garnies de petits grains de corail ; d'autres avaient trouvé, dans les coffres abandonnés par les esclaves, des robes de prix, des voiles, des pièces de soie, destinées à faire des turbans. Quelques officiers, qui entrèrent les premiers dans les appartements du harem, y trouvèrent des bijoux de peu de valeur. Le général en chef s'étant aperçu qu'on avait retiré des pièces d'argenterie et de vermeil, donna l'ordre qu'elles fussent déposées dans le trésor. Ce désordre dura à peine quelques heures ; il fut d'ailleurs plutôt un effet de la négligence, qu'un calcul de cupidité.

De Bourmont établit son quartier général à la Casbah, et se logea lui-même dans les appartements que le Dey venait d'abandonner. Au moment où il entrait dans la cour du divan, il aperçut un Turc de distinction assis, les jambes croisées, dans le plus grand calme, devant une porte surbaissée, garnie de forts tenons : c'était le Khaznadji qui attendait ses ordres pour faire à qui de droit la remise du trésor de la Régence, placé sous sa responsabilité. Le général en chef nomma immédiatement une commission composée de M. Denniée, intendant de l'armée, de M. Firino, payeur, et du général Tholosé : ils étaient chargés d'inventorier les espèces, et d'en diriger le transport sur la France. Le Khaznadji leur remit les clefs et se retira ; ceux-ci, après avoir visité le trésor, mirent un piquet de gendarmerie pour en garder la porte, sur laquelle ils posèrent les scellés.

Dans l'après-midi, nous vîmes défiler les officiers d'un état-major qu'il est inutile de nommer, suivis de leurs mulets chargés d'armes, de tapis, d'éventails, qu'ils avaient probablement trouvés à la Casbah.

Ce butin, mis ainsi en évidence, produisit sur l'armée une fâcheuse impression.

La journée du 5 fut consacrée à la remise de toutes les armes par les janissaires et autres habitants faisant partie de la milice : yatagans, sabres à fourreaux en vermeil et argent plus ou moins ornés ; puis, pistolets et fusils plus richement décorés encore. Elles furent distribuées, le lendemain, comme il suit : aux généraux de division, généraux de brigade, colonels, lieutenants-colonels, et chefs de bataillon.

Dans la soirée, l'armée du Dey, cavaliers et fantassins, évacuèrent la ville et sortirent par la porte Bab-Azoum, sans armes ; suivirent les bords de la mer, et gagnèrent la plaine de la Mitidjah, la plupart accompagnés de leurs femmes et de leurs bagages.

Ils s'arrêtèrent, pendant deux heures environ, sur la côte de Mustapha, pour voir défiler notre armée et son entrée dans la ville ; c'était pour eux un spectacle aussi curieux que celui qu'ils nous offraient eux-mêmes.

6 juillet. — Quelques officiers obtinrent la permission d'entrer en ville et d'enlever quelques armes de choix. Celles qu'ils laissèrent, des plus communes, furent mises en garde.

On fit alors conduire nos blessés à Sidi-el-Ferruch.

Le lendemain, les officiers subalternes obtinrent la

permission d'entrer en ville et à la Casbah, où on leur distribua les armes dédaignées la veille par les états-majors. La part qui y restait était si peu importante que bien des officiers, et j'étais du nombre, la refusèrent.

Pour la première fois, nous nous trouvions dans un semblable palais ; chacun de nous était émerveillé de l'originalité de cet édifice aux couleurs éclatantes et si variées.

Il se composait d'une multiplicité de chambres dont les plus petits coins étaient garnis de meubles d'un luxe trahissant les richesses qu'ils avaient dû contenir, que le Dey et ses gens avaient eu soin de vider avant de s'éloigner.

Nous empruntons à M Clausolles (l'Algérie pittoresque, Toulouse, 1843), la description de la Casbah, qui paraît très vraie, et telle que nous l'avons vue en en parcourant l'intérieur.

« Quand on entre dans Alger, par la Porte-Neuve, située au sud ouest, une ruelle étroite et difficile conduit devant la Casbah ou citadelle, qui renfermait la demeure des anciens deys, leurs magasins et leur trésor. Elle est séparée de la ville par une muraille très élevée et garnie de canons. Une grande porte à deux battants, portant au-dessus une inscription arabe, donne entrée à un porche obscur, rendu moins triste par une fontaine de marbre, d'où s'échappe, dans une coupe de forme gracieuse, une eau fraîche et limpide. Si de ce vestibule on se dirige vers la gauche, on arrive à la cour du divan, qu'on peut regarder comme la partie la plus importante de cette enceinte ; elle est pavée en marbre et entourée d'une galerie couverte, formée par un rang d'arcades mauresques, soutenues par des colonnes de marbre blanc. Une fontaine avec un jet d'eau, abritée par un magnifique citronnier, tempère la chaleur du soleil qui se reflète sur toutes les faces polies de ce cloître.

Le côté de la galerie opposé à la porte d'entrée était beaucoup plus orné que les autres ; il était formé d'un double rang de colonnes ; on y voyait des glaces à encadrement variés, des pendules arabes, de belles tentures à franges. Une banquette régnait dans toute sa longueur, et à l'une de ses extrémités, elle était recouverte d'un tapis de drap écarlate. C'est sur ce tapis que se plaçait le dey quand il tenait son divan, qu'il rendait la justice, ou qu'il donnait audience aux consuls et aux marchands étrangers ; c'est de là que partit le fameux coup d'éventail qui a été cause de sa chute.

Sous cette même galerie, à l'extrémité de cette banquette, était la porte du trésor, armée de ses grosses serrures et d'un guichet de fer ; elle donnait entrée à deux ou trois corridors, sur lesquels ouvraient des caveaux sans fenêtres ni soupiraux, coupés dans leur longueur par une cloison de quatre pieds à peu près. C'était là qu'étaient jetées en tas des monnaies d'or et d'argent, depuis le boudjou d'Alger jusqu'à la quadruple du Mexique.

Cette cour intérieure du divan donnait jour aux appartements du dey placés aux étages supérieurs. Le premier se composait de galeries, dans l'une desquelles on voyait une espèce de palanquin, sous lequel le Dey venait entendre la musique ; elle communiquait à une plate-forme qui supportait une forte batterie dominant la ville. Un escalier conduisait à une galerie supérieure où venaient aboutir les quatres longues chambres, sans glaces ni tentures, blanchies à la chaux, qui formaient l'appartement du dey. Une porte extrêmement basse conduisait au quartier des femmes, composé de six petites pièces, clos par de hautes murailles ; ces appartements n'obtenaient de jour que par une cour intérieure, dont le sol était à la hauteur du premier étage.

Cette demeure rendue triste, d'un côté par les canons qui commandent la campagne dans la direction du château de l'Empereur, et de l'autre, c'est-à-dire du côté de la cour principale, par une épaisse muraille, où pour satisfaire la timide curiosité des femmes, on avait pratiqué, dans quelques-unes des chambres, des espèces de meurtrières longues et étroites, projetées obliquement, afin d'offrir à la vue une partie de la galerie supérieure, dans laquelle le dey venait parfois se délasser.

Les autres bâtiments, renfermés dans l'enceinte de la Casbah, consistaient en une mosquée fort belle, dont le pavé était couvert de précieux tapis, un kiosque, une salle d'armes, des magasins, des écuries et des jardins ou plutôt des cours plantées d'arbres ; une ménagerie renfermant quelques tigres et quelques lions ; un vaste magasin à poudre, dont le dôme avait été mis à l'épreuve de la bombe par un double lit de balles de laines; un parc à boulets, des salles d'armes, une longue treille et un berceau de jasmin pour la promenade des femmes du Dey ; le tout enclavé dans de hautes murailles de quarante pieds, terminées par une plate-forme à embrasures, sur laquelle étaient placés à peu près cinquante canons de tout calibre, peints en vert et en rouge à leur embouchure, et dont une moitié servait à la défense du côté de la campagne, et l'autre tournée vers la ville pour la foudroyer en cas de révolte.

Le mobilier des appartements intérieurs des femmes était plus somptueux qu'élégant ; c'étaient des tapis de grand prix, jetés partout sur le carreau, des étoffes d'or et d'argent, un luxe étonnant de coussins de toutes les grandeurs et de toutes les formes, en damas et en velours, rehaussés de riches broderies arabes ; des glaces et des cristaux sans nombre ; des meubles d'acajou lourds, massifs et surchargés d'ornements de bronze doré, des lits entourés de moustiquaires de mousseline de l'Inde, brochée à fleurs d'or ; des divans de tous côtés : et cela dans une atmosphère de rose, de jasmin, de musc, de benjoin et d'aloës. On trouva dans le harem un grand nombre de tables, de toilettes, de coffres et de nécessaires en bois précieux d'Asie, incrustés de nacre, d'ambre, d'ivoire et d'ébène ; des porcelaines de la Chine et du Japon et une multitude incroyable de petits meubles bizarres et inconnus en Europe, inventés pour satisfaire les caprices enfantés par l'ennui et le désœuvrement du harem.

Les pièces servant à la demeure du Dey étaient beaucoup plus simples ; des tapis et des divans, voilà les seuls meubles qui les ornaient. Des pipes, des armes, plusieurs pendules anglaises, un baromètre et quelques lunettes marines, ce fut tout ce qu'on y trouva. Le reste avait été emporté par le Dey.

Quelques parties de la Kasbah, telles que la mosquée, la cour du divan et les appartements des femmes du Dey, pourraient donner une idée exacte de l'architecture mauresque ; c'était partout une profusion d'ornements, de moulures variées, d'arcades gracieuses, de colonnades élancées, torses ou cylindriques, seules ou accouplées. (tout cela a été singulièrement dégradé depuis l'occupation). On y voit néanmoins encore de jolies galeries, formées par des arcades bysantines et chargées de détails d'un art exquis et d'un style fantastique; des pièces charmantes, des salles de bain, des kiosques; le tout est animé par des fontaines d'une eau courante qui communiquent à l'air une pénétrante fraîcheur; par les ombrages des bananiers, des ceps de vigne en treille, des citronniers et d'un grand nombre de plantes et de fleurs, aussi rares que belles, dont on a embelli cette enceinte. »

La Kasbah n'était cependant qu'une prison où le Dey s'enferma pendant douze années que dura son règne, entouré de ses femmes, de ses janissaires et de ses esclaves, sans que rien vînt apporter à cette existence quelque diversion digne d'un souverain.

C'est à peine si en deux ou trois occasions solennelles il réunit sa famille pour quelque grande fête où il pouvait oublier qu'il était despote, pour redevenir homme. Ses femmes étaient attentives à prévenir ses moindres désirs, ses filles le chérissaient tendrement comme un bon père. Cependant il dut s'interdire ces réunions, où le cœur reprend tous ses droits; car c'est au sein des plaisirs qu'on néglige les hautes mesures de sûreté et souvent la lame d'un poignard a brillé à la lueur des flambeaux qui illuminent une folle nuit.

Après avoir prolongé notre visite dans ce dédale immense, saturé par les odeurs d'ambre, de benjoin et aussi de tabac, nous fîmes une grande promenade par la ville qui nous intéressa également beaucoup.

Mais nos sens, surtout l'odorat, qui venaient d'être agréablement impressionnés par les séduisants parfums du sérail, éprouvèrent une grande déception en rencontrant les ordures immondes qui encombraient les rues.

On ne peut imaginer rien de plus sale.

Malgré le peu d'attrait que cette promenade avait pour nous, nous l'achevâmes, mais en ayant bien soin, dans les moments les plus critiques, de nous boucher hermétiquement le nez.

Nous sortîmes de la ville peu désireux d'y rentrer avant qu'elle n'eût subi un grand nettoyage, déjà demandé avec instance, par l'armée occupant l'intérieur.

Ainsi, en arrivant dans la Kasbah, les Français purent y trouver trois choses qui sembleraient devoir s'exclure : l'appareil imposant de la guerre, l'attirail des spéculations et les détails somptueux du harem.

On procéda, dès le lendemain, à la reconnaissance des valeurs du trésor. La commission des finances fut mise en rapport avec le Khaznadji par l'un des interprètes de l'armée. Ce fonctionnaire déclara d'abord :

1° Que le trésor de la Régence était demeuré intact;

2° Qu'il n'avait jamais existé de registres constatant ni les recettes, ni les dépenses faites par le trésor;

3° Que les versements de fonds s'opéraient sans qu'aucun acte en constatât l'objet ou l'importance;

4° Que les monnaies d'or étaient entassées pêle-mêle, sans acception de valeur, de titre ni d'origine;

5° Que les sorties de fonds ne s'opéraient jamais que sur une décision du divan, et que le Dey lui-même ne pouvait pénétrer dans le trésor qu'accompagné du Khazenadji.

Après ces déclarations, le Khaznadji conduisit la commission dans les salles où était renfermé le trésor.

La première ne renfermait que des boudjoux, monnaie algérienne de 1 fr. 60, pour une somme de 300,000 francs environ.

La commission pénétra ensuite dans une salle où étaient placés trois coffres, formant des banquettes. Ces coffres contenaient encore des boudjoux, de la monnaie de billon, et l'un d'eux des lingots d'argent.

Trois portes également espacées, s'ouvrant au moyen d'une même clef, fermaient trois pièces obscures, coupées comme la première salle, par des compartiments en bois.

La pièce du milieu renfermait des monnaies d'or, jetées pêle-mêle, depuis le roboa-soltani (3 fr. 80), jusqu'à la double quadruple du Mexique, 168 francs. (Il y avait près de 24 millions en or).

Les deux caveaux latéraux renfermaient, l'un, des mokos ou piastres de Portugal; le second des piastres fortes. (Il y avait, dit-on, en argent, près de 23 millions).

La reconnaissance de ces valeurs s'opéra avec toute la publicité que comportait une opération si délicate. Ce trésor, s'élevant à la somme de 47,639,010 fr. 84, fut pesé et non compté, ce qui eût été impossible. Cette opération eut lieu par les soins d'officiers d'état-major et de la trésorerie, sous la surveillance de la commission des finances, qui y employa d'une manière permanente une douzaine de sous-officiers d'artillerie pour fermer et clouer les caisses.

Ces caisses, ficelées et cachetées, recevaient une série de numéros d'ordre et étaient placées méthodiquement dans l'un des caveaux, d'où elles ne sortaient que pour être transportées au port par des militaires de corvée, commandés par des officiers et sous la conduite du payeur général et des agents de la trésorerie.

Ce qu'on avait dit des trésors d'Alger était fort au-dessus de ce que l'on trouva en réalité.

On crut pendant quelques jours que la Casbah renfermait quelque casemate, quelque souterrain ou quelque lieu secret, où étaient cachées de grandes valeurs. On menaça le Khaznadji d'une prison sévère, s'il ne révélait ce qu'il savait à cet égard. Le général Desprez l'interrogea lui-même ainsi que deux autres fonctionnaires, MM. le payeur général Firino et l'intendant général Deniée, chargés de l'accompagner quand il ouvrait les portes du trésor; on n'en obtint aucun renseignement; tous les trois le firent jurer sur le Koran que tout ce qu'on voyait était bien le trésor de la Régence; il consentit à ce qu'on fît tomber sa tête si l'on trouvait dans la Kasbah un autre endroit qui contînt de l'argent.

Il paraît prouvé que depuis vingt ans les dépenses de la régence avaient toujours excédé les recettes de quelques millions. Cela tenait, soit à la diminution de la piraterie, soit aux constructions énormes qu'on avait faites au port depuis le bombardement de lord Exmouth. Ces déficits annuels, comblés avec les économies du trésor, l'avaient diminué considérablement et avaient rendu fausses les évaluations basées sur des conjectures. Au reste, tout cela rendait très vraisemblable cette opinion des Algériens, qui disaient : « qu'autrefois le puits d'Ali débordait d'or; que depuis il fallait se baisser beaucoup sur la margelle pour l'atteindre; et qu'à présent il fallait une longue échelle pour y puiser. »

L'ancien trésorier conduisit ensuite les membres de la commission à l'endroit où l'on fabriquait la monnaie. Après avoir reconnu qu'il existait là des lingots pour 25 ou 30,000 francs, on ferma la porte et l'on y mit une sentinelle. Mais, pendant la nuit, tous les lingots furent enlevés par un trou que l'on pratiqua dans le mur, du côté opposé à celui où était la sentinelle. On n'a jamais pu découvrir les auteurs du vol.

C'est à cette soustraction, exagérée par le bruit public, qu'il faut attribuer l'opinion qui s'accrédita dans la suite d'une dilapidation du trésor de la Régence.

En parcourant les pièces de l'appartement du Dey pour procéder à l'inventaire des objets précieux qui s'y trouvaient, les membres de la commission reconnurent aussi qu'on y avait laissé une petite caisse pleine de sequins d'or; elle contenait trente mille sequins d'Alger, c'est-à-dire en monnaie française, une somme d'environ deux cent soixante-dix mille francs. Quoique ce fût évidemment une propriété particulière du Dey, M. Firino fit transporter le tout au trésor. Nous verrons plus loin que le contenu en fut réclamé et remis à Hussein-Pacha.

Le général en chef, d'après les suppositions de M. Denniée et sur l'assertion du consul anglais, confirmée par le témoignage du juif Ben-Durand, écrivit au président du conseil que la conquête du trésor, de l'artillerie et des magasins de toute espèce que renfermait Alger, équivalait pour la France, à une somme de quatre-vingts millions. Ce chiffre servit de base au maréchal pour proposer au roi de consacrer cinquante millions aux paiements des frais de la guerre, trois millions en gratification à l'armée expéditionnaire, et d'affecter le reste à l'arriéré des traitements de la Légion d'honneur; noble inspiration, qui, si elle eût été écoutée, aurait établi une plus intime fraternité entre l'ancienne et la nouvelle armée, puisque la récente conquête de nos jeunes soldats eût servi à réparer, envers leurs devanciers, une injustice que les malheurs de la France avaient presque consacrée.

La répartition des trois millions demandés pour l'armée devait être réglée de la manière suivante :

Pour les lieutenants-généraux. . . . 24,000 fr.
Pour les maréchaux de camp. 16,000
Pour les colonels. 8,000
Pour les lieutenants-colonels. . . . 6,000
Pour les chefs de bataillon. 4,000

Pour les autres officiers, les sous-officiers et soldats, devaient recevoir trois mois de solde. Le président du conseil, Polignac, préoccupé de coups d'État, ne répondit même pas à ces propositions.

Malgré les précautions qu'on avait prises, il se produisit bien quelques désordres, dans les appartements particuliers ; mais le trésor resta toujours fermé à clef et sous la garde des trois commissaires nommés et d'un détachement de soldats bien choisis. Là, comme partout, comme dans toutes les guerres, dans toutes les armées et une ville en désordre, comme le fut Alger, en ce moment, des juifs, des esclaves mis en liberté, et cette foule d'industriels sans emploi, sans titre, qui s'attachent, qui *s'agrippent* aux armées, qui sont des agents actifs de désordre, s'y précipitent pêle-mêle, et toujours les premiers ; quelques-uns par curiosité, beaucoup par espoir de butin. Plusieurs portes de la Casbah furent enfoncées ; les appartements envahis et personne ne saura jamais ce qu'on a pu y prendre en armes, bijoux, etc. Ainsi, les clefs de la ville, qui étaient en argent, furent enlevées, et on n'a jamais pu savoir ce qu'elles étaient devenues.

Le général Berthezène, raconte, comme trait de probité, une anecdote assez curieuse :

« A ces gaspillages, dit le général, inséparables d'une victoire chèrement acquise, on peut opposer des traits d'une probité exemplaire. Ainsi des montres enrichies de diamants, des sacs de doublons, etc., furent rendus au trésor par des officiers ; puis il ajoute encore qu'un officier, devenu propriétaire d'un troupeau de moutons, s'empressa de le rendre et de le verser également au trésor. » Je n'ai jamais entendu parler d'une pareille trouvaille; l'on peut même se demander comment un officier avait pu devenir propriétaire d'un pareil butin : et, s'il l'avait pris, comment il aurait pu lui faire traverser l'armée sans que les soldats ne l'en eussent promptement débarrassé.

Pendant que la commission s'occupait sérieusement de cette délicate mission, des bruits arrivèrent et se répandirent en France que le trésor trouvé à la Casbah était immense et qu'on pouvait l'évaluer à des centaines de milllions. Cette évaluation s'étant accréditée et le ministre des finances ayant commis l'imprudence de la proclamer à la tribune, les imaginations s'exaltèrent : on aurait dit vraiment que la Casbah ressemblait à un de ces palais des mille et une nuits, regorgeant d'or, d'argent et tout constellé de pierres précieuses.

La Casbah renfermait aussi une quantité incroyable de marchandises. Le Dey, principal négociant de la Régence, prélevait sur toutes les cargaisons qui arrivaient à Alger, une remise en nature, qui allait à 5, 6 et même 10 pour cent. On trouva dans ses magasins des amas de laine, de peaux, de cuirs, de cire, de plomb et de cuivre; du blé, du sucre, de la toile pour les vaisseaux. Ayant le monopole du sel, il l'achetait à vil prix, aux îles Baléares, et le vendait fort cher à ses sujets.

La marine consistait en deux frégates assez mauvaises, sept bricks et quelques chebecks. Il y avait en outre une flotille, composée de trente-deux chaloupes, portant sur la proue une pièce de bronze. Cette flotille était destinée à se mettre en ligne devant les forts de la marine, sous la protection de leur canon, pour empêcher d'approcher et attaquer, s'il était possible, les vaisseaux de guerre qui tenteraient de venir s'embosser sous les forts.

Dans une autre lettre, le maréchal invitait le président du conseil à prendre les ordres du roi pour le rappel d'une partie considérable des troupes et pour son propre retour en France. Il considérait sa mission comme terminée, et jugeait sa présence plus utile en France qu'en Algérie. A toutes ces propositions, le ministère Polignac lui fit, dit-on, cette singulière réponse : Feignant de ne pas l'avoir compris, il se borna, dit-on, à demander au général en chef « une collection de plantes et d'insectes pour la collection du cabinet d'histoire naturelle ; plus une centaine de chameaux pour tâcher de les acclimater dans les landes de Bordeaux. »

Cette lenteur ou même cette indifférence aux intérêts d'une conquête si récente, ne peuvent s'expliquer que par la préoccupation que donnait alors à tout le ministère la préparation des fameuses ordonnances qui devaient avoir pour lui, pour la dynastie des Bourbons, et plus malheureusement encore pour la France entière, un si déplorable résultat.

Après la prise de possession d'Alger, la présence du pacha déchu pouvait devenir une source d'embarras. Elle n'était pas même sans danger pour sa personne, parce que beaucoup de janissaires irrités, avaient menacé de le poigarder. Il se refusa longtemps à rendre une visite au général en chef; pour l'y déterminer, on fut obligé de mettre en jeu son intérêt. Il n'avait eu que dix-huit heures pour faire enlever de la Casbah ses effets les plus précieux et ceux de son harem. Dans ce déménagement précipité, un grand nombre d'objets de prix furent oubliés; il les fit réclamer après l'entrée des Français. On profita de cette circonstance pour l'amener à une entrevue, en lui faisant observer que par ce moyen on obtiendrait des arrangements de départ; promesse aussi lui fut faite de faire enlever les effets qu'il réclamait.

Reçu par M. de Bourmont avec de grands honneurs, il montra, en sa présence, une dignité qui frappa toute l'assistance. On dit même qu'en entrant dans ses appartements il se troubla; et, à une question qui lui parut de nature à réveiller quelques soupçons relativement au trésor, il répondit d'un ton solennel : « La parole des souverains doit être sacrée; moi aussi hier je l'étais; et, comme tel, je déclare n'en avoir rien pris. Il déclara aussi que jamais le trésor n'avait possédé aucun diamant; il n'avait que ceux qui étaient la propriété de ses femmes; bien qu'elles soient à moi j'offre de vous les livrer. Je ne demande que les trente mille sequins que j'ai laissés et qui ont été retrouvés : et, si jamais j'étais dans le besoin, le roi de France est le seul auquel je demanderais du secours. »

On lui avait laissé le choix sur le lieu de sa retraite. Il proposa lui-même la ville de Naples, qu'il avait connue et visitée en venant de Constantinople à Alger, dont le séjour lui avait paru agréable. Le consul anglais s'agitait beaucoup pour l'engager à se rendre en Angleterre. Il en parla même à M. de Bourmont; mais celui-ci le repoussa poliment, en lui disant que, « c'était une affaire qu'il voulait arranger en famille avec le Dey. »

Avant de quitter le sol de l'Afrique, Hussein, plein de reconnaissance pour la conduite attentive et généreuse des Français à son égard, crut devoir leur donner, par la bouche du général en chef, des conseils d'amitié.

« Débarrassez-vous le plus tôt possible, des janissaires turcs, disait-il au Maréchal. Accoutumés à commander en maîtres, ils ne pourront jamais consentir à vivre dans l'ordre et la soumission. Les Maures sont timides; vous les gouvernerez sans peine; mais n'accordez jamais une entière confiance à leurs discours. Les Juifs, qui sont établis dans cette Régence, sont encore plus lâches et plus corrompus que ceux qui habitent Constantinople; employez-les, parce qu'ils sont très intelligents, dans les matières fiscales et de commerce; mais ne les perdez jamais de vue; tenez toujours le glaive suspendu sur leurs têtes. Quant aux Arabes nomades, ils ne sont pas à craindre : les bons traitements les attachent et les rendent dociles et dévoués; des persécutions les aliéneraient promptement. Ils s'éloigneraient avec leurs troupeaux, porteraient leur industrie jusque dans les hautes montagnes, et même dans le Beled-el-Gérid, ou bien ils passeraient dans les États de Tunis. Pour ce qui est des Kabyles, ils n'ont jamais aimé les étrangers; ils se détestent entre-eux. Evitez une guerre générale contre cette population nombreuse et guerrière; vous n'en tireriez aucun avantage. Adoptez, à leur égard, le plan constamment suivi par les deys d'Alger : c'est-à-dire, divisez-les, et profitez de leurs querelles.

« Quant aux gouverneurs de mes trois provinces,

dont j'ai eu lieu d'être mécontent dans cette dernière campagne, changez-les.

« Ce serait, de votre part, une bien grande imprudence que de les conserver ; comme Turcs et comme mahométans, ils ne pourront que vous haïr. Je vous recommande surtout de vous tenir en garde contre Mustapha-Bou-Mezrag, bey de Titery ; c'est un fourbe. Il viendra s'offrir, il vous promettra d'être fidèle ; mais il vous trahira à la première occasion. J'avais résolu depuis quelque temps de lui faire trancher la tête. Votre arrivée l'a sauvé de ma colère.

« Le Bey de Constantine est moins perfide et moins dangereux. Habile financier, il rançonnait très bien les peuples de sa province et payait ses tributs avec exactitude ; il est très débauché, sans courage et sans caractère.

« Des hommes de cette trempe ne peuvent pas convenir dans des circonstances difficiles. Je viens d'en faire la triste expérience.

« Le Bey d'Oran est un honnête homme ; sa conduite est vertueuse, sa parole est sacrée. Mais mahométan rigide, il ne consentira pas à vous servir ; il est très aimé dans sa province. Votre intérêt exige que vous l'éloigniez du pays. »

Le Dey termina en faisant l'éloge et en recommandant tout spécialement à la bienveillance de Bourmont son premier Kodja son meilleur ami, ajouta-t-il ; celui-là même qui, avant l'entrée des Français dans la ville et avant la capitulation, était venu offrir au maréchal de lui porter la tête du Dey, son maître et son protecteur, pour faciliter les conclusions.

Ces conseils si sages et si désintéressés font le plus grand honneur au jugement d'Hussein ; on se serait épargné bien des malheurs et bien des échecs en Algérie, s'ils eussent été suivis; et, par suite, la colonisation y eût gagné une rapide prospérité. La fatalité a voulu que celui qui venait de recevoir ces sages et si précieux avertissements, qui aurait dû en faire son profit, fût le premier à les dédaigner et à écouter ceux de cet homme fourbe, intelligent, au maintien imposant, à la tenue mauresque irréprochable; aux mains coquettement entretenues et comme Phydias n'en a jamais sculptés de plus belles; au sourire séduisant et à la parole plus séduisante encore. Eh bien! Bourmont, tout fraîchement renseigné par Hussein, ne sut pas résister à la parole mielleuse de Boudarbah qui lui fit accepter pour Bey de Titery celui que Hussein venait de traiter de fourbe et auquel l'entrée des Français ne lui donna pas le temps de faire couper la tête. On verra dans un instant que le pronostic porté sur ce personnage par Hussein ne tarda pas à se réaliser d'une manière bien fâcheuse pour nous.

Hussein Dey, devenu un personnage historique, une succincte biographie indiquant comment cet homme parti de l'Asie, fils d'un simple officier d'artillerie, parvint à une si éminente position, ne sera pas déplacée dans cet ouvrage.

Hussein était né à Vourla, petite ville d'Anatolie (en Asie-Mineure), d'autres disent à Smyrne. Son père, officier d'artillerie au service de la Porte ottomane, avait pris un soin particulier de son éducation et l'avait envoyé de bonne heure à Constantinople, pour qu'il s'y enrôlât dans le corps des Cofyës ou canonniers du Sultan. Par son aptitude et son zèle à accomplir tous les détails du service, le jeune Hussein n'avait pas tardé à se faire aimer de ses chefs; et bientôt il obtint un grade élevé dans cette arme. Mais il était opiniâtre, irascible; ces défauts, qu'il ne pouvait dominer, vinrent l'arrêter dans sa carrière militaire, tout en lui ouvrant, sans qu'il s'en doutât encore, les voies de sa future grandeur.

Un jour qu'ayant violé la discipline militaire, il s'était attiré un sévère châtiment, il résolut de s'y soustraire ; il partit secrétement pour Alger, où il s'enrôla dans les Janissaires. Dès qu'il eut endossé l'uniforme de la milice algérienne, Hussein renonça à la gloire des armes pour se livrer au commerce et se créer une position indépendante. Tout milicien appartenant à l'Odjack avait la liberté d'utiliser son temps ; il lui était permis d'exercer un métier s'il en avait un ; il pouvait même s'absenter, pourvu qu'il fût toujours prêt lorsque les ervice de l'État réclamerait sa présence. Hussein commença par tenir une boutique de fripier dans Asouaka, partie basse de la ville. L'activité, l'ordre et l'économie qu'il sut mettre dans ses affaires lui firent bientôt réaliser des bénéfices considérables qui lui permirent de solliciter et d'obtenir la place de directeur de l'entrepôt du blé. Dans cette position nouvelle, Hussein montra toute l'aptitude et toute l'habileté dont il était doué pour l'administration des affaires. Omar-Pacha, alors Dey d'Alger, distingua Hussein l'appela aux fonctions de secrétaire de la régence et de mir-akhor, ou grand écuyer ; il lui confia ensuite l'administration de tous les domaines appartenant à l'État, avec le rang de kodja-el-key (ministre des propriétés nationales) et de membre du divan. Ali, successeur d'Omar-Pacha, montra les mêmes dispositions bienveillantes à l'égard d'Hussein ; il ajouta même de nouveaux honneurs à ceux qui lui avaient été déjà conférés.

Nous avons dit que le règne d'Ali ne fut que de courte durée; qu'en mourant il légua le pouvoir à Hussein, comme au seul homme de la régence qui fût digne de lui succéder. La surprise de Hussein fut grande lorsque le divan eut ratifié les dernières volontés d'Ali et les motifs qui l'empêchèrent de refuser. Quelques écrivains expliquent d'une autre manière son élévation; ils prétendent que Hussein parvint au poste suprême de chef de l'odjack en tenant la mort d'Ali secrète pendant quelques jours; se frayant, durant cet interrègne, les voies qui devaient le conduire au pouvoir. Quoi qu'il en soit de ces deux versions, la première est confirmée par les paroles de Hussein lui-même. Mais on reconnaîtra qu'il fallut au nouveau Dey autant de talent que d'habileté pour s'élever et se maintenir à ce poste éminent. Ce qui confirme cette opinion, c'est la bonne administration dont il a fait preuve pendant toute la durée de son règne. Les Algériens qui l'ont connu assurent, en effet, que cette administration se distingua par son caractère de justice et de fermeté que n'avaient point eu les précédentes. Il professait une vive admiration pour le sultan Mahmoud, ainsi que pour Mehemet-Ali, le régénérateur de l'Egypte; il étudiait avec soin et intérêt les progrès de la civilisation européenne, et se proposait, dit-on, d'initier la régence à quelques-uns de ses bienfaits. Peut-être aurait-il réussi dans sa tâche sans la faute grave qu'il commit envers nous.

Hussein s'embarqua le 10 juillet pour aller faire quarantaine à Mahon, et se rendre ensuite à Naples. Par des motifs religieux, il désira ne partir qu'après le coucher du soleil. Cent dix personnes, dont cinquante femmes, composaient sa suite. Son gendre,

Ibrahim et sa famille étaient avec lui. Le juif Bacri, qui avait été quelque temps un des agents confidentiels d'Hussein, prétendit qu'il n'emportait avec lui, comme sa propriété particulière, qu'une somme de 4,000,000 de francs en argent et en bijoux. D'autres pensent que ses ressources futures, pour son entretien et pour celui de la suite nombreuse qui l'accompagnait, étaient beaucoup plus considérables. A huit heures du soir, Hussein sortit de sa maison à pied; ses femmes étaient dans des palanquins fermés, les esclaves suivaient. Le cortège était triste et silencieux; il y avait très peu peu de monde dans les rues. Pendant le trajet de sa maison à la marine, la figure du pacha fut sévère, mais sa contenance était noble et digne. On assure que, quand il quitta le rivage, de grosses larmes roulaient dans ses yeux, et qu'il tourna plus d'une fois ses regards vers ces murs, où il avait commandé pendant quinze années.

Le départ d'Hussein fut suivi, le lendemain, de celui des janissaires non mariés, qui occupaient les casernes d'Alger; ils étaient au nombre d'environ quinze cents. On leur fit délivrer à chacun un secours de deux mois de solde. Ils le reçurent comme un bienfait auquel ils pensaient n'avoir aucun droit. La même faveur fut accordée aux hommes mariés qui demandèrent à partir, ainsi qu'à chacun de leurs enfants. Ils furent transportés dans l'Asie-Mineure où les autorités locales les accueillirent, dit-on, fort mal, imputant à leur lâcheté la chute d'Alger la guerrière. On les campa dans le voisinage de Smyrne; ils y restèrent longtemps exposés à la misère et aux mauvais traitements de leurs compatriotes. Leur bravoure et leur résignation méritaient un meilleur sort.

M. de Bourmont, délivré des principales forces qui auraient pu l'inquiéter dans Alger, s'occupa des travaux administratifs qui réclamaient ses soins, soit comme général en chef, soit comme gouverneur. Il avait déjà adressé au conseil des minitres de nombreuses demandes d'avancement et de décorations, pour récompenser officiers et soldats qui s'étaient distingués pendant la campagne. Il ne crut pas devoir prendre sur lui la responsabilité de ces nominations, bien qu'il l'eût pu, soit comme ministre de la guerre, soit en vertu des pleins pouvoirs qu'il avait reçus du roi avant son départ. Cette fois, les ministres répondirent que le trésor du Dey appartenait à la France, et qu'on n'en pouvait rien distraire pour l'armée à qui la solde de campagne devait suffire. Quant aux récompenses honorifiques ou à l'avancement, le travail devait être soumis aux bureaux, et il fallait suivre les errements administratifis. On annonçait que le roi lui conférait le bâton de maréchal, avec le titre de duc d'Alger, et qu'il élevait le vice-amiral Duperré à la dignité de pair. Les autres nominations devaient arriver ultérieurement. Elle n'eurent aucun effet par suite de la révolution de Juillet.

Convaincu que c'était par les indigènes qu'il fallait agir sur le pays, M. de Bourmont aurait dû se montrer plus circonspect et très réservé sur le choix des hommes pour le seconder dans cette tâche difficile qui devait avoir, au lendemain de la conquête, une si grande portée morale sur les indigènes. C'est ici qu'il aurait fallu se rappeler les renseignements et les conseils donnés par Hussein Dey. Malheureusement, Bourmont les oublia ou les dédaigna en acceptant deux candidats fortement recommandés par le fallacieux Boudarbah.

L'un fut Hammam-el-Secca qu'il nomma aga des Arabes, charge à laquelle, en sa qualité de maure, il ne pouvait avoir des droits, qui indisposa beaucoup les Arabes et excita en outre leur répugnance à cause de la différence de race : Première faute ; puis en accueillant avec bienveillance le Bey de Titery qui vint faire sa soumission et protester de son dévouement aux Français en lui baisant les pieds. Bourmont le crut sur parole et lui conserva son poste : peu de jours après, il eut une terrible preuve de la vérité de l'opinion que Hussein avait exprimée sur cet homme fourbe et dangereux.

Les intentions du maréchal étaient sincères ; mais, sans s'en douter, il ouvrait grandement les portes à un régime administratif et militaire qui a fait bien du tort aux progrès de la colonie.

Tout se passa dans le plus grand calme jusqu'au 23. Le camp de Staouëlly fut évacué ; on y laissa seulement un bataillon ayant mission de protéger les convois venant de Sidi-el-Ferruch.

Il se produisit, ce jour là, un incident bien regrettable, qui causa à l'armée un grand désappointement. Peu s'en failut qu'il ne tournât au tragique et qu'il n'eût de bien fâcheuses conséquences.

On venait de faire la distribution du vin ; et nos soldats qui en avaient été privés depuis plusieurs jours, se pressèrent de le savourer. Ils y avaient à peine porté les lèvres qu'ils durent, hélas ! s'abstenir à cause de son amertume et de son goût salé.

Une réclamation, ou mieux un tolle général s'éleva contre l'administratton, et spécialement contre les *riz-pain-sel* (sobriquet donné aux officiers chargés des subsistances), qui n'en pouvaient mais, et à qui l'état du vin causait la même surprise qu'à nous-mêmes.

Une minutieuse et sévère enquête eut lieu qui fit découvrir que, pendant la nuit, au camp de Sidi-el-Ferruch, des marins avaient vidé à moitié un grand nombre de pièces; et, pour dissimuler ce qu'ils appelaient leur espièglerie, ils remplacèrent le vin commun par l'eau de la mer qu'ils trouvèrent plus facilement à leur disposition.

Cette mauvaise plaisanterie faillit être fatale à ceux des militaires qui n'avaient pas voulu perdre leur part de vin et qui le burent malgré son mauvais goût, son peu d'attrait, et contre toutes les observations qu'on leur fit. Ils furent tous en proie à une grande diarrhée, qui se calma cependant mais non sans avoir provoqué quelques accidents graves et des scènes assez comiques.

Après la chute d'Alger, le Bey de Constantine Hadji-Ahmet avait campé pendant trois jours sur la rive droite de l'Arach auprès de Badi-el-Kantara, Maison-Carrée. Mais à l'approche de deux régiments conduits en reconnaissance par le général Montlivault, Achmet leva le camp et prit le chemin de Constantine, amenant un butin considérable. Tout le bétail, les beaux et nombreux chevaux du Haras, au moins une centaine, disait-on, que le Dey entretenait, à grands frais, à la Rassauta peu distante de la Maison-Carrée. Il paraît qu'une partie de ce butin, lui fut enlevée au difficile et étroit défilé des Portes de fer par des tribus qui lui étaient hostiles et jalouses de cette belle razia que le bey Achmet s'était trop facilement appropriée.

Le général en chef, partageant la sécurité commune, voici en quels termes il rendait compte au gouvernement de sa situation.

« La prise d'Alger paraît devoir amener la soumission de toutes les parties de la régence ; plus la milice turque était redoutée, plus sa prompte destruction a révélé dans l'esprit des Africains la force de l'armée française. Le Bey de Titery a reconnu, le premier, l'impossibilité où il était de prolonger la lutte. Le lendemain même du jour où les troupes françaises ont pris possession d'Alger, son fils, recommandé par Boudarbah, à peine âgé de seize ans, est venu m'annoncer qu'il était prêt à se soumettre, et que, si je l'y autorisais, il se présenterait lui-même. Son jeune envoyé a rempli sa mission avec une naïveté qui rappelait les temps antiques. Je lui remis un sauf conduit pour son père qui, le jour suivant, se rendit à Alger. Je l'ai laissé à la tête du gouvernement de la province, sous la condition qu'il nous payerait le même tribut qu'au Dey ; cette condition a été acceptée avec reconnaissance. Les habitants paraissent convaincus que les Beys d'Oran et de Constantine ne tarderont pas à suivre l'exemple de celui de Titery. Déjà la confiance commence à s'établir ; beaucoup de boutiques sont ouvertes ; les marchés s'approvisionnent ; le prix des denrées est plus élevé que dans les temps ordinaires ; mais bientôt la concurrence aura fait cesser cette cherté éphémère. Tout nous porte à croire que la tâche de l'armée est remplie. »

Peu de jours suffirent pour détruire ces illusions.

Le Bey de Titery avait engagé M. de Bourmont à s'avancer jusqu'au pied de l'Atlas et à visiter la ville de Blidah, qu'il désirait faire joindre à son gouvernement.

« La présence du général en chef de l'armée française, aura pour effet immédiat, disait-il, de faire naître la confiance et de hâter la soumission de toute la population de la province. » D'autres notables du pays, surtout le nouvel aga des Arabes, Hamdam-ben-Secca, qui préparait alors un arrangement pacifique entre les Français et les Cheiks arabes de la province d'Alger, représentaient à M. de Bourmont que le Bey de Titery, connu comme le plus fourbe des hommes, cherchait à l'attirer dans un piège. Ils lui représentaient qu'il serait bon de ne pas s'aventurer aussi loin d'Alger avant d'avoir terminé cette négociation, et de s'être assuré des dispositions amicales des peuplades voisines. Mais le maréchal ayant promis au Bey de Titery d'aller examiner par lui-même l'état des choses, repoussa ces prudentes et sages observations.

« J'ai promis, répondit-il, d'aller à Blidah ; je passerais pour avoir peur si je ne tenais pas ma parole. » Mais une secrète ambition le pressait d'aller planter le drapeau français sur l'Atlas, et il voulait assurer la conquête, en la faisant miroiter, avant son départ, sur plusieurs points.

Blidah, située au pied du Petit-Atlas, dans une campagne couverte de bois de citronniers et d'orangers, était considérée comme l'entrepôt du commerce entre Alger et l'intérieur de l'Afrique. L'importance de ce point avait frappé le général en chef ; revenu de ses dispositions favorables pour le bey de Titery, il ne voulait plus détacher cette ville du district d'Alger et il nomma un aga particulier, qui devait en prendre le commandement. Cette décision excita, dans les tribus environnantes, un mécontentement qu'entretenait le Bey, trompé dans ses espérances. Ce fut pour en prévenir les effets que M. de Bourmont se décida à effectuer cette expédition ou mieux cette reconnaissance avec une escorte de quinze cents hommes d'infanterie, un escadron de chasseurs et une demi-batterie de campagne.

Il avait avec lui les généraux Desprez, Lahitte, d'Escars, Hurel et un nombreux état-major. Il emmenait le nouvel aga de Blidah avec une trentaine de Maures, pour l'installer dans sa résidence. On pensait ne faire qu'une promenade militaire ; on traversa sans obstacle le theil, et, après avoir franchi un des affluents de l'Arrach, on entra dans la plaine de la Métidja. Quoique brûlée par le soleil, elle offrait encore des pâturages abondants et d'agréables bouquets d'arbres. En approchant de l'Atlas, on trouva que le paysage s'embellissait ; de vastes champs couverts de lauriers-roses et d'oliviers, des haies touffues de lentisques, d'où sortaient de larges feuilles d'aloès et de gros buissons de figuiers de Barbarie ; des plantations de tabac et de cactus ou maïs ; des blés coupés et des vignes chargées de grappes, déjà mûres, annonçaient un pays cultivé et une population agricole.

Les troupes marchaient depuis douze heures par une chaleur que tempérait une brise légère, lorsqu'on aperçut à travers la forêt d'oranger qui la précède la ville avec ses minarets. Une députation des habitants vint au-devant de la colonne d'expédition pour faire acte de soumission à la France. Les notables offrirent des rafraîchissements, avec bienveillance, et prièrent M. de Bourmont d'épargner à la ville le logement des troupes, incompatible avec les mœurs et les usages musulmans. Cette demande fut bien accueillie, et l'on bivouaqua hors des enclos qui avoisinent la ville.

Le 24, de grand matin, M. de Bourmont, suivi d'un faible détachement, s'avança jusqu'à une lieue, à la reconnaissance du pays vers la Schiffa en s'engageant, trop légèrement dans les gorges si pittoresque de cette rivière ; il installa, dans ses fonctions, l'aga, que les habitants parurent bien recevoir.

Cependant on ne tarda pas à s'apercevoir que les Arabes et les Kabyles se préparaient à nous attaquer. Les soldats du train qui avaient conduit leurs chevaux à une fontaine, située au pied de la montagne, furent harcelés par des bandes de tirailleurs et perdirent quelques hommes. Le général, voyant qu'il n'était pas aussi en sûreté qu'il l'avait cru d'abord, songea à la retraite et ordonna le départ. Bientôt quelques coups de fusil se firent entendre autour de la maison qu'il occupait. M. de Trélan, son premier aide-de-camp, sortit pour aller voir ce qui se passait et fut rapporté blessé à mort ; il expira quelques instants après. Les bivouacs français furent aussitôt enveloppés ; on eut à peine le temps de se mettre en défense. Les Kabyles arrivaient de tous côtés, poussant des cris horribles et affrontaient nos soldats avec une inconcevable témérité. Une vive fusillade et quelques décharges d'artillerie les repoussèrent et permirent à la colonne de commencer son mouvement de retraite. Le général Hurel, qui la dirigeait, se rappela que le chemin suivi la veille était creux et encaissé dans une assez grande distance, il en prit un autre plus à découvert. Heureuse inspiration, qui épargna peut-être une vraie déroute. La marche fut longue et périlleuse ; les Kabyles harcelaient les troupes avec acharnement. Plusieurs fois elles furent obligées de se former en carré et d'employer l'artillerie pour les éloigner. L'état-major se trouva engagé dans une charge et le général Desprez faillit tomber entre les mains de l'ennemi.

Enfin, à huit heures du soir, les bandes se retirèrent dans leurs montagnes et nos troupes arrivèrent à Bir-

Touta, où elles passèrent la nuit. L'ordre le plus parfait n'avait cessé de régner dans ce mouvement de retraite; néanmoins, comme on ne fit pas et qu'on n'eut pas le loisir de faire une halte, depuis Blidah jusqu'à ce lieu, la rapidité de notre marche donna aux Arabes l'apparence d'une fuite.

C'est là que M. de Bourmont reçut son brevet de maréchal de France, qu'un officier d'état-major, arrivé à Alger pendant son absence, lui apporta.

Le 25, au matin, la colonne rentra dans Alger, ne comptant qu'une soixantaine d'hommes tués ou blessés. Les Arabes, arrivés à Blidah se vengèrent sur les Juifs et les Maures, du bon accueil fait aux Français. La ville fut livrée au pillage. L'aga et la garde maure, qui du reste avaient fait preuve de bravoure et de dévouement à notre cause, étaient revenus à Alger avec nos troupes.

Cette excursion prouva que la population arabe montrait peu de dispositions à se soumettre. Les négociations entamées avec quelques chefs de tribus furent rompues. Le Bey de Titery leur avait fait entendre que le mouvement opéré sur Blidah avait pour but de couper leurs communications, de les envelopper et de les détruire successivement. Ils jurèrent de se venger; et, sur le point de devenir des amis utiles, ils devinrent d'implacables ennemis.

Bourmont, après avoir conquis Alger et répandu la terreur dans toute la Régence, oubliant ou dédaignant ainsi les conseils d'Hussein Dey, va tomber dans le piège en faisant cette malheureuse expédition, ou mieux, reconnaissance. Il va donner le premier exemple de cet excès de confiance aux indigènes qui, renouvelé successivement par presque tous les gouverneurs, ont coûté si cher à la France en faisant disparaître, peu à peu, le prestige de notre force; et, finalement, retarder et empêcher tout progrès dans la colonisation.

Mais Bourmont n'écouta pas plus les conseils de l'aga qu'il venait de nommer, qu'il ne se rappela ceux d'Hussein. La victoire qu'il venait de remporter ne lui suffisait plus. Enivré de ce succès, il voulait y ajouter un autre fleuron. Non content d'avoir fait flotter le drapeau français sur la Kasbah, il aurait voulu, avant de rentrer en France, le montrer aux Arabes de la montagne en le plantant sur l'Atlas. Ce grain d'ambition, bien excusable d'ailleurs, peut seul expliquer son obstination à braver les sages conseils qu'on lui avait donnés. Mais là où sa sagacité et sa prévoyance firent défaut, ce fut de s'aventurer dans cette promenade avec deux mille hommes seulement, au lieu d'emmener avec lui une division entière pour en imposer au Bey lui-même et surtout aux Kabyles qui, à la vue d'un corps d'armée considérable, seraient restés dans leurs montagnes ou n'en seraient sortis que pour nous observer; peut-être aussi, faisant un simple acte d'hostilité, seraient-ils descendus dans la plaine pour inquiéter l'extrême arrière-garde.

Mais c'en était fait, le voile était brisé; le prestige de nos armes avait disparu. Les indigènes acquirent la conviction que les conquérants n'étaient plus invincibles: et, malgré qu'ils eussent miraculeusement vaincu les forces réunies du Dey qu'ils croyaient indomptables et pris le fort l'Empereur, qu'ils croyaient imprenable, ils s'aperçurent alors qu'avec du courage et *le nombre* ils pouvaient soutenir la lutte avec les Français.

Toujours est-il que des événements graves et très

hostiles ne tardèrent pas à surgir contre nous, lesquels, pour être réprimés, auraient exigé une prompte répression. Malheureusement, le corps d'occupation avait été très réduit et ne permettait pas aux gouverneurs de réunir un contingent suffisant pour faire des expéditions sérieuses. Force était d'en référer au ministre de la guerre. Mais le gouvernement d'alors, ainsi que les Chambres, étaient si mal disposés pour l'Algérie, que les demandes n'aboutissaient qu'à un refus ou à un résultat insuffisant. Les gouverneurs, pressés par des nécessités impérieuses, se décidaient néanmoins à y faire face avec les moyens dont il leur était permis de disposer. Au début de l'occupation, ils se sont trouvés souvent dans cette cruelle alternative ou de laisser les Arabes s'avancer jusqu'aux avant-postes, venir brûler la moisson, assassiner les quelques colons, ou de faire des expéditions avec des forces toujours insuffisantes.

Malgré cela le gouvernement avait des exigences auxquelles il fallait obéir. C'est ainsi, qu'à peine arrivé à Alger, l'ordre arriva au général en chef d'aller s'emparer de Bône. Le général comte Damrémont fut désigné pour diriger une expédition avec sa brigade et un détachement d'artillerie et de génie. Il s'embarqua, le 25 juillet, sur une escadre composée d'un vaisseau, de deux frégates et d'un brick commandés par l'amiral de Rosamel.

Contrarié par le temps, il fut devancé à Bône par M. de Rimbert qui, en sa qualité d'agent des concessions françaises à la Calle, avait gardé des intelligences dans la ville et fut d'une grande utilité au général. Le général Damrémont, avec son intelligente prévoyance, fit réparer la citadelle ou Casbah, qu'il trouva très endommagée, ainsi que les murs de la ville. Ces travaux lui permirent de tenir en échec les attaques assidues des Arabes dont le nombre, augmentant tous les jours, inquiétait sérieusement la faible garnison. Leur rage était portée à tel point qu'ils escaladèrent la muraille et vinrent se prendre corps à corps avec les canonniers Ce général, par une sortie vigoureuse, les repoussa avec succès et les obligea à prendre le large. Délivré de l'ennemi et la confiance semblant renaître parmi les habitants, le général profita du repos que lui laissait les Arabes pour veiller à l'organisation du service administratif de la ville et la mettre en rapport avec nos occupations. Un conseil de notables fut institué qui lui servit d'intermédiaire auprès des indigènes. Tous ses ordres s'exécutèrent paisiblement, sans aucune secousse ni difficulté; toutes les mesures furent dictées par un tel esprit de sagesse et de conciliation, qu'elles gagnèrent au général l'estime et la confiance des habitants. Ce général eut certainement consolidé la domination dans cette province. Mais le gouvernement, sans qu'on pût s'expliquer pourquoi et par quels motifs, lui fit donner l'ordre de quitter la ville et de se rembarquer.

Damrémont, surpris et peiné d'abandonner une œuvre si heureusement commencée, prévoyant la condition critique qui attendait les habitants, à moitié convertis à notre cause, leur laissa des munitions considérables pour se défendre contre les Arabes qui, aussitôt parti, ne manqueraient pas de les attaquer avec d'autant plus d'acharnement qu'ils avaient fait cause commune avec les Français. A peine Bône fut-elle évacuée, que les Arabes revinrent en effet en nombre et reprirent toutes les positions que nous avions prises et abandonnées, massacrèrent ou exilèrent les habitants dans l'intérieur des terres.

Dans cette terrible position, les habitants adressèrent au commandant en chef des demandes instantes et réitérées de secours ; Ibrahim lui-même, désespérant de se soutenir, nous appelait à son aide contre l'ennemi commun. Or, il eût été dangereux de laisser Ahmed châtier impunément des populations qui voulaient le délaisser pour nous, et l'occupation de Bône par une garnison française fut décidée.

En attendant la saison favorable et la réunion des troupes et du matériel nécessaires, le duc de Rovigo confia au capitaine d'artillerie d'Armandy et au capitaine de chasseurs algériens Yousouf, la mission d'aider les assiégés de leurs conseils, d'entretenir leurs bonnes dispositions, de les encourager dans la résistance. Malgré les efforts de ces officiers, Bône fut obligée, le 5 mars, d'ouvrir ses portes au Bey de Constantine, et subit toutes les horreurs et les calamités de la guerre et fut livrée au pillage et à la dévastation ; ses habitants furent massacrés ou déportés dans l'intérieur. Ibrahim se maintint jusqu'au 26 au soir ; et, désespérant de se voir secouru, il sortit furtivement de la citadelle. Instruits de cette circonstance, les capitaines d'Armandy et Yousouf formèrent le courageux projet de s'y introduire de nuit avec une trentaine de marins. Ils y réussirent et arborèrent le pavillon français, à la grande surprise des assiégeants et des assiégés.

Pendant les premiers jours, les zouaves obéirent aux deux jeunes capitaines, pensant qu'ils seraient bientôt soutenus par une force imposante ; mais voyant leur espérance trompée, ils se mutinèrent et résolurent de les tuer. Yousouf déconcerta ce complot.

Instruit de ce qui se tramait, il fait rassembler les principaux meneurs et leur annonce qu'à leur tête, il va faire une sortie contre les troupes de Ben-Aïssa.

— Mais, c'est à la mort que tu cours, malheureux! lui dit son frère d'armes, le capitaine d'Armandy.

— C'est possible, mais qu'importe, si je te sauve, et si je sauve la Kasbah!

A ces mots, il ordonne d'abaisser le pont-levis et sort avec ses Turcs, la tête haute, le visage calme et serein.

Lorsqu'il a franchi les glacis, il se retourne vers eux, et les regardant d'un œil sévère : « Je sais, dit-il, que vous avez résolu de me tuer ; je connais aussi vos projets sur la Kasbah! eh bien, voici le moment propice de mettre votre projet à exécution, frappez, je vous attends! »

Le sang-froid impose aux conjurés; tous restent stupéfaits. L'intrépide Yousouf profite de leur trouble et reprend : « Eh quoi! Jacoub, toi le grand meneur, tu restes impassible, tu ne donnes pas à tes camarades le signal de l'attaque? Puisqu'il en est ainsi, c'est moi qui vais commencer. » Et d'un coup de pistolet il lui fracasse la tête.

L'un des conjurés porte la main à la poignée de son sabre mais Yousouf, le devançant, lui plonge son yatagan dans le cœur.

— « Maintenant, à l'ennemi! » s'écria-t-il.

Tous ces hommes, qui naguère se disposaient à l'assassiner, le suivent sans murmurer et font à ses côtés des prodiges de valeur, voulant lui prouver que s'ils ont été un instant égarés, ils ont désormais à cœur de se montrer dignes d'un si vaillant capitaine. Deux heures après, Youssouf rentrait chargé des dépouilles de l'ennemi et recevait les étreintes fraterternelles du capitaine d'Armandy.

Telle a été, jusqu'en 1837, la condition de nos gouverneurs en face d'un ennemi qui grandissait rapidement en force et en confiance.

C'est dans de pareilles conditions que furent entreprises les malheureuses expéditions de Médéah, par Clauzel, Boyer et Berthezène qui eurent, surtout celle de Berthezène, des épisodes si déplorables. Celle de Clauzel, faite après l'échec de Bourmont à Blidah, pour aller chasser le Bey à Médéah, eut heureusement un plein succès, en allant. La rapidité et l'élan avec lesquels l'armée surmonta les difficultés du terrain ainsi que la résistance opiniâtre de l'ennemi, lui valut l'ordre du jour suivant de la part du général Clauzel.

Soldats !

Les feux de vos bivouacs qui des cîmes de l'Atlas semblent, en ce moment, se confondre avec la lumière des étoiles, annoncent à l'étranger la victoire que nous achevons de remporter sur ces fanatiques déterminés et le sort qui les attend. Vous avez combattu comme des géants et la victoire vous est restée. Vous êtes, soldats, de la race des braves et les véritables émules des hommes de la révolution et de l'empire. Recevez le témoignage de la satisfaction, de l'estime et de l'affection de votre général en chef.   CLAUZEL.

21 septembre 1830.

On a beaucoup plaisanté sur la première phrase qui semblait être la répétition de celle de Napoléon aux Pyramides; pourtant rien de plus vrai ni de plus poétique. Sous le ciel bleu d'Afrique et la transparence de l'air que comprennent seulement les personnes qui ont habité les pays chauds, les étoiles semblent se détacher du ciel et se rapprocher de la terre. Tandis que les feux qui brillent sur un point culminant paraissent au contraire luire dans l'espace, et se *confondre* (c'est la seule expression qui puisse être employée) avec le feu et le brillant des étoiles.

Après l'expédition de Médéah, par le général Clauzel, et les insuccès qui en avaient été la conséquence, une grande partie de l'armée reçut l'ordre de quitter l'Afrique, à l'exception de quatre régiments. Il se produisit par ce départ, si intempestivement provoqué, un tel découragement dans l'armée, qu'il fallut faire tirer au sort les régiments pour désigner les quatre qui devaient rester. Il faut convenir aussi, qu'en outre des fatigues incessantes auxquelles ils étaient exposés pour contenir les Arabes, nos soldats y étaient très mal installés; exposés à supporter de dures privations et les intempéries du temps, n'ayant d'autre abri que la tente. On aurait bien pu trouver dans l'intérieur de la ville, et hors la ville, pas mal de maisons inoccupées; mais les besoins de service, disait-on, exigeaient que les hommes fussent toujours réunis; et, en cas de nécessité, prêts à marcher.

Bien des officiers de tout grade, mécontents de cet état de choses, ne se gênaient pas pour dire qu'on aurait peut être mieux fait, dans l'intérêt des hommes et pour le bien de la colonie, de faire moins d'expéditions et de consacrer les frais qu'elles occasionnaient à construire des baraquements pour le casernement de l'armée, et pour améliorer l'alimentation du soldat qui laissait beaucoup à désirer. Tandis que ces expéditions réitérées n'avaient d'autres résultats que de diminuer ou de détruire le prestige de nos armes, d'obérer inutilement le trésor, et, en outre, d'entretenir la confiance des indigènes.

La faible garnison qu'on avait laissée à Médéah, manquant bientôt de vivres, car les Arabes venaient peu au marché, le général Boyer, pressé par les demandes réitérées du commandant de Médéah, dût partir avec quelques mille hommes afin d'y conduire un convoi de vivres et de munitions. Cette expédition arriva à bon port; mais, comme les précédentes, assaillie par le mauvais temps et par les Arabes qui l'attendaient à son retour, elle ne franchit la montagne qu'en subissant des pertes très sensibles. La fatalité s'attachant à toutes ces malheureuses expéditions, celle-ci rencontra la Chifa tellement grossie, que plusieurs hommes et quelques chevaux furent emportés par les eaux. En résumé, cette petite armée était dans un état déplorable à son retour à Alger.

L'occupation de Médéah était destinée à passer par les phases les plus désastreuses. Cerné constamment par les Arabes, qui empêchaient tout approvisionnement d'y arriver, le corps d'occupation se trouvait réduit, au bout de quelques mois, à solliciter des secours de toute sorte, et le contingent militaire était trop restreint pour qu'on put augmenter le chiffre des occupants. Les communications étant toujours, sinon interceptées, mais rendues très-difficiles par les Cabaïles et le ravitaillement ne pouvant être fait que sous l'escorte d'un corps d'armée qui s'appauvrissait à chaque corvée, le général en chef dut forcément, en présence du peu d'empressement que mettait le gouvernement à venir à son aide, prendre la résolution d'évacuer ce poste et d'y placer, comme au début, un chef indigène. La faible garnison n'étant pas en état de traverser la montagne pour rentrer à Alger, le général Danlion reçut l'ordre d'organiser une nouvelle expédition pour aller la chercher, et de remettre le commandement de la province à Mustapha-Ben-Amar, pour y représenter la France. Mustapha, peu confiant dans ses coreligionnaires, ne se décida à accepter ce poste si périlleux, qu'après avoir fait prêter serment, *dans une mosquée*, aux notables habitants, de lui prêter leur concours.

On apprend que quatorze soldats de la légion étrangère ont déserté du côté des Arabes avec armes et bagages; deux ont été reconduits par les Bédouins à leur corps. Ils ont été condamnés à mort et exécutés.

4 avril 1832. — Le général de Feuchères se rend le matin au champ de manœuvre de Mustapha pour présider à l'exécution des deux déserteurs; il était accompagné d'un peloton du 4ᵉ de ligne; après l'exécution il prononça les paroles suivantes : « Soldats! vous venez d'assister à un exemple terrible, mais devenu nécessaire par la force des circonstances. Je désire qu'il fasse et qu'il vous laisse une forte impression. »

Les envoyés de la tribu de Moufta auxquels le gouverneur venait de donner l'investiture, furent dépouillés de leurs bournous rouges en traversant la tribu d'El-Ouffia. Le duc de Rovigo, en apprenant cette nouvelle, fit partir, à une heure du matin, un détachement de cavalerie avec ordre d'arriver au jour à cette tribu et d'infliger une sévère leçon aux habitants: ce qui fut fait. Exemple terrible commandé peut-être par les circonstances, mais qui souleva une dissension sérieuse entre les nouveaux occupants. Les uns trouvaient la leçon trop forte ; d'autres au contraire l'approuvaient sans restriction. A cette époque j'étais arabophyle ou du moins il me semblait que les hommes en général, même les Arabes, se soumettraient plus facilement à un gouvernement dont la tolérance serait la base de son administration, plutôt qu'à des mesures d'une si extrême rigueur. Eh bien! le temps m'a appris que j'étais dans l'erreur. Auprès d'un peuple aussi fanatique, aussi ignorant et surtout aussi ennemi des chrétiens, il faut ou abandonner le pays ou lui en imposer par la force, des moyens sévères, et les exécuter surtout sans différer. Puis, peu à peu, au fur et à mesure que les Arabes, après avoir subi et obéi à la crainte et s'être habitués à notre domination toute de bienveillance pour ceux qui l'adopteront loyalement, diminuer les mesures de rigueur jusqu'à ce qu'ils soient soumis et rentrés complétement dans le giron de nos lois.

Malheureusement il n'en a pas été ainsi en Algérie ; la faute en incombe moins à nos gouverneurs qu'au gouvernement qui, pendant une période de quinze ans, a constamment mis en cause l'occupation restreinte ou l'abandon de cette conquête.

Les Arabes, bien au courant de notre politique, étaient au courant de tout ce qui se disait et se délibérait dans nos Chambres relativement à leur pays. Ils savaient que parmi les députés, les uns trouvaient que cette conquête avait été une folie du gouvernement de Charles X ; qu'elle serait la ruine de la France et qu'il fallait l'abandonner. Que d'autres députés répétaient qu'on pouvait bien la garder en occupant seulement Alger, Oran et Bône et s'y fortifier solidement. Le gouvernement de Juillet, qui n'avait nullement concouru à cette conquête, n'était peut-être pas fâché d'en voir diminuer l'importance et affaiblir le mérite de celui qui l'avait entreprise. Toujours est-il que les ministres de cette époque l'ont très-faiblement défendue jusqu'en 1836, époque où le duc de Nemours, est venu prendre part à la malheureuse expédition de Constantine. Depuis cette si désastreuse équipée, le gouvernement, sur qui reposait la plus grande part de responsabilité, ne pouvait, en présence de lui-même, des Arabes et des puissances étrangères, demeurer sous un pareil échec. Les Chambres le reconnurent; et, pour la première fois, elles votèrent, sans trop d'opposition, les moyens nécessaires pour se réhabiliter par une nouvelle expédition et assurer notre puissance en Afrique. Chose curieuse, nous pûmes remarquer que presque tous les soulèvements des indigènes correspondaient aux époques où nos Chambres discutaient ou venaient de discuter sur le mode d'occupation de ce pays. En se soulevant et témoignant leur aversion pour nous, ils espéraient aider et seconder l'opinion des adversaires de l'occupation; et ils n'avaient pas tort.

Je suis allé herboriser sur le plateau de Mustapha avec plusieurs de mes chefs, botanistes émérites. Cette excursion devait être consacrée à la recherche de la fameuse plante, aujourd'hui si commune et alors si rare, *la Scilla Peruviana*, que le célèbre professeur de botanique Desfontaines, étant prisonnier du dey d'Alger, en 1797, avait signalée et trouvée seulement sur ce plateau. Plusieurs botanistes l'y avait déjà cherchée quatre ou cinq fois sans succès; nous aussi, nous allions quitter ce plateau sans résultat, lorsque j'eus le bonheur de la découvrir et de crier, comme Archimède, *eureká*. Impossible à peindre la joie de MM. Ferat, Thiriaux et Monard qui, dans leur enthousiasme, ne pouvaient assez l'admirer. Elle était en effet bien belle ; sa fleur panachée et d'un bleu azuré magnifique, s'étalait modestement au milieu d'une touffe de palmiers chamerops qui la dérobait à la vue et lui faisait un ombrage salutaire. La difficulté fut de savoir à qui elle appartiendrait ; car tous la convoitait. L'un d'eux, M. Thiriaux, alors pharmacien-major devenu plus tard inspecteur général, dit que le jeune sous-aide qui, l'avait trouvée, pouvait seul en disposer. Tous acceptèrent la proposition et me voilà l'heureux propriétaire de la plante alors phénoménale. Je m'empressai, en rentrant à Alger, d'en faire don à M. Thiriaux, qui avait déjà réuni une belle collection de la flore de ce pays ; plus que personne, que moi surtout, il pouvait en apprécier le mérite ; et, en sa qualité de pharmacien, elle pouvait lui être favorable, comme cela est arrivé.

17. — On a exécuté le marabout et le cheik d'El-Ouffia.

Attiré beaucoup moins par le plaisir de voir que par le désir de m'instruire, d'étudier, surtout m'assurer si, dans ce moment suprême où la vie et la mort doivent se livrer un bien terrible combat, le fatalisme, dont l'Arabe est imbu, est assez puissant pour lui conserver cette insouciance et cette impassibilité qui le suivent dans tous ses actes. C'était, j'en conviens, pousser un peu loin la curiosité. Personne n'a peut-être de plus grands efforts à faire pour assister à de pareils spectacles, à voir un être humain passer aussi instantanément de vie à trépas. Les observations que j'ai faites m'ont convaincu que l'homme, par une éducation spéciale, des croyances et un fatalisme accentué, peut être maître de sa physionomie, la rendre inerte et impassible aux événements les plus impressionnables. Aucun ne pouvait certes l'être autant que celui auquel j'allais assister. La foi seule peut faire de pareils prodiges. Nous déifions ou du moins nous sanctifions les quelques défenseurs et propagateurs de la foi catholique allant au supplice, la tête haute, les yeux levés vers le ciel, se rappelant et contemplant l'image si placide du Christ sur la croix. Eh bien ! ce qu'ont fait nos saints martyrs, tous les Arabes, enfants de l'Islam, le font quand ils vont à la mort pour une cause agréable à Mahomet. Cet homme-dieu connaissait bien son peuple lorsqu'il a dicté les lois auxquelles il voulait le soumettre. Persuadé que les satisfactions sensuelles étaient celles qui s'infiltreraient plus facilement dans leurs croyances, il imagina de leur accorder une série de paradis où le bonheur qu'ils y trouveraient serait en raison des bonnes œuvres qu'ils auraient accomplies, agréables à leur Dieu et utiles à la propagation de sa doctrine dans celui-ci. C'est surtout depuis les croisades que les Mahométans ont voué, disent-ils, une haine implacable aux Chrétiens ; et, pour mieux en perpétuer le souvenir, on a fait croire à tous les enfants de l'Islam, qu'en coupant seulement la tête d'un chrétien, ils verraient s'entr'ouvrir, toute grande, la porte d'un des paradis tant convoité. Aussi, ce crime pour nous et cette bonne action pour eux, une fois seulement accomplie, quelque soit le genre de mort qui lui est réservé, l'Arabe marche d'un pas ferme et assuré en récitant à haute voix la prière dont le refrain principal, répété à tout instant, reflète sa foi et son fanatisme : « *Dieu l'a voulu, il est grand et Mahomet est son prophète.* » Il récite ces paroles jusqu'au moment où le chaous lui tranche la tête ; il quitte cette terre plein d'espérance, voyant déjà miroiter, et plus tard s'accomplir, le bonheur qui lui est réservé.

Je suivis les deux condamnés depuis la porte Bab-Azoum jusqu'au lieu du supplice; tous deux ont marché d'un pas aussi assuré que ceux qui composaient l'escorte funèbre.

C'est sur ces deux têtes que je fis l'expérience avec M. le sous-intendant de Fallois pour savoir si, comme on le prétend et comme quelques personnes s'obstinent encore à le croire, une tête conserve quelque lueur de sentiment aussitôt après la décapitation. Ces expériences, faites avec tous les soins nécessaires, furent, et devaient être, complétement négatives. Voici comment et à quelle occasion. Le docteur Wilson, de New-York, avait émis cette opinion que la tête d'un décapité conserve encore le sentiment pendant deux et même trois minutes. Me trouvant dans une réunion, un soir chez le gouverneur, le sous-intendant militaire, M. de Fallois, me prit à partie en me demandant ce que je pensais de cette assertion du médecin américain. Je lui répondis que la chose me paraissait impossible. J'eus beau invoquer les raisons physiologiques, rien ne put ébranler sa croyance, que partageaient, du reste, un assez grand nombre de personnes présentes à cette discussion. Ne pouvant le convaincre par le raisonnement, je proposai à mon spirituel et entêté contradicteur un moyen décisif de trancher la question, en assistant à une exécution s'il en avait le courage. Alors, rien n'était plus facile, car les Arabes commettant des crimes assez fréquents, la justice, obligée de sévir, fournissait au chaous (bourreau) le moyen d'exercer souvent son adresse. A cette proposition, M. de Fallois recula d'étonnement et ne sut d'abord que répondre ; mais, son amour-propre l'emportant, il se décida à accepter le défi.

J'appris le lendemain, chez le capitaine rapporteur, M. Dando, que les deux Arabes devaient être décapités quelques jours après. J'obtins facilement du général chef d'état-major, Trezel, l'autorisation d'assister à cette exécution. Le jour arrivé, je pris, en conséquence, les mesures nécessaires pour rendre l'expérience aussi concluante que possible.

Je fis porter le matin même, avant le jour, sur la place où l'exécution devait avoir lieu, une petite table très basse, dont se servent les Arabes, sur laquelle on plaça un vase en bois, large et peu profond, qui sert ordinairement à remuer la pâte pour la préparation du couscoussou. Je le fis remplir, ou à peu près, de plâtre pulvérisé. (Il va sans dire que ces expériences devaient se faire dans le plus grand incognito). Un quart d'heure à peu près avant l'arrivée des deux condamnés, M. de Fallois s'était rendu au lieu de l'exécution, muni d'un petit porte voix et d'un stylet très acéré. Il avait été convenu avec le chaous qu'aussitôt la tête tranchée, un de ses valets la déposerait sur la poudre de plâtre, afin d'arrêter, autant que possible l'hémorrhagie. Pour la première tête, M. de F... devait appeler le décapité par son nom, en appuyant le porte-voix sur l'oreille, pendant que j'examinerais ce qui se passerait dans les yeux et sur les autres parties du visage. Or, il arriva ceci que, malgré les cris proférés à l'oreille, je ne remarquai pas le plus léger signe de vie. Les yeux restèrent ternes et immobiles; la face décolorée; à peine même si quelques muscles se contractèrent sous l'influence des piqûres faites avec le stylet. Nous changeâmes de rôle pour la seconde tête. M. de F..., un peu pâle et ému à la première expérience, avait repris son sang-froid à la seconde et put, par conséquent, s'assurer par lui-même que la mort était bien réelle et instantanée. Il n'en saurait être autrement, physiologiquement parlant; car, immédiatement après la section des grosses artères qui portent le sang à l'encéphale; il se produit une déplétion sanguine subite qui doit nécessairement entraîner avec elle une syncope suivie, instantanément après, de la mort.

Après cette expérience, qui lui parut décisive, mon contradicteur s'avoua vaincu.

Quant aux faits allégués en faveur de l'opinion de Purchas, de Woodward, de Zimmermann, de Sœmmering, de Julia Fontenelle, de Mojon, d'Aldini, etc., si souvent répétés par les publicistes, ils sont complètement erronés et ne servent qu'à renouveler et à entretenir une fâcheuse agitation dans les esprits.

Que les insectes continuent de vivre après la décapitation, tout le monde sait cela, puisque, dans cette classe d'animaux, la tête ne constitue qu'un appendice insignifiant de leur organisme. Les oiseaux, déjà beaucoup plus élevés dans l'échelle des êtres, ne sauraient vivre après leur décollation; mais plusieurs peuvent encore marcher plus ou moins de temps, comme le prouvent les expériences d'Aldini, sur les canards, et d'Eugène Sue sur les dindons. Les autruches, que les empereurs romains, Commode surtout, faisaient décapiter pour se donner le spectacle de les voir marcher dans le cirque sans tête, ne prouvent pas davantage; on sait ce que vaut le rôle que joue la tête d'une autruche.

Quel rapprochement peut-on faire entre ces mouvements purement automatiques et les attributions si élevées qui appartiennent à la tête de l'homme?

Toute comparaison me paraît donc impossible.

Il ne faut pas ajouter plus de confiance à la rougeur de la joue de Charlotte Corday, souffletée par le bourreau après son supplice, non plus qu'au mouvement volontaire des yeux du supplicié Detillier, cité par Mojon.

On connaît l'histoire racontée par Gervais (de Caen), qui avait été convié par le trop fameux Lacenaire à assister à son exécution, lui promettant de tourner, après sa décapitation, les yeux du côté où il serait. Le silence que ce témoin a gardé prouve qu'il ne s'est rien passé d'intéressant à constater et que les yeux de ce héros du crime sont restés immobiles.

Pour en revenir à mes deux têtes, je donnai des ordres pour qu'elles fussent portées à l'amphithéâtre de l'école d'Alger, où j'étais démonstrateur, ayant le désir de les préparer et de les conserver. Mais je reçus aussitôt la visite de M. Ranque, capitaine de port et ancien naufragé de *la Méduse*; il venait me prier de lui prêter une de ces têtes; sa femme, artiste distinguée, désirant s'en servir pour l'aider dans le tableau qu'elle faisait en ce moment et qui devait représenter le capitaine Youssouf, chargeant les Arabes, et venant de couper la tête à l'un d'eux.

Je mis à la disposition du capitaine de frégate les deux têtes, laissant ainsi à M™° Ranque le choix de son modèle.

Quelques jours après, n'en entendant plus parler, je les réclamai; M. Ranque, répondit que sa femme s'en servait encore. Elle s'en servit longtemps, puisqu'il me fut impossible, malgré mes démarches réitérées et presque officielles, de les faire restituer à l'École.

J'appris plus tard que M. Ranque était un collectionneur d'objets d'histoire naturelle ; un peu pour son compte, mais beaucoup plus, me dit-on, pour M. de Blainville, professeur au Muséum de Paris, auquel il aurait envoyé ces deux têtes.

Puisque j'ai nommé Mme Ranque, je vais raconter un bien triste événement qui trouve ici sa place. En février 1835, une tempête affreuse comme jamais on n'en avait vu à Alger, régna pendant deux jours sur la côte et sur la mer avec une fureur indescriptible. Les vagues étaient si fortes qu'elles passaient par-dessus les magasins de la jetée qui joint le môle à la ville. Elles se précipitaient en courant de la rade dans le port, avec une telle furie, que chacune d'elles, en frappant le mur des maisons qui longent le port, produisait un bruit semblable à celui d'un canon de gros calibre. Quant aux bâtiments qui se trouvaient dans le port, si peu abrité alors, ils dansaient et se choquaient entre eux comme des œufs dans un vase d'eau bouillante. Presque tous avaient cassé leurs amarres ; prévoyant les noyades qui allaient arriver, aucun secours n'étant possible ; la mer ne laissant approcher personne, nous organisâmes quelques moyens de sauvetage. La maison où j'étais, la fameuse *Boza*, bien connue de toute l'armée de cette époque (occupée entièrement par des médecins militaires), plongeait à pic sur le port et dans l'eau ; nous préparâmes deux câbles noués de distance en distance et chaque nœud armé d'un petit bâton servant de poignée. Nous les fîmes descendre par deux croisées jusqu'à l'eau, espérant que, vu par quelque malheureux naufragé, il pourrait essayer de le saisir. Nous fûmes assez heureux pour ramener pendant le jour un malheureux matelot d'un bâtiment sarde. Les vagues déferlaient avec un fracas assourdissant ; et au milieu du bruit sinistre, on entendait le choc des bâtiments se disloquant, s'en allant à la dérive ; ce qui était plus émouvant et lamentable au milieu de ce fracas, le cri plaintif lancé par le désespoir des malheureux marins qui disparaissaient dans ce tourbillon infernal. La nuit fut effrayante, la mer ayant conservé toute sa fureur. Le plus navrant, c'était d'entendre le cri plaintif du désespoir des malheureux naufragés, sans qu'il fut possible d'aller à leur aide. Nous restâmes à notre poste toute la nuit, secondés par quelques infirmiers de bonne volonté. Nos engins de sauvetage, auxquels nous avions fixé une lanterne en permanence, nous donnèrent la satisfaction de ramener un matelot. Enfin le jour arriva et nous montra la mer, plus ou au moins, aussi furieuse. Le port ne présentait que des débris de bateaux ; des épaves étaient lancées par les vagues, comme des béliers contre les murailles, avec une telle violence qu'elles faisaient craindre leur démolition. Au milieu de cette scène de désolation, un petit brick, *le Désiré*, celui-là je n'ai pas oublié son nom ; il est trop fortement gravé dans ma mémoire ; ce pauvre bâtiment, seul et isolé à l'entrée du port, avait perdu tous ses mâts, roulait comme un œuf et menaçait à tout instant d'être englouti. Six matelots étaient sur le pont se tenant entr'eux pour mieux résister aux vagues qui y déferlaient avec violence. Le bâtiment faisant eau, on le voyait s'enfoncer peu à peu ; l'anxiété des nombreux spectateurs de ce terrible drame atteignait les dernières limites! Enfin, l'eau se précipitant sur le pont, les matelots jugeant le moment suprême arrivé, se mirent à genoux, n'eurent que le temps de faire une courte prière et les mains levées vers le ciel comme leur cœur vers Dieu, ils disparurent dans les flots. Un cri d'angoisse, poussé par les spectateurs, termina ce lugubre et si poignant épisode. Tout avait été englouti, excepté l'extrémité du grand mât, qui, n'ayant pas trouvé place dans l'abîme, dépassait de quelques mètres le niveau de l'eau comme une sentinelle, indiquant et précisant l'endroit où ce sinistre évènement s'était accompli.

Mme Ranque, bien connue alors du monde artistique, peintre, car elle avait exposé plusieurs de ses œuvres, habitait dans le Môle un appartement qui donnait en plein sur le port : son mari, le commandant, m'avait dit que sa femme n'avait pas quitté la croisée pour contempler ce navrant spectacle.

A quelques jours de là, me trouvant en soirée avec elle, je l'abordai en lui disant que tout le monde espérait qu'elle emploierait son talent à reproduire cette horrible tempête et à représenter le drame si émouvant du naufrage du brick *le Désiré*. Non, docteur, me répondit-elle, je crois que je ne ferai rien. Et pourquoi cette abstention, lui répondis-je ? Oh ! je n'ai pas été assez émue... Je lui présentai mes hommages et courus à l'autre bout du salon.

Mais quittons ces tristes et lugubres souvenirs et jetons un coup d'œil général sur la ville d'Alger et ses environs.

Que le lecteur, colon, marchand, propriétaire, employé ou militaire, se rappelle le jour où, fatigué d'une traversée presque toujours pénible, il a vu, pour la première fois, se dérouler sous ses yeux, en mer et à la distance de quelques lieues, les côtes d'Afrique qui semblaient croître à l'horizon, couvertes d'un rideau transparent de brouillards ou de vapeurs blanches, molles et indécises, à mesure que le navire approchait,... l'impression primitive qu'il a ressentie est une impression de tristesse ou au moins de mélancolie. C'est une nature vierge, un sol vivace, rude, accidenté; une terre semée çà et là de points blancs enchâssés dans une verdure sauvage et forte, qui a d'abord, par sa richesse et sa variété, frappé ses regards. A hauteur de la Pointe-Pescade, le point de vue a subitement changé : une baie, dont la forme demi-circulaire figure assez bien celle d'un fer à cheval, lui a présenté les deux extrémités; à l'est le cap Matifoux, à l'ouest la ville d'Alger avec ses maisons blanches à éblouir. L'étonnement et la joie succèdent à tout autre espèce de sentiment à la vue du vaste paysage maritime qui se dessine et grandit à l'horizon. La rade est enveloppée d'une chaîne de montagnes qui suivent sa direction hémisphérique depuis Alger jusqu'à Matifoux.

Certes, tout voyageur qui aperçoit de loin *Alger la Guerrière*, comme l'appelaient les Arabes, avec son môle, ses minarets, ses terrasses étagées les unes sur les autres, peut la prendre, dans une illusion d'optique, pour une immense carrière de craie, taillée à vif dans une montagne. Mais cette illusion n'est pas de longue durée : le fond de la côte, couvert en toute saison d'une riche végétation, s'étale et embrasse la ville d'un réseau de maisons de campagne riantes, capricieusement semées dans le vallon ou prenant de l'air sur la crête des collines; d'un côté, c'est l'ancien jardin du Dey avec ses myriades d'arcades blanches; puis le cimetière des Juifs, dont les tombes moutonnent à l'œil; c'est le fort des Anglais, le fort des vingt-quatre heures; de l'autre côté, la longue grève de Mustapha, le fort Bab-Azoun, mille constructions mauresques qui égayent le paysage; au fond, se déroulant comme un vaste rideau, la chaîne du petit Atlas, qui semble se perdre dans le ciel. Cet aspect indiquerait plutôt le voisinage d'une cité européenne, avec son industrie, son mouvement, sa civilisation, que le repaire d'anciens écumeurs de mer, indolents et astucieux.

La partie de la côte qui s'étend d'Alger à la Pointe-Pescade n'offre pas le même aspect que celle qui s'étend d'Alger au cap Matifoux. D'Alger à la Pointe-Pescade le pays est coupé par des montagnes élevées, que séparent des ravins profonds, et sur la pente desquels quelques maisons descendent çà et là, corrigeant ainsi le tableau agreste et rude de ces lieux.

Du côté sud, c'est une colline hémisphérique limitant la rade d'Alger à Matifoux et présentant le coup-d'œil le plus varié, le plus pittoresque, espèce de toile déroulée, sur laquelle un artiste habile semble avoir semé au pinceau des jardins, des villas italiennes, des palmiers, des grèves toutes reluisantes de sable.

De toutes les sensations qu'on éprouve en abordant au port d'Ager, la première et la plus naturelle est celle des yeux : je m'explique.

Pour ne parler que d'Alger, cette ville est bâtie en amphithéâtre sur le versant d'une montagne. Elle est assise en triangle sur cette pente, de telle sorte que les deux côtés opposés, figurés au plan par le fossé du midi, à Bab-Azoun, et par le fossé du couchant, à Bab-el-Oued, aboutissent à leur point d'intersection au château du fort de la Casbah, qui forme le sommet du triangle, tandis que le troisième côté vient en s'élargissant s'appuyer à la mer ou au port. Cette position topographique indiquera jusqu'à quel point les Arabes comprenaient l'art des fortifications. La ville, descendant à pic et rapidement le long d'une colline, est entourée d'une ceinture de muraille crénelée dont la hauteur varie suivant les accidents du terrain qui l'environne. La Casbah, ou palais des anciens Deys, est placée, comme on peut le remarquer, de manière à dominer toute la ville et à permettre au souverain de s'échapper aisément en cas de poursuite, puisqu'elle est le dernier point occupé sur la hauteur. Cinq portes donnent entrée et sortie à la ville :

1° Au midi, à l'angle inférieur de la ville : *Bab-Azoun* (porte d'Azoun, nom qu'elle a gardé d'un prince de Mauritanie, appelé Azoun, qui fit le siège d'Alger vers l'an 1528).

2° Au nord, à l'autre angle inférieur : *Bab-el-Oued* (porte de la rivière, à cause du ruisseau qui coule dans son voisinage).

3° Sur le port, à la pointe du territoire, à droite, en arrivant par mer : *Bab-el-Djezira* (porte d'Alger, porte de l'Ile, mot à mot, devenue porte de France depuis la conquête, ou porte de la Marine).

4° Sur le port, près du mouillage du commerce : *Bab-el-Bahar* (porte de la mer, mot à mot; porte Pescade ou porte de la Pêcherie).

5° Au midi, entre Bab-Azoun et la Casbah ; *Bab-el-Djedid* (porte la neuve, mot à mot, ou Porte-Neuve).

Une sixième porte : **Bab-Mensoura** ou Porte de Secours, que nous ne pouvons comprendre dans cette nomenclature, s'ouvre sur les murs de derrière de la Casbah. Ce palais ayant toujours formé dans la ville un édifice à part, sans communication aucune avec les bâtiments qui l'avoisinent, Bab-Mensoura n'était appelée par les Maures, avant la conquête, que porte de la Casbah. On sait trop aujourd'hui qu'elle était la manière de gouverner des anciens Deys pour ne pas rendre à cette porte son véritable nom ; c'est-à-dire indiquer le but dans lequel elle avait été construite.

La ville d'Alger se divise en deux zônes principales, que nous appellerons la *ville haute* et la *ville basse*. La première est encore presque exclusivement occupée par les Indigènes, tandis que la seconde n'est, à vrai dire, habitée que par les Européens. Cette scission matérielle entre les Maures et les Français fera longtemps encore le désespoir des spéculateurs de systèmes, qui en tirent pour conclusion que la fusion des deux peuples est impossible. Quant à nous, il nous semble que cette retraite de la part d'un peuple calme, extatique, aussi peu guerrier que marchand, et que nos intérêts bruyamment débattus troubleraient chaque jour, il nous semble que cette retraite, qui laisse un libre cours à nos affaires commerciales, aux occupations graves que nous donne la colonisation, devrait nous être un motif d'assurance morale, de stabilité, de travail persévérant.

La *ville haute* n'a rien changé à ses habitudes, à ses constructions : ce sont toujours des rues sinueuses, étroites, obscures, obstruées ; toujours des voûtes à cheval sur ses rues, ce qui fait qu'on chemine sans voir clair, et qu'on trébuche à chaque pas, vu le mauvais système de pavage adopté par les Maures (ce sont des cailloux inégaux que le travail du sol fait diverger en tous sens) et surtout la manière abrupte dont ils adoucissent la pente de ces chemins raides et grimpants, en plaçant de deux en deux pas des degrés ou marches, dont la saillie est indiquée par une longue bande de cailloutage, sur lesquels on ne peut poser le pied sans danger de glisser et de tomber rudement.

Cinq rues, que nous appellerons *artérielles*, coupent, divisent et traversent sans rupture et sans perturbation cette mer de maisons blanches qui font le pâté de la ville; deux dans la *ville haute*, trois dans la *ville basse*. Des deux premières, l'une, la rue de la *Porte-Neuve*, commence à la porte de ce nom et vient déboucher sur la *Place du Gouvernement*, l'autre, la rue de la *Casbah*, partant de la Casbah, aboutit à la rue Bab-el-Oued; la première suit la direction du fossé du midi, la seconde celle du fossé du nord. Ces deux rues mêlent, infusent, versent, transvasent constamment la population mauresque dans le tricot inextricable des autres rues bizarrement embrouillées dans la *haute ville*. Là, en effet, ce ne sont que cloaques, impasses, angles saillants, angles rentrants, voûtes, dédale inintelligible dans lequel nous nous perdons encore.

Les trois rues de la *ville basse* n'offrent plus le même aspect : La première, ou rue *de la Marine*, s'ouvre à la *Porte de France* ou *de la Marine* et tombe sur la place du Gouvernement. La seconde, partant de Bab-el-Oued, vient se jeter sur la même place, sous le nom de rue *Bab-el-Oued*. La troisième enfin, allant encore de la même place, va joindre Bab-Azoun et s'appelle *Bab-Azoun*.

Si dans les rues tortueuses de la haute ville on ne voit que des piétons et, à de rares intervalles, quelques mulets, des ânes ou des chevaux, gravissant ou descendant à grand'peine ces pentes pour ainsi dire verglacées par un caillou poli et glissant, dans les rues de la *basse ville*, au contaire, les charrettes, les voitures de train, les bêtes de trait, les bêtes de somme, les piétons, tout circule pêle-mêle et sans danger. Les rues Bab-Azoun, Bab-el-Oued et de la Marine, sont à peu près nivelées et cailloutées de manière à ce que les eaux pluviales et autres trouvent un libre écoulement. A la place des constructions hybrides qui fourmillent encore dans le haut quartier de la Casbah, s'élèvent des constructions européennes vastes, hautes, solides, des maisons dont les arcades offrent aux piétons un abri plus salutaire que les voûtes mauresques, dont nous signalerons plus bas les inconvénients.

Tout en attaquant le système de viabilité adopté par les Maures, nous devons cependant leur rendre cette justice, que leurs rues, à l'époque des grandes chaleurs, sont bien autrement aérées, fraîches et agréables que celles de nos villes du Midi, où l'on ne peut circuler pendant certaines heures du jour, sans être brûlé par un soleil qui surplombe et donne souvent naissance à des maladies graves.

D'autre part, si l'ombre projetée sur les rues par la saillie que forment presque toutes les constructions mauresques, permet de parcourir la ville, même sous une température élevée; si cette température est constamment rafraîchie par un vent léger et doux, que ces rues longues, étroites, abritées font, par leur construction même, circuler dans leur sein, comme dans de vastes corridors, il n'en est pas moins démontré aujourd'hui que cette ombre et cette fraîcheur, pour un moment si agréables, ont aussi quelques inconvénients. Lorsque, par exemple, on passe rapidement d'une place échauffée par le soleil dans ces espèces de couloirs sombres, sous ces voûtes quelquefois humides, le froid est si vif, si saisissant, qu'il fait éprouver, à travers les vêtements d'été européens, une sensation subite de contraction extérieure à la peau; on se sent glacé.

Malgré cela, je crois que l'autorité ne devrait permettre l'élargissement des rues que pour celles qui sont nécessaires à nos grandes relations commerciales. Nous semblons ici nous contredire : nous développerons plus loin notre pensée, et nous indiquerons le remède à apporter à ce système de viabilité, en apparence fautif, quoique nécessaire.

Mais disons qu'avant tout l'administration doit donner les soins les plus scrupuleux à l'entretien et à la propreté des rues, des places, des impasses surtout, coins obscurs où le mal a tant de fois pris naissance.

Les améliorations vont tous les jours croissant, et c'est tant mieux, car quelques quartiers de la ville basse ont longtemps demandé (ce qui a été fait) et demandent encore qu'on les assainisse, en y conduisant l'eau qui lave et emporte dans son cours les miasmes développés par les immondices jetés et entassés çà et là. Des rues étroites, où l'air est difficilement renouvelé, où les rayons du soleil ne pénètrent qu'avec peine, dont le sol est souvent humide; des impasses où l'atmosphère reste stagnante; des coudes, des angles formés par les maisons, où la circulation de l'air et du vent s'arrête, comme brisée dans sa course; des émanations morbifiques sans cesse dégagées des substances végétales et animales qui pourrissent sous les voûtes et souvent même dans les cours des maisons: tel est encore aujourd'hui le tableau qu'offrent certaines localités dans la ville. Le quartier habité par les Juifs est un de ceux sur lesquels portent plus particulièrement les remarques que nous venons de consigner.

Et, qu'on ne s'y trompe pas, c'est au retard apporté à

l'enlèvement des immondices, au manque d'air et de chaleur, qu'il faut attribuer une grande partie des affections qui décimaient cette population mercantile, beaucoup plus occupée de ses intérêts que de son bien-être de tous jours. Aussi ne doit-on pas être surpris de rencontrer, chez elle, des êtres étiolés et affligés de maladies étrangères, pour ainsi dire, aux autres classes d'habitants de la ville.

Le seul remède à apporter en cette circonstance c'était de démolir les maisons, d'élargir les rues, de former des places : l'administration française a compris sa mission; des travaux d'assainissement ont été exécutés, et les foyers de putréfaction ont complétement disparu.

Telle est, à ne parler que très-sommairement, la topographie d'Alger et de ses environs. Comme nous l'avons dit, le médecin, qui a deux missions, ne doit s'occuper des localités d'un pays qu'autant que ses études sur le sujet deviennent nécessaires au travail qu'il entreprend et aux besoins des hommes qu'il veut arracher à des inflences funestes. Nous n'avons pas eu la prétention, en donnant cet Aperçu général, de faire du neuf; mais on doit comprendre que, pour guérir le mal, il faut indiquer topographiquement la place où gît ce mal; et, à ce titre, nous avons été forcé de décrire avec quelques détails la ville d'Alger, ville qui inspirait naguère tant de terreur sur tous les parages de la Méditerranée et qui a joui, pendant plus de trois cents ans du double privilége de piller à sa fantaisie le monde commerçant, et de réduire en esclavage les chrétiens qui avaient le malheur de tomber entre les mains de ses barbares habitants.

Toutes les puissances intéressées ont cependant unis

plusieurs fois leurs efforts pour faire disparaître de la Méditerranée ces forbans hardis, et mettre un terme à leurs déprédations. Mais, disons-le, des moyens employés jusqu'à 1830, les uns sont restés sans résultats satisfaisants, d'autres n'en ont eu que de courte durée, d'autres enfin, par leur non-réussite, ne firent qu'augmenter la hardiesse de ces insolents écumeurs.

Parmi les nations belligérantes, la France s'est toujours montrée la plus disposée à châtier ces actes de piraterie ; si les différentes expéditions qu'elle a dirigées contre la puissance d'Alger n'ont pas été suivies d'un succès complet, elles ont eu l'avantage de jeter dans l'esprit des Algériens un sentiment de crainte qui leur faisait redouter d'être traités en ennemis. Après tant de vaines tentatives pour détruire ces nids de pirates, c'est à la France qu'était réservée la gloire d'une conquête qui laissera une page si brillante dans les fastes de son histoire.

Nous avons pensé que le lecteur nous saurait gré de mettre sous ses yeux le nombre et la date des principales expéditions qui ont été faites par l'Espagne, l'Angleterre et la France contre la régence d'Alger.

ESPAGNE

En 1504, contre Mers-el-Kebir, fort situé à deux lieues d'Oran, par Raimont de Cardonne, commandant la flotte, et Liègue de Cordonne, général en chef.

En 1509 et 1510, contre Oran, par le cardinal Ximènès, général, et par Pierre Navarre, amiral, sous Ferdinand le Catholique.

En 1517, par l'amiral Moncade, sous le même roi.

En 1535, contre Tunis, sous Charles-Quint.

En 1541, au mois d'octobre, contre Alger, par

Charles-Quint. Tout le monde sait ce que coûta à l'Espagne cette fameuse expédition, connue sous le nom d'expédition de Doria. Pour ne citer que deux noms parmi ceux des chevaliers qui se distinguèrent dans ce triste fait d'armes, nous dirons seulement que Fernand-Cortez commandait un corps d'armée, et Villegagnon des chevaliers de Rhodes. — Charles-Quint, à son retour, envoya à l'Arétin, qui composait alors ses satires, une chaîne d'or d'un grand prix : le poète dit en la recevant : — Elle est bien légère pour une faute si lourde.

En 1775, contre Alger, par le général O. Reilly, sous le règne de Charles III, roi d'Espagne, et l'amiral Castejon.

En 1783 et 1784, les Espagnols tentèrent de nouveau le bombardement d'Alger.

ANGLETERRE

En 1816, contre Alger, par lord Exmouth. L'Angleterre, avant cette époque, était déjà venue plusieurs fois faire sur ces côtes des démonstrations hostiles, entamer des négociations sous Edouard Spragg, l'amiral Ruyter, l'amiral Nelson, etc.

FRANCE

En 1663, contre Alger, par le duc de Beaufort, sous Louis XIV.

En 1664, par le même et M. Gadagne.

En 1681, Duquesne, et sous lui Tourville, détruisent la flotte tripolitaine près Chio ; Renaud d'Angely inventa les galiotes à bombes, qui contribuèrent puissamment à ce grand succès : ce fut le premier bombardement sur mer.

En 1682, bombardement d'Alger par Duquesne.

En 1683, le bombardement est repris par le même.

En 1685, contre Alger, par le maréchal d'Estrées.

En 1687, contre Alger, par Tourville.

En 1830, par le maréchal de Bourmont, commandant l'armée de terre, et l'amiral Duperré, commandant la flotte.

Enfin grâce aux beaux résultats de la conquête de 1830, Alger, refuge des pirates, n'est plus. Cette ville, qui a jeté si longtemps la terreur sur toute la Méditerranée, ne vivra plus que dans les souvenirs : son despote gouvernement fait place insensiblement à des institutions libres et à des lois sages qu'un gouvernement civilisé et instruit saura y faire respecter.

La France, en opérant ce grand changement sur la côte d'Afrique, s'est acquis des droits immortels à la reconnaissance de toutes les nations. Quel est en effet le plus léger bâtiment qui, en passant devant ces parages, ne devrait se rappeler les dangers qu'il aurait courus avant cette expédition et ne bénira pas le nom de la puissance qui l'a mis à l'abri de ces anciens écumeurs de mer ?...

MAURES

(De l'arabe Maghreb, occident), en latin *Mauri*, *Mauritani*, nom sous lequel les anciens désignaient les habitants de la Mauritanie. Appliqué, pendant le moyen-âge, à tous les Arabes conquérants de l'Espagne, il ne convient en propre qu'aux Almohades, qui étaient réellement d'origine mauresque. Aujourd'hui on appelle Maures une partie des indigènes de l'Algérie, du Maroc, du Bilédulgérid, de l'état de Sidi-Hescham, et du Sahara ; ils habitent, en général, les villes, surtout celles du littoral, se livrent au commerce, exercent de petites industries, possèdent et font cultiver des biens de campagne; ils ont la peau plus blanche, le visage plus plein, le nez moins aigü, le profil moins anguleux, tous les traits de la physionomie moins prononcés que les Arabes. Ils sont musulmans.

BERBÈRES

Nom sous lequel on désigne diverses portions de la population aborigène de la Barbarie, sur la côte septentrionale de l'Afrique. On le fait venir soit de celui de βάρβαροι, que les Grecs donnaient aux peuples dont l'idiôme différait du leur, et qui fut adopté par les Romains; soit de l'Arabe *ber* (racine du bariet, désert), ou enfin de *berberat* (mélange de sons confus), à cause de leur langage.

Des traditions rattachent aussi l'origine des Berbères à un certain Berr, venue de Syrie. Leurs signes caractéristiques sont une figure ovale, des traits arrondis, un front étroit, des yeux foncés, des cheveux noirs et rudes, un teint olivâtre. Moins nomades que les Bédouins ils n'ont cependant pas, comme les Maures, adopté complètement les habitudes sédentaires des villes; ils vivent dans des cabanes, se livrent à l'agriculture et au commerce. Leur langue, qui se parle encore sans mélange étranger dans l'île de Zerbi ou Djerba, est en usage depuis les frontières de l'Egypte et de la petite Oasis jusqu'à l'Atlantique et aux Canaries; depuis les chaînes les plus septentrionales de l'Atlas, jusqu'au sud du Sahara. On distingue plusieurs rameaux dans la famille Berbère : 1° les Amazihs ou Schellouh (nobles, libres), à l'Ouest dans le Maroh; 2° les Kabyles ou Kobaïls (pluriel de Kabyleh, tribu), dans les montagnes du pays d'Alger et de Tunis ; 3° les Tibbous, entre le Fezzan et l'Egypte ; 4° les Touareghs (pluriel de *terka*, tribu), dans la partie du Sahara comprise entre le Maroc, le Fezzan et le Soudan.

D'après M. Rousseau, Joseph, les Berbers forment une nation puissante et indisciplinée, en parties nomades, répandus dans les états du Maroc, Fez, Alger, Tunis et Tripoli. Selon quelques historiens arabes, les Berbers descendraient des Amalécites et des Chananéens, que les Israélites chassèrent de la Palestine. D'autres les disent issus des Hémianites qui vinrent s'établir en Afrique au temps de la grande inondation d'Aroun. D'autres enfin pensent qu'ils ont eu pour souche, Ber, fils de Gnaïs — Phaélan, un des anciens rois d'Egypte, qui, à la suite d'un démêlé avec sa famille, fut se réfugier dans l'intérieur des terres; et, quand on demandait des nouvelles de ce prince fugitif, le peuple répondait Berber, ce qui veut dire, Ber est allé au désert. Ces mots devinrent, à la longue, le nom patronymique de sa postérité. Quoiqu'il en soit, les Berbers sont cultivateurs, riches en bestiaux, belliqueux, adonnés à la chasse et au brigandage, bons cavaliers et toujours bien armés. Asservis et musulmanisés en l'an 647 de l'ère chrétienne, ils ont toujours été la souche dynastique des chefs qui ont régné dans ces contrées.

KABYLES

Ils ont été primitivement nomades ; les invasions des divers conquérants de l'Afrique les ayant chassés des plaines et refoulés vers les lieux d'accès difficiles, ils ont modifié leurs habitudes, pris une vie sédentaire, cultivé les champs, bâti des villages, exploité plusieurs

[1] Rousseau, *Chronique de la légende d'Alger*, 1841.

genres d'industrie. Ils sont forgerons, maçons, taillandiers, armuriers, fabricants de monnaie; construisent des pressoirs à huile; dressent des ruches d'abeilles; connaissent la cuisson des tuiles, la fabrication du savon et de la poudre. D'un esprit pratique et positif, simples et rudes, ils sont doués du don de l'imitation et de l'aptitude des doigts et des mains. On a retrouvé en eux les mœurs et les qualités des Auvergnats et des Savoyards; la sobriété à toute épreuve; le labeur infatigable; la plus sévère épargne; l'honnêteté; la franchise; mais, en même temps, la violence de caractère, l'opiniâtreté dans les ressentiments. Les Kabyles opposent à la domination française une grande résistance, qui paraît avoir, en partie, pour cause principale l'appréhension d'être placés sous le commandement des caïds arabes.

COULOUGLIS OU KOULOUGLIS

Nom donné, en Algérie, aux descendants des Turcs qui sont venus s'établir dans le pays et de femmes indigènes. Ils formaient une classe intermédiaire entre les Turcs d'une part, les Maures, les Arabes et les Berbères d'autre part. Moins fanatiques que les autres mahométans, ils se sont ralliés franchement à la domination française.

SACERDOCE

Les fonctions du sacerdoce et l'administration de la justice étaient réunies chez les musulmans dans un seul et même corps, le collège des oulémas, à la tête desquels se trouve placé le muphty. Nous allons simultanément indiquer la situation respective de ces deux institutions à l'époque de la conquête.

L'islamisme, nous le rappelons ici, se partage en

deux grandes sectes : les Schyytes et les Sonnites. Les Sonnites admettent l'autorité des trois premiers Kalifes, et ne reconnaissent au quatrième, Ali, d'autres droits que la libre élection que firent de lui les compagnons de Mahomet. Les Schyytes, au contraire, refusant d'admettre comme légitime l'autorité des trois premiers Kalifes, Abou-Beckr, Omar et Osman, prétendent qu'Ali, cousin et gendre du Prophète, et ses descendants, étaient seuls appelés à lui succéder.

La doctrine sonnite est celle qui prévaut aujourd'hui en Afrique; elle est divisée en quatre rites également orthodoxes qui ne diffèrent que sur quelques points très peu-importants. Ils sont désignés d'après le nom des imans qui leur ont donné naissance.

Le rite hanifite (de l'iman Hanifi), que suivent les Turcs ;

Le rite malekite (de l'iman Malek), que suivent les Arabes.

La différence qui existe entre ces deux rites porte sur diverses interprétations du Sidi-Kretil (le livre de la loi). Les marques apparentes de cette différence consistent dans la manière de poser les mains en priant. Les malékites portent les mains ouvertes à la hauteur de la tête, et les hanifites les croisent sur la poitrine. Les deux autres rites de la doctrine sonnite sont : l'hanbalite, principalement suivi en Egypte, et celui de Chafei, qui prédomine à Bagdad.

Les oulémas consacrés au service du culte sont divisés en quatre classes : 1º les scheikhs. Ce titre correspond au mot latin *senior*, et représente l'idée des anciens dans la loi juive; il se donne habituellement aux prédicateurs des mosquées. Les muphtis et les kadis même prennent ce titre, parce qu'ils en peuvent remplir et en remplissent sans doute les fonctions. Les sheiks, dans leurs exhortations du vendredi, ne se bornent pas toujours au dogme ou à la morale ; souvent leur zèle fougueux s'en prend aux hommes puissants et même au souverain.

2° Les khatebs. Ce sont ceux qui président à la prière solennelle du vendredi et récitent la khosba.

3° Les imans, qui assistent aux cinq prières, et font la lecture quotidienne du koran, à l'exception du vendredi. Le premier des imans remplit en quelque sorte les fonctions d'officier de l'état civil, car il n'assiste aux différents actes de la vie civile que pour faire des prières et appeler les bénédictions du ciel sur la famille. C'est à ce titre qu'il est présent à la circoncision, au mariage et à la sépulture des croyants.

4° Enfin, les moeddins (vulgairement muezzins), chantre des mosquées. Ce sont eux qui, du haut des minarets, appellent les fidèles aux cinq prières de la journée.

En Algérie, comme dans tous les pays musulmans, les frais du culte, qui comprennent le traitement des ministres, sont acquités sur les revenus des biens immeubles qui appartiennent aux mosquées ou oratoires, en vertu de libéralités ou d'institutions à titre de *wakf* ou *habous*, faites par les fondateurs des mosquées ou par d'autres donateurs. Les imans reçoivent aussi les dons des fidèles pour les actes qui intéressent l'état civil des familles ; c'est le casuel de nos églises.

Au dehors des villes, le culte musulman n'existe pas, du moins publiquement ; le défaut de mosquées exclut naturellement le concours des ministres du culte. Les populations sont abandonnées à des marabouts (*morabethin*, liés ou dévoués), personnages qui participent de l'ermite et du religieux, sans autre caractère que celui que leur prête la multitude. Par leur piété et leurs vertus, quelques-uns de ces hommes méritent la vénération qu'ils inspirent; le plus grand nombre ne doivent leur autorité usurpée qu'à l'hypocrisie et à la superstition. Les marabouts d'ailleurs n'appartiennent à aucun titre à la hiérarchie musulmane.

Le muphty obtint à la longue la première place parmi les oulémas, et il en est demeuré le chef à Constantinople, où on lui donne le titre de Sheik-el-islam (l'ancien de l'islamisme). Le muphty d'Alger jouissait du même privilége; mais sa suprématie lui était contestée. Il avait la prééminence spirituelle sur ceux qui pouvaient être appelés à des fonctions analogues dans les provinces de l'Afrique septentrionale, et était le supérieur reconnu de tous les Kadis.

Toutefois, pendant la durée de la domination des Turcs en Algérie, il y eut dans la capitale deux muphtis qui représentaient les deux rites; mais le muphty hanifite passait le premier. Depuis l'occupation française, le muphty malekite est prédominant; la côte septentrionale de l'Afrique ayant exclusivement adopté la doctrine de Malek. Il y avait également à Alger deux Kadis un pour chaque rite; et, en outre, des Kadis spéciaux attachés à l'institution du Beit-el-Mahl et à la fondation de la Mecque et Medine, pour juger seulement les contestations dans lesquelles ces deux établissements étaient intéressés.

Dans chacune des villes principales, la justice comptait, selon leur importance, un ou plusieurs Kadis, dont la juridiction s'étendait soit sur la généralité de la population, soit seulement sur les fidèles de leur secte ou les intérêts particuliers confiés à leur vigilance.

Chaque centre de population auquel un hakem (gouverneur) était préposé avec son Kadi. La simple tribu avait pour juge son sheik (ancien) dans les affaires ordinaires ; quant aux contestations importantes, il en était référé au Kadi de l'outhan.

Dans cette organisation, si simple et cependant complète, le juge ne manquait jamais au justiciable. Les Kadis ne relevaient pas les uns des autres, il n'y avait qu'un seul degré de juridiction, quoique dans l'ordre hiérarchique ces magistrats ne fussent point égaux entre eux. Le Kadi d'Alger était reconnu supérieur à ceux des principales villes de la régence ; ceux-ci à leur tour dominaient les Kadis des villes du dernier ordre, au-dessous desquels venaient encore se placer les Kadis des outhans. Quand les lumières manquaient à ces derniers, ils avaient recours à ceux du degré plus élevé.

BERTHEZÈME

Le général Berthezème était peu partisan des expéditions nombreuses : voici ce qu'il en pensait et comment il s'est exprimé dès son arrivée à Alger : « Sans contester, disait ce général, l'inutilité des expéditions et quelquefois leur utilité, il est permis de penser qu'elles doivent être moins fréquentes qu'on ne le pensait alors ; car, outre l'inconvénient de fatiguer les troupes, d'appauvrir leur masse et d'augmenter considérablement le nombre des malades, elles inquiètent les *Arabes*, et les tiennent dans des états continuels d'agitation et de méfiance. » Ce ne fut donc qu'après de grands efforts qu'il se décida à faire l'expédition de Médéah, expédition qui n'avait uniquement pour but que d'obéir au désir exprimé par le Bey que le maréchal Clauzel y avait placé; ne pouvant, disait-il, s'y maintenir à cause de l'agitation que le Bey déchu entretenait dans ces contrées, fut bien obligé d'aller à son secours; l'expédition fut ainsi décidée.

Le général Berthezème, malheureusement aussi nos troupes, payèrent cher cette expédition désastreuse. Plus malheureuse encore que celle du général Clauzel: elle fut assaillie par un temps abominable; neige, pluies, etc.; les munitions ayant manqué, les Arabes n'entendant plus riposter, s'enhardirent peu à peu, et venaient saisir les hommes de l'arrière-garde, qui avaient de la peine à se tenir debout sur un terrain si glissant et si inégal. Plusieurs de nos malheureux furent saisis par leurs sacs et poussés au fond du ravin. Heureusement nous n'étions pas trop éloignés de la ferme de L'Aga, où on avait laissé quelques provisions. Le général, en apprenant ce qui se passait derrière l'armée, commanda une halte, et envoya un détachement pour chercher les munitions qui arrivèrent en quelques heures. A l'aide de ce modeste secours, distribués spécialement à l'arrière-garde, le corps expéditionnaire put continuer sa marche sous le feu de l'ennemi; mais tenu, cette fois, un peu à l'écart.

Arrivé à la ferme, on respira un peu à l'aise, espérant que la plaine de la Médidjah nous offrirait une marche facile. Le corps expéditionnaire y séjourna deux jours, pour se remettre en ordre et se reposer.

Mais à peine l'expédition s'est-elle mise en marche pour reprendre la route de Blidah, le général apprend que Benzamoum, le chef des Aljoutes, s'était révolté et avait entraîné avec lui Bogdani, autre chef très-influent dont le contingent, réuni avec celui de

Ben-zamoum, faisait un total de dix à douze mille hommes qui furent conduits devant Blidah, sur les rives de la Schiffa, pour nous disputer le passage de cette rivière. Ces deux chefs, afin d'exciter le courage des arabes, avaient promis cent houres aux parents de celui qui se ferait tuer dans une lutte, et mille à celui qui tuerait le plus de chrétiens; un nommé Sidi Sadi fut envoyé par l'ancien Dey d'Alger qui habitait Livourne, auprès de Benzamoum pour exciter les deux chefs contre nous.

Le général Berthezème, comprenant les difficultés et même le danger que présentait une pareille armée, attendu que Benzamoum avait fait sa soumission, dut réfléchir sérieusement sur le parti à prendre. Il fut assez habile, et il faut avouer qu'il sortit plus heureusement qu'on ne pouvait l'espérer, d'une situation aussi critique. Trompant l'ennemi par une habile manœuvre, il put faire franchir la rivière à une grande partie de l'armée sans être peu ou point inquiété. Les Arabes, surpris et craignant d'être tournés, abandonnèrent la partie, et se bornèrent à inquiéter l'arrière-garde.

Ils se bornèrent à nous escorter avec rage, jusqu'à Birkadem. La population d'Alger était plongée dans une très-grande inquiétude. Instruite de la révolte de Benzamoum et de Bogdadi, qu'on savait très-courageux et à la tête d'une armée considérable, elle croyait l'armée de Berthézème presque anéantie. Aussi, fut-elle, malgré l'insuccès de cette expédition, très agréablement surprise, en la voyant rentrer dans un état peu agréable à voir, il est vrai, mais ayant perdu relativement peu de monde; la position du général Berthézème, devenant très critique, il essaya de combattre le fanatisme des Arabes, par leurs propres armes. Il avait auprès de lui, à Alger, un homme influent, qui avait donné des preuves certaines de ses sympathies aux français. Cet homme se nommait Sidi-Adji-Maidin-ben-Sidi-Ali-Ben-Bass. Il habitait Coléah, où il était grand propriétaire ; le général le nomma Aga. Sidi-Adji hésita quelques temps à accepter cette mission fort délicate pour lui, et il fallut l'influence de Achmet-Bouderba, pour l'y décider. Ce fut pour le général et pour la colonie une heureuse opération ; car, elle eut pour résultats immédiats de détacher de l'armée de Benzamoum et de Bogdadi plusieurs tribus qui diminuèrent d'autant leur contingent, qui se montait, disait-on, au chiffre considérable de plus de 20,000 hommes.

Le Prince de Joinville arriva en rade pendant cette émouvante situation ; il devait débarquer le 18 ; mais les Arabes ayant renouvelé avec vigueur l'attaque de la ferme et de la Maison-Carrée, le matin, de bonne heure, le général fit prier le prince de différer son débarquement. Benzamoum ayant été repoussé et mis en pleine déroute, le Prince débarqua le lendemain, 19. On lui fit, bien entendu, les honneurs d'une revue et il repartit aussitôt pour Mahon.

Il faut convenir que la position n'était pas en ce moment bien attrayante pour les touristes ; l'ennemi touchait au port d'Alger et poussait des pointes jusqu'à venir tirer sur les sentinelles. Toute l'armée était sortie ; la garde nationale, sous les armes, était également campée près de la ville. Tout cela donnait à la faible population coloniale une attitude peu rassurante ; on voyait déjà les figures indigènes rayonnant d'autant d'espoir que les nôtres témoignaient d'inquiétude.

Benzamoum eut heureusement aussi son revers de médaille ; il avait fait à ses coréligionnaires la promesse formelle de nous vaincre et de nous expulser d'Alger. Mais l'échec qu'il venait de subir devant la ferme et la Maison-Carrée, et ceux qui le suivirent pendant quelques jours, le discréditèrent si bien, que des Arabes, pour lui témoigner leur ressentiment et lui faire sentir sa faiblesse, lui envoyèrent, dit on, un habillement complet de femme : on ne pouvait lui faire une plus grande injure.

Dans une des dernières affaires contre Benzamoum, le général de Feuchères s'y distingua d'une manière remarquable. Enfin, le calme, du moins apparent, se fit sentir et la tranquillité revint, peu à peu, dans tous les esprits. Les quelques colons purent sortir de la ville, rentrer dans leurs propriétés environnantes, et s'y livrer à leurs travaux ordinaires. De leur côté, les Arabes reprirent en sûreté la route d'Alger et approvisionnèrent amplement les marchés.

Le point noir de la situation était les malades ; ils étaient si nombreux, qu'on ne savait où les loger. L'armée, en effet, ayant manœuvré pendant deux mois, dans la plaine, à côté, ou au milieu de marais très infectieux, fut aussitôt aux prises avec la fièvre pernicieuse et la dyssenterie.

2 mai 1832. — On apprend que quatorze soldats allemands de la légion étrangère ont déserté avec armes et bagages ; deux d'entre eux, ramenés par les Bédouins, ont été condamnés à mort et exécutés.

22. — Le bruit court que les Arabes se disposent à nous attaquer : on les voit en grand nombre dans la Mitidjah. Des ordres sont donnés pour que les corps désignés pour une expédition se tiennent prêt à partir au premier signal.

23. — Une reconnaissance de vingt-neuf hommes et un officier de la légion étrangère, sont tombés dans une embuscade Arabe et ont été décapités. Au reçu de cette nouvelle, quatre bataillons, un escadron de cavalerie èt de l'artillerie envoyés dans l'endroit du massacre parcoururent la plaine sans trouver trace d'ennemi. Deux pauvres Bédouins rencontrés par un détachement furent tués impitoyablement ; les malheureux étaient chargés de provisions qu'ils portaient au marché d'Alger. Mais en guerre, et en présence des cadavres que nos soldats venaient de contempler, ces erreurs sont, dit-on, excusables. Il ne faudrait pas jurer cependant que ces deux Arabes, portant des légumes, s'ils s'étaient trouvés en face d'un seul militaire ou colon, ne lui eussent fait passer un mauvais quart d'heure. Cette supposition peut être faite sans trop se compromettre.

25. — Un détachement de chasseurs chargés de pousser une reconnaissance dans la plaine, s'étant avancé un peu loin et ayant dépassé la tribu des Beni Moussa, le cheik de cette tribu croyant qu'il voulait déserter et passer à l'ennemi, s'empressa de prévenir le général de brigade. Le général en chef prévenu à son tour, fit partir un détachement avec ordre à l'artillerie d'aller à la rencontre des soi-disant déserteurs. Le détachement était déjà en mouvement lorsque les chasseurs, ayant pris une autre direction, rentraient fort tranquillement au camp sans avoir rien aperçu, ni être aperçus eux-mêmes, et bien étonnés de l'alerte à laquelle ils venaient de donner lieu.

29. — Un soldat de la légion étrangère s'est suicidé. En consultant ses papiers on a découvert que c'était le comte de L..., ex-capitaine de cavalerie en Hollande.

Il s'était engagé comme simple soldat sous un faux nom.

Un autre soldat de la même légion a été condamné comme déserteur et embaucheur pour les Arabes à la peine de mort et fusillé.

10 juin. — L'expédition dont on parlait depuis quelques jours pour aller venger le massacre de nos vingt-cinq hommes, est partie le matin de bonne heure par mer. Le général en chef l'a accompagnée jusqu'au port où il a prononcé les paroles suivantes : « Adieu mes camarades, rappellez-vous que vous avez vingt-cinq Français à venger. Ne vous inquiétez de rien ; le pillage, tout vous est permis ; ce sont des têtes qu'il me faut, coupez-en et le plus que vous pourrez ; adieu. »

Cet ordre si énergique est bien digne du pays où il faut fatalement se battre à armes égales. Les Arabes l'ont échappé belle ! car, le soir même, un bâtiment est parti avec l'ordre à l'expédition de rentrer.

21. — Un bâtiment porte la nouvelle qu'une révolution a éclaté à Paris ; qu'on s'y est battu pendant trois jours ; que les étudians ayant joué un grand rôle dans ce mouvement, les trois écoles de droit, de médecine et polytechnique auraient été fermées.

22. — A cette nouvelle, le général en chef a fait mettre en prison le capitaine du bâtiment qui l'a répandue et qui a jeté une grande inquiétude dans la colonie

Le général de Feuchères est rentré à Alger ; nous dînons le soir chez M$_{me}$ la baronne Bondurant en compagnie de l'aimable et spirituel abbé Colin, ex-aumônier du 37° de ligne, récemment nommé Préfet apostolique. La soirée a été très gaie, quelques dames nouvellement débarquées, mises à la nouvelle mode,

mode, firent, en grande partie, les frais de la conversation. Le chapeau *bébé* remplaçant le chapeau à larges bords ; les manches plates comparées aux fameuses manches à gigot que portaient encore nos élégantes à Alger, produisaient, en effet, un contraste frappant qui égaya beaucoup ces dames et nous aussi.

25. — Assisté aux débats de l'affaire de vingt arabes arrêtés il y a deux mois à Bône sur un bâtiment, (chebek,) nolisé par Hussein Dey. Les arabes portaient des lettres de ce dernier à l'adresse de tous les chefs de tribus, les engageant à se révolter contre les roumis, tous ces mécréans que le grand prophète a en exécration. « Il sont faibles, disait-il, il faut profiter de ce moment pour les chasser d'une terre qu'ils souillent depuis deux ans. Mahomet vous envoie des sabres; servez vous-en et ne les ôtez de leur fourreau que pour faire tomber la tête d'un Français. Tels sont mes vœux, tels sont aussi ceux de Mahomet qu'il vous transmet par mon organe. De douces et voluptueuses récompenses seront réservées à ceux qui mourront en défendant la bannière de l'Islam. Moi j'en réserve de grandes à ceux qui m'aideront à replanter sur la Casbah d'Alger l'étendard de notre grand prophète... Dans peu j'espère être avec vous. »

Ces conseils, donnés à la révolte, sont loin de ressembler à ceux qu'il donnait à Bourmont sur les Beys de la régence. Mais ici l'arabe vaincu s'humiliait devant le vainqueur; là c'était l'arabe libre reprenant son naturel, oubliant la parole donnée et jurée ; prêchant la révolte contre un gouvernement qui l'avait traité avec trop d'indulgence.

Benzamoum, cheik des Adjontes a réuni plusieurs tribus et il se dispose à nous attaquer du 15 au 18. Il veut profiter de la position critique où se trouve notre armée par le grand nombre des malades (3018).

Peu de monde à la soirée de madame Bondurant; les esprits sont inquiets ; tous les chefs de corps sont réunis chez le général en chef pour une expédition contre Benzamoum.

Histoire de Wagner et de l'officier tué par les Bédouins.

Il est arrivé, il y a deux jours, un homme de la légion étrangère qui faisait partie des 29 soldats qu'on croyait tous massacrés entre la Ferme et la Maison Carrée. Voici son aventure telle qu'il l'a racontée au général en chef et à plusieurs autres personnes.

Attaqués, au nombre de 29 hommes sous les ordres d'un sous-lieutenant, par cinq ou six cents Bédouins, ils résistèrent à leur attaque tant qu'ils eurent des munitions de guerre. Le commandant S...., qui se trouvait là avec une faible escorte, il est vrai, eut à peine aperçu le danger où il allait se trouver, qu'il donna l'ordre à l'officier de faire charger les armes et s'en fut. Le sous-lieutenant, malgré deux blessures graves qu'il venait de recevoir était toujours à la tête de ses hommes les excitant par son courage vraiment héroïque. Une troisième balle lui traversa la cuisse sans amoindrir le courage et le sang-froid de ce brave officier. Tout à coup les munitions manquent et aussitôt il donne l'ordre de croiser la baïonnette; d'attendre dans cette position l'ennemi et de se défendre jusqu'à la dernière goutte de sang. Le malheureux ne s'apercevait pas qu'il avait rempli sa tâche et que le sang sortant de ses blessures était presque épuisé. Au moment où l'ennemi approchait, il chercha, par un dernier effort, à encourager les siens; les forces l'abandonnant, il tomba. Entourés de tout côtés, l'ennemi ne leur laisse aucun espoir de salut. Les Bédouins fondent sur eux, ils n'étaient plus que douze. Ils en décapitent trois ou quatre et demandent aux autres s'ils veulent les suivre dans la montagne et se faire musulmans. Cette question fut adressée d'abord à l'officier, qui, quoique ses blessures ne fussent peut-être pas mortelles, répondit qu'il était chrétien, qu'il était venu pour défendre la cause de la France ; que tout son sang appartenait à cette nation ; qu'une grande partie avait déjà été versé pour elle et qu'il ne voulait pas que le peu qui lui restait servît à le noircir auprès d'une puissance qui, à l'honneur qu'elle lui avait fait de lui donner l'hospitalité, avait ajouté celui de le faire figurer au rang de ses braves défenseurs. Il préféra la mort. Il la reçut sur-le-champ. Le même sort fut réservé à ceux qui suivirent son exemple. Quatre seulement déclarèrent qu'ils voulaient les suivre et embrasser l'islamisme. Ils furent emmenés dans la montagne dans une tribu, située à trente lieues à peu près d'Alger, où ils trouvèrent sept ou huit de leurs camarades qui avaient déserté de la légion étrangère. On commença par les circoncire, leur raser la tête, faire des ablutions pour les purifier; et, enfin les initier aux mystères de Mahomet. Le premier jour se passa en prières; le deuxième en questions diverses sur les Français ; le troisième et les suivants en coups de bâton. Tous les matins, ils étaient conduits au champ à grands coups de verges, obligés de travailler depuis le matin jusqu'au soir sans discontinuer au milieu d'un soleil brûlant. Le soir ils trouvaient, pour tout délassement, un morceau de pain fait avec du son et très-peu de farine; de l'eau et des coups de bâton qui se renouvelaient aussi souvent dans la journée selon les bons caprices du maître. — Tous quatre résolurent de s'en aller et de partir pendant la nuit. Ce projet ayant été dévoilé ou seulement soupçonné, deux d'entre eux furent décapités en présence des deux autres. Walter, effrayé de ce cruel châtiment résolut la nuit même de mettre fin à son esclavage ou par la mort ou par la fuite. Celle-ci lui a réussi. Il a marché pendant neuf nuits vivant de racines, de fruits tels que figues de Barbarie, jujubes, etc., etc. Le jour, se cachant dans une touffe de makis la plus épaisse qu'il trouvait. Après tant de fatigues, il est arrivé sain et sauf jusqu'à nos avant-postes ; et, après avoir échappé à mille dangers dans son long et pénible voyage, il a failli trouver la mort au milieu de ceux pour qui il avait surmonté tant de dangers, souffert tant de privations et pour lesquels enfin, il avait tant de fois exposé sa vie pour avoir le bonheur de les revoir, de les embrasser ! Aussi son plaisir fut grand en revoyant la tranchée qu'il avait contribué à élever et qui devait bientôt présenter entre son ennemi et lui une barrière sûre.

Qu'il était doux pour lui, après avoir été pendant neuf jours et neuf nuits tourmenté par les idées terribles de la mort faisant brandir à chaque pas le glaive sur sa tête, de pouvoir dire : je vais encore vivre — Que de sensations il dut éprouver lorsqu'il foula aux pieds l'endroit encore teint du sang de son officier et de ses braves compagnons d'infortune ! Ce que la crainte de tous les châtiments qu'il avait reçus, de la mort même n'avait pu produire chez lui, l'aspect seul de cet endroit l'opéra en un seul instant. Il pleura. Caché au milieu d'un buisson pour éviter la rencontre de quelques Bédouins, venant d'Alger ; accablé par la fatigue, les privations et plus encore par les émotions diverses qui depuis un instant bouleversaient son âme, il s'endormit. Le lendemain matin au moment où il se disposait à rejoindre un blockhaus, il fut aperçu par une patrouille de la légion étrangère. Son costume, sa barbe, etc. le firent prendre bientôt pour un Bédouin. La patrouille tomba sur lui et, sans lui donner le temps de parler, un soldat lui porta un coup de baïonnette. Le malheureux blessé à la tête n'est reconnu, malgré ses cris allemands (la patrouille était allemande), qu'après avoir détourné un second coup qui allait directement au ventre. Reconnu enfin, il fut conduit chez le colonel du régiment qui l'envoya bientôt au général en chef à qui il fit ce récit.

Deux bataillons de la légion étrangère furent réunis pour écouter les renseignements que ce soldat donna sur la malheureuse position où se trouvaient leurs camarades déserteurs. Ce récit fit une grande impression sur tout le monde.

Le commandant Duvivier expédia au général en chef la nouvelle suivante :

Tous les cheiks des tribus de la plaine et de la montagne voisine ont été réunis sous la la présidence de Benzamoum, à cinq lieues environ du camp de Boufarik. Dans cette conférence, Benzamoum a prononcé un discours plein d'énergie, à la suite duquel tous les cheiks ont juré une haine éternelle aux Français. Ils ont crié plusieurs fois *Allah el kebir*, et ont juré de se battre contre nous jusqu'à la dernière goutte de leur sang. Benzamoum, après ce serment solennel, a fait apporter un pain ; il l'a divisé en plusieurs morceaux, qu'il a trempés dans l'eau, et en a donné un à manger à chaque chef. C'est une épreuve inviolable de garder le serment. Le Bey de Constantine, n'ayant pu se trouver à cette réunion, s'est fait représenter par un de ses cheiks et a promis à Benzamoum de lui envoyer six mille hommes. L'attaque doit commencer lundi prochain. Un déserteur de la légion étrangère aurait même dit à Benzamoum, que, vu le nombre de malades, et le faible contingent que nous pouvions mettre sous les armes, il fallait nous attaquer par trois points différents : Par la Maison-Carrée, Del-ybrahim et le Boudjareah. Trois feux, allumés la veille sur les trois points de la montagne, annonceraient le jour de l'attaque.

Cette nouvelle avait mis les colons en grand émoi ; ils attendaient avec une grande anxiété cet événement, contre lequel le général en chef n'avait qu'un faible contingent à opposer.

Tout était préparé, lorsque, heureusement, vint un courrier de la plaine, annonçant au général en chef que le colonel Duvivier avait été mal renseigné; aucun soulèvement n'avait eu lieu et la plaine était partout tranquille.

22. — On décapite deux Bédouins qui avaient tué le jeune enfant d'un colon.

24. — On fusille un soldat déserteur de la légion étrangère, qui venait embaucher des hommes.

Je quitte le service de l'hôpital pour aller au 67e de ligne, attaché au bataillon qui doit partir demain pour les avant-postes, à Birkadem.

26 août 1832. — Nous partons par un temps très chaud, le *siroco* ou *simoun* souffle avec force, il soulève une poussière brûlante qui étouffe, obscurcit l'atmosphère et donne à tous les objets un aspect rougeâtre qui simule un vaste incendie.

Nous arrivons au camp, exténués, couverts de poussières et inondés de sueur. En descendant de cheval, je suis piqué à la jambe par un insecte qui détermine une douleur vive, et un gonflement immédiat considérable. Je cautérise aussitôt avec l'alcali. Le lendemain tout était presque dissipé. Les tentes installées, il est impossible de rester dedans à cause de la chaleur. La nuit a été horrible ; la force du vent et l'élévation de la température empêchaient le sommeil et arrêtaient la respiration. Officiers et soldats se promènent dans le plus simple appareil, cherchant inutilement un peu d'air frais. A peine le jour passé, j'ai l'idée de me faire construire un petit palais de verdure, dans l'espoir d'y respirer plus à mon aise. Sitôt pensé, sitôt exécuté. Quatre hommes vont couper du bois et se mettent aussitôt à l'œuvre, sous ma direction. Quatre piquets fixés au sol en carré, à deux mètres de distance l'un de l'autre, et deux de hauteur devinrent la base de l'édifice. Les cloisons furent composées de branches et de feuillage de lentisque, de palmiers nains chamerops et de tamaris. Une ouverture y fut ménagée, fermée avec une porte également en feuillage fixée au poteau avec des liens d'herbe tordue. La couverture finie, un des ouvriers, un artiste comme le 67ᵉ en comptait beaucoup, fut cueillir des fleurs de laurier rose, de tamaris et d'oranger, en fit un superbe bouquet qu'il fixa avec orgueil dans l'angle le plus élevé de son chef-d'œuvre. Il savait bien ce qu'il faisait, il craignait qu'avec la chaleur qui excitait et séchait la bouche, je n'oubliasse mes devoirs de propriétaire. Le monument fini, je fis enlever la poussière et les herbes ; j'y fis jeter beaucoup d'eau et battre le sol, afin de le débarrasser, autant que possible, des bêtes liliputiennes qui fourmillaient dans tout le camp. Cela fait, je fus, avec mes hommes, loin du camp, couper de l'herbe pour confectionner mon lit. Pas un clou n'a été employé à cette construction, dont la solidité suffira, ce me semble, à la circonstance; pourvu, cependant, qu'il ne pleuve pas, qu'il ne vente pas fort, et que les chèvres surtout ne viennent pas y brouter; car il résisterait difficilement à ces trois agents destructeurs. Un quatrième le détruirait bien plus vite, d'autant que l'eau, rare et éloignée, aurait de la peine à lutter contre la température, ce puissant auxiliaire de l'incendie. Mais j'espère que Dieu protègera mon installation comme il protége la France.

L'abri et le lit étant trouvés, restait le mobilier. C'était plus difficile; les marchands de meubles à notre usage se trouvent difficilement dans les magasins musulmans; à plus forte raison dans un camp, et en pleine campagne habitée par quelques Arabes éloignés et logés dans de sales gourbis. Comment faire? moi qui ne sais écrire, et encore fort mal, que sur une table ! L'idée me vint que mon ami Poul, comptable des vivres-viande, avait son magasin à une lieue seulement du camp. Sitôt mon service fini, je monte à cheval et vais lui demander à déjeuner. Après le repas je mendie une planche; il n'en avait pas, mais il me permit de défoncer une barrique vide, et d'emporter le bois que je voudrais. Je pris les deux fonds de la pièce, qu'un soldat me porta, et avec lesquels je pus facilement confectionner un banc et une petite table, sur laquelle j'ai écrit ces souvenirs. Mon installation était bien rustique. Eh bien! je ne crois pas que le plus somptueux palais ait fait éprouver à ses Sardanapales, un bonheur pareil à celui dont je me suis enivré en me prélassant dans l'intérieur de mon odorante et fraîche cabane.

Le chef-d'œuvre fini, le commandant Huchet vint m'y faire une longue et agréable visite. Le trouvant de son goût, il s'en fit construire un pareil, mais plus grand ; successivement les officiers en firent autant; et bientôt tout le camp ressembla à un grand village verdoyant ou à un nouveau clan croate. Peu après les architectes, rivalisant de zèle et de science, donnèrent à leur construction des formes plus élégantes. Réellement on y était infiniment mieux que sous la tente, où la chaleur se concentre, tandis que dans une cabane, l'air se tamisant à travers les feuillages, y laissant la poussière dont il est saturé, ainsi qu'une partie de son calorique, devient plus respirable.

La première nuit, dans ma nouvelle et fraîche habitation, n'a malheureusement pas répondu à mes souhaits. A peine mollement étendu sur cette couche d'herbe, épaisse et moëlleuse un éclair, suivi d'un coup de tonnerre, me réveille. Je me lève en sursaut; et entrevoyant déjà un grand désastre, j'attends, dans une anxieuse immobilité, les suites de l'orage. Heureusement le vent, changeant de direction, éloigna l'ennemi; foudre et éclairs vomirent leur colère dans la plaine. Le calme et la sécurité revenus, je repris la position horizontale et me rendormis. Mais, fatalité! au plus fort du sommeil, une, deux, trois et plusieurs détonations me réveillèrent de nouveau, des coups de fusil partis sur la ligne des avant-postes, provoquèrent le cri sinistre : aux armes! poussé par les sentinelles avancées. Tout le camp fut aussitôt en l'air et nous restâmes ainsi une heure dans l'attente. Le silence absolu qui se fit pendant une demi-heure ramena le calme, et chacun rentra dans son trou: La nuit se passa en dormant seulemeut d'un œil. Décidément, la vie de camp, en face de l'ennemi, n'est pas couleur de rose. Le lendemain, de bonne heure, les sentinelles aperçurent, à une grande distance, quelques Arabes qui s'éloignaient.

28. — Le général de Brossard me fait demander à sept heures du matin ; je monte aussitôt à cheval et me rends chez lui ; j'y trouve mon ami Manuel. Bientôt arrive le général Dalton qui, ayant appris le mouvement que faisaient les Adjoutes, allait, avec une escorte, pousser une reconnaissance jusqu'à la ferme et dans la plaine. Celle-ci aperçut une patrouille Adjoute qui en faisait autant de son côté. Le général Buchet vint prendre le commandement de la brigade. Nous lui faisons une visite de corps ; il m'engage à aller le voir le lendemain pour causer sur l'état sanitaire du pays. C'est un homme instruit et sympathique, ayant fait quelques études médicales. Un soldat qui s'était éloigné trop avant dans la direction de la plaine a été décapité par les Adjoutes.

29. — Je reçois de bonne heure un planton avec un mot du général m'invitant à déjeûner avec le commandant Huchet ; le repas fut très-gai et la causerie sérieuse sur l'hygiène des troupes dans les pays chauds. La causerie fut interrompue par un cavalier arabe qui vint annoncer qu'un mouvement des Adjoutes s'apercevait dans la plaine aux environs de Boufarick. Immédiatement ordre est donné à chacun de rejoindre son rang de bataille. Comme cela arrive souvent, et trop souvent, la journée se passa en allées et venues. On observait les Adjoutes faisant de leur côté la même manœuvre. Ces malins lançaient de

temps en temps, quelques cavaliers qui venaient au galop décharger leur fusil à longue distance ; en hommes rusés, ils espéraient ainsi nous attirer vers eux et nous faire tomber dans un piège préparé d'avance : manœuvre qui leur a trop souvent réussi.

Une tempête se lève ; le ciel s'obscurcit, le vent est si fort que toute ma cabane en frémit. La porte est décrochée ; je la fais remettre en l'attachant plus solidement.

29. — Sitôt mon service fini, sept heures, j'éprouve le besoin de m'éloigner du camp et de ne pas entendre constamment tambouriner et trompeter. Muni d'un aimable et instructif compagnon, *la vie des plus illustres philosophes de l'antiquité par Fénélon*, je vais au hasard, chercher de l'ombrage où je puisse me livrer à mon aise et avec calme à cette lecture. La chaleur était déjà excessive. Après avoir traversé une propriété mauresque je m'engageai dans un petit sentier encaissé, entre deux haies d'énormes cactus, qui me conduisit sur un plateau couvert d'orangers, de citronniers et de grenadiers, resplendissants de fleurs et de fruits. Ces arbres étaient assez rapprochés pour jeter un épais ombrage sur le sol gazonné. Seuls, quelques rayons solaires, les plus ardents, se faisant jour à travers cet écran feuillé, venaient se perdre, en scintillant, sur cette pelouse d'un vert émeraude et y formaient des éclaircies de formes très bizarres. Une modeste source, dissimulée au pied d'une touffe de lentisques, jetait un peu de fraîcheur dans ce petit eldorado. Elle resterait inaperçue sans un tout petit filet d'eau qu'elle laisse sortir à regret et que le sol, altéré, absorbe seul, en vrai égoïste, sans songer aux hôtes qui l'ombragent ; car eux, aussi, ont soif et attendent avec

impatience les effets bienfaisants de ce nectar si rare et si bienfaisant. Cette oasis isolée, calme et silencieuse convenait parfaitement à l'état psychologique où je me trouvais et me permettait de donner un libre cours à mes pensées. Je m'assis, le dos appuyé contre un superbe oranger; après avoir réfléchi quelques instants à ma nouvelle position et donné quelques minutes aux souvenirs de mon pays, et à ceux plus récents d'Alger, j'ouvre le livre de Fénelon et je tombe sur la page où Cléobule, le philosophe, dit : « Mariez-vous toujours selon vos goûts et surtout votre condition; car si vous épousez une femme d'une naissance plus élevée que vous, vous aurez autant de maîtres qu'elle aura de parents. »

Pendant que je réfléchissais sur cette maxime qui n'était nullement de circonstance, mais qui pouvait trouver peut-être plus tard, son application, deux Arabes bien armés passant lentement à une faible distance de mon bon *retirato*, changèrent l'ordre de mes idées et provoquèrent aussitôt une réflexion suscitée par l'instinct de conservation. Dans ce pays d'assassinat, l'isolement où j'étais, le silence imposant qui régnait autour de moi me firent comprendre qu'un *roumi* n'avait pas encore une position normale dans un pays si peu hospitalier et que ma tête, quoique d'une faible valeur, pourrait bien être convoitée par quelque fanatique de l'Islam; cette pensée dissipa mes rêveries ; me fit rentrer dans la réalité et m'engagea à retourner au camp. Fermer mon livre fut l'affaire d'un instant. Déjà j'aurais voulu être rendu à mon poste ou tout au moins entendre le tambour et le son du clairon que j'avais eu tant de plaisir à quitter le matin. Je n'osai reprendre le même chemin. Celui du matin me semblait trop étroit, trop encaissé et surtout trop silencieux : il me semblait aussi que les deux indigènes qui s'étaient dirigés de ce côté auraient bien pu m'y attendre en s'abritant derrière une des haies si touffues de cactus. Je pris le revers d'une colline en suivant toujours les points les plus découverts dans la direction du camp ; fatigué par la chaleur, un peu aussi par une marche au pas accéléré, dès que je fus en vue des sentinelles avancées, je m'assis au pied d'un énorme tamaris tout empanaché de fleurs. Là, à l'abri du soleil et savourant les bienfaits de l'ombrage, je chassai les pensées qui venaient de mettre au grand jour ma prudence ou plutôt ma poltronerie, et je me tins ce langage. C'est une chose bien singulière que d'habiter une contrée où on ne peut faire un pas sans être exposé, non à voir, cela n'est heureusement pas possible, mais à penser que votre tête, si convoitée des sectateurs de Mahomet, peut, à tout instant, vous être enlevée ; portée au bout d'une pique ou jetée au fond d'une sacoche, puis accrochée en triomphe devant la tente d'un chef de tribu ou à la porte d'un marabout, comme celles, si nombreuses, qui sont arrangées, en grains de chapelet, au-dessus de la porte de la Casbah. On éprouve en ces moments où la pensée erre et se perd dans ces ombres sinistres un je ne sais quoi qu'il est impossible de définir (c'est toujours de la peur, mais ce n'est pas tout à fait la peur), on s'imagine voir la mort courir à vos trousses ; tantôt armée d'un yatagan et vous tranchant poliment le cou ; tantôt d'un simple poignard vous traversant délicatement le cœur ; et tantôt, cachée derrière un buisson, vous envoyant adroitement une balle dans la tête. On dira tout ce qu'on voudra, les stoïciens auront beau nous prêcher qu'ils ne s'émeuvent de rien et les hommes à *tout fendre* qu'ils n'ont jamais peur, *quand ils fendent*, mais quand ils doivent être *fendus* !...

Je n'étais plus qu'à un kilomètre du camp lorsque j'aperçus un groupe d'Arabes venant de mon côté sur le même sentier. Je m'arrêtai et je reconnus que c'était des femmes Bédouines et leurs enfants portant des paniers à provision. Je continuai à marcher courageusement, bien certain que je ne serais ni assassiné ni enlevé. Les femmes arabes sont, d'ailleurs, trop habituées à faire les volontés de l'homme et à satisfaire ses caprices pour oser commettre une mauvaise action, même sur un roumi. Fier de cette réflexion, j'abordai hardiment mon ennemi. Parvenu à une faible distance, les femmes évitèrent mon regard en couvrant leur visage et marchèrent quelques instants à côté de moi ne me lorgnant que d'un œil, mais quel œil ! les Bédouines sont richement dotées de ce côté.

Les trois garçons ayant aperçu, à une faible distance un noyer chargé de fruits, laissèrent aller les femmes et furent cueillir des noix. L'un d'eux se détacha et vint me dire bonjour *Tebib*. Étonné de cet acte de politesse, je demandai à ce garçon s'il me connaissait, il me répondit qu'il m'avait vu à Alger et qu'il me reconnaissait à mon uniforme. L'un de ces gamins monta sur l'arbre en faisait tomber les noix ; des deux restés à terre, l'un les mangeait à mesure qu'elles tombaient, l'autre en remplissait ses poches, oubliant ainsi la part qui devait revenir à celui qui était sur l'arbre. Je restai pour voir comment la chose s'arrangerait. Ce fut comme dans l'histoire des trois larrons. Une querelle s'ensuivit et je pris plaisir à l'envenimer ; voyant qu'elle allait prendre une tournure un peu dramatique, j'intervins en leur montrant quelques pièces de monnaie. A cette vue, le calme se rétablit. Je donnai quinze centimes à celui qui n'avait pas eu de noix et cinq seulement aux deux autres. Je repris ma route et un quart d'heure après j'étais au camp. En arrivant, j'aperçus à travers les tentes de feuillage un chapeau de femme, d'une dame, ma foi. Je n'en pouvais croire mes yeux ; car une dame au milieu d'un camp si mal établi et si près de l'ennemi, c'était un événement d'autant plus saisissant, que peu de Françaises avaient touché encore le sol algérien depuis notre arrivée. Le constraste frappant que cette toilette, au chapeau empanaché, faisait avec l'aspect si prosaïque du paysage qui l'entourait et les allures de ceux qui l'habitaient, faisaient comprendre que le sexe aimable n'était pas fait pour le camp, ni le camp pour lui. C'était la femme, bien courageuse et bien dévouée, d'un capitaine, récemment débarquée, qui venait passer la journée avec son mari. Il n'y avait rien à dire et son apparition au camp était toute naturelle. Nous la félicitâmes sur son courage d'avoir bravé la chaleur, la poussière et les mauvais chemins pour oser venir si près de l'ennemi. Elle nous répondit, en riant: Et bien ! si je suis en danger et attaquée, j'espère pouvoir compter d'abord sur mon mari, puis sur vous tous messieurs, pour me défendre : on ne pouvait mieux dire. Accablé par la chaleur, je me disposais à faire une sieste en règle ; mais messieurs les Arabes en avaient disposé autrement. Contrairement à leurs habitudes, au lieu de suivre et de pratiquer les exhortations du mouezin sous l'ombrage de quelque oranger, ils vinrent à l'improviste se livrer à une fusillade qui mit tout le monde sous les armes. Deux heures après, nous rentrâmes au camp avec deux blessés seulement.

C'est pendant mon court séjour au camp de Birkadem que je fus invité, par la tribu des beni Moussa, à assister à une fête de nuit donnée à l'occasion de l'opération de la circoncision sur l'enfant d'un chef. On trouvera les détails de cette fête si originale au chapitre sur les femmes arabes

DÉBUTS DE LA SOCIÉTÉ FRANÇAISE

Jusqu'alors, les militaires et autres fonctionnaires, étant seuls, sans leur famille, il ne pouvait y avoir que des hommes aux réceptions. M. l'intendant Bondurant, venu avec la baronne, fut le premier à ouvrir son hôtel. Chaque jeudi, réception officielle, et le lundi seulement pour les intimes. Les femmes étaient rares et la qualité laissait encore bien à désirer. Mais, glissant sur les antécédents, on acceptait celles qui étaient honorablement patronnées et présentées.

Il faut avouer que la plupart portaient un nom qui commandait une certaine considération. C'était Mme de Lf..,, Mme Leblanc de.., Mme de ci, de là; puis, pas trop jeunes: elles semblaient venir chercher, sous le beau soleil d'Afrique, quelques rayons réparateurs ou seulement assez bienfaisants pour prolonger et donner de l'activité à leur humeur juvénile; du reste, la gaieté qui présidait à ces réunions intimes ne laissait aucun doute sur l'heureuse et bienfaisante influence du nouveau climat.

Présenté à M. l'intendant et à Mme Bondurant par le général baron de Feuchères, dont j'étais le médecin, qui m'honorait, quoique bien jeune, de sa confiance et de son amitié, je devins l'hôte de toutes les réceptions que Mme Bondurant présidait avec distinction et une grande simplicité de manières. Ce fut le premier noyau de la société algérienne, composée d'abord et pendant plusieurs mois de cinq dames seulement. Aussi il fallait voir combien elles étaient choyées, adulées et entourées par les gros bonnets, les habits brodés et les épaulettes à graines d'épinards avec ou sans étoiles! Tandis que nous, je veux dire mes deux amis de La Roche, aide-de-camp du général de Feuchères et Manuel, officier d'ordonnance, nous nous tenions modestement à l'extrémité opposée, causant, riant aussi et faisant surtout nos petites observations sur le groupe respectable de l'autre bout du salon. En somme, soirées très agréables où le temps s'écoulait vite, en face d'une table d'écarté à petit jeu, et la causette qui devenait de plus en plus intime. Quelques jeunes officiers, habitués aussi de la maison, auraient mieux aimé danser; mais les deux éléments principaux, le piano et les danseuses, faisaient défaut. Peu à peu et à chaque arrivage, le cercle des dames s'augmentait. A ce propos, il faut que je raconte un petit scandale qui se produisit et qui amusa beaucoup la colonie, du moins la nôtre. Un très haut fonctionnaire, que je ne peux nommer, avait ouvert son hôtel où les honneurs étaient faits, par une jeune dame, d'une manière fort gracieuse. Un beau matin, un bâtiment venant de France jeta l'ancre dans le port, amenant la vraie, la légitime maîtresse de la maison. Mais sachant ou apprenant que les honneurs de l'hôtel étaient faits par une suppléante, elle signifia à qui de droit qu'elle ne débarquerait qu'après le départ de l'autre. Celle-ci s'exécuta, ou fut exécutée, et embarqua le matin même. Sitôt à bord, la vraie débarqua; mais, à peine celle-ci eût-elle le temps de prendre possession de son domicile, l'autre quitta le bateau et revint aussi à terre..... Tableau!..... Le plus piquant de l'événement, se passa dans une petite soirée intime que la maîtresse de maison donna quelques jours après son arrivée. Bientôt Mme de X... fit son entrée dans le salon d'une manière aussi pimpante que lorsqu'elle en faisait les honneurs. Stupéfaction générale d'une si audacieuse apparition. A l'attitude et aux premières paroles que prononça la maîtresse du logis, les quelques assistants, dont je faisais partie, prévoyant une tempête, s'empressèrent de sortir. La scène fut en effet assez orageuse. Le lendemain, madame la marquise, qui avait déjà perdu son titre fut,, bel et bien embarquée et prit le jour même, la direction de la France. Le vide qu'elle laissait dans les réunions habituelles fut très remarqué, car elle en était un des plus beaux fleurons.

Peu à peu, de nouveaux arrivages dotèrent la colonie de cinq dames, pas trop jeunes, mais agréables, et on se demandait discrètement si leurs noms étaient bien orthodoxes? Mais bah! tout le monde glissait là-dessus. On avait envie de s'amuser et surtout de danser; on était trop heureux de réunir les éléments d'un quadrille, d'une valse et surtout d'un galop; le galop était alors en grande faveur; pourvu qu'on pût saisir au vol une danseuse, on s'inquiétait peu de sa qualité et de sa provenance. Je me rappelle toujours le premier quadrille qui fut dansé chez Mme D... et la joie des danseuses qui, n'étant plus de la première jeunesse, ne paraissaient pas les moins heureuses de renouveler et d'offrir encore, *in extremis*, cet agréable et innocent sacrifice à Terpsichore.

L'arrivée de quelques fonctionnaires avec leurs compagnes vint peu à peu grossir le nombre du beau sexe; et il fut enfin possible de donner des soirées dansantes.

Cela dura ainsi quelque temps et tout le monde s'amusait à qui mieux mieux. Dans les réunions plus intimes, le jeu d'écarté étant un peu monotone, une très grande dame proposa, comme sujet de distraction et d'un passe-temps plus animé, de jouer aux petits jeux, dits jeux innocents. Mon ami, le capitaine Manuel, l'enfant gâté de ces réunions, fut chargé d'en dresser le programme. Pour mieux répondre à ce gracieux témoignage de confiance, il s'était procuré un traité, *ad hoc*, où il faisait un choix. Ses programmes amusaient beaucoup le général de Feuchères, surtout lorsqu'au dessert, il nous racontait les jeux qu'il avait préparés et qu'il devait soumettre à la sanction de l'aimable aréopage. De tous ces jeux, celui qui obtenait le plus de succès, c'était le petit furet du bois, mesdames. Impossible de donner une idée de la joie et des rires de bon aloi auxquels donnait lieu ce jeu vraiment amusant. Qu'on se figure une duchesse, une baronne ou toute autre dame, que bien des années séparaient de l'époque où elles avaient joué, pour la première fois, à ces jeux enfantins, mise en pénitence au milieu du cercle et cherchant le furet. Et bien! tout le monde oubliait la date de sa naissance, ses qualités, etc., et s'abandonnait, loin de la France et de toute autre distraction, à ces joyeux et innocents amusements, qui durèrent trop peu de temps pour ceux qui y prenaient part. Ils commencèrent à se disloquer quand on sut réellement que parmi les femmes qui étaient si bien accueillies et qui faisaient si bien les grandes dames, un peu mieux même que la plupart de celles qui l'étaient réellement, laissaient à désirer au point de vue de la légitimité. On s'en doutait bien, mais semblables à une chaîne qui exige un certain nombre de chaînons pour remplir l'usage qu'on en veut faire, de même on tolérait ici ces quelques membres qui n'étaient pas d'ailleurs les moins agréables de ces réunions. Mais le moment arriva où les chuchottements remplissant l'atmosphère, ces réunions intimes cessèrent, et les jeux innocents nous firent leurs adieux. Ce fut pour les habitués un vrai deuil. Du reste, une indisposition de M™ la baronne B... arriva fort à propos pour expliquer et justifier la remise de ses réceptions. Il était temps, car des événements curieux, qu'il est inutile de raconter, se produisirent et firent pas mal de scandale dans la colonie. Quelques mois après, la duchesse de Rovigo et la baronne Bondurant rouvraient leurs salons. Mais alors la société, par suite de la création d'un tribunal qui donnait à la colonie un peu plus de stabilité, acquit un caractère plus orthodoxe. Seulement dans les grandes réunions, les habitués se demandaient encore si une telle et une telle étaient vraiment les *vraies*. Je me rappelle qu'à une soirée chez le gouverneur, ayant remarqué une dame avec une toilette très excentrique, je demandai à M. D... sous-intendant, homme facétieux, plaisant et aimant à s'occuper des nouveaux venus et venues, quelle était la femme à la mise si curieuse « Cher ami, me répondit-il en riant de tout cœur, c'est ma femme, arrivée d'avant-hier seulement, avec mes deux filles que vous voyez danser. Je vais vous présenter à elles, car vous serez des nôtres à l'avenir, comme vous êtes des miens depuis que je vous connais. »

Il y avait bien une société européenne, résidant à Alger depuis des années, formée par les consulats et appartenant en grande partie à cette nation si cosmopolite, dont on trouve des représentants sur tous les points du globe. La société anglaise était représentée à Alger. 1° par son consul général M. S. John, avec quatre filles toutes fort belles; 2° par le vice-consul M. Tulin, avec quatre ou cinq filles; 3° un médecin anglais, le D' Bowen, avec cinq filles; toutes aussi aimables que jolies; 4° enfin par le consul général de Naples, le chevalier de Giraldi, avec ses trois filles rivalisant avec succès par leur beauté et leur amabilité avec les originaires des bords de la Tamise

Toutes ces familles furent lontemps à se mêler aux réunions de la colonie française; elles voulurent attendre et, comme de raison, voir venir; elles savaient probablement que l'orthodoxie des premières arrivées laissaient un peu à désirer. Pour le consulat de Naples, l'aimable consul dont je devins le médecin, le chevalier Giraldi m'avoua franchement que c'était la raison qui retenait sa famille. Quant à M. S. John, il partageait l'animosité de l'Angleterre contre cette expédition que le succès n'avait point fait disparaître: puis le consul avait été très froissé que le maréchal Bourmont n'eût pas cédé à la demande qu'il lui avait faite aussitôt la prise d'Alger, d'autoriser le Dey, comme il le lui demandait, à se retirer en Angleterre. Cette proposition n'ayant pu être faite que d'après le désir exprimé par son gouvernement, le consul dut, après avoir transmis la réponse négative, attendre de nouvelles instructions pour connaître la conduite qu'il devait garder à notre égard.

Au contraire, Bowen, lui, n'attendit pas; il fut le premier à ouvrir sa maison, d'abord à quelques confrères dont je faisais partie et où nous passions de très agréables soirées, qui, pour nous, durèrent trop peu. Ces réunions furent bientôt recherchées par les gros bonnets; c'est ainsi que les épaulettes à graine d'épinard, avec ou sans étoile, surtout avec, y devinrent, peu à peu, en majorité. Nous, modestes subalternes, comprenant que la partie n'était plus égale, d'un commun accord, nous nous excusâmes; bien nous fîmes, car un congé bienveillant, et poli, nous était destiné. Ces réunions prirent du reste un caractère sérieux et eurent surtout un résultat plus sérieux encore. On va en juger: l'aînée des demoiselles Bowen s'est mariée avec un consul général, les autres avec des généraux et un fonctionnaire fort aimable, de mes amis.

La bouderie ou tout autre sentiment cessant, lorsque les consulats donnèrent en plein dans les salons avec seize jeunes filles, toutes distinguées, aussi aimables que belles, les réunions n'eurent rien à envier à celles de la Métropole. Les maîtresses de maison étaient enchantées; il me semble voir encore la duchesse de Ravigo faisant, d'un air satisfait et gracieux, ses compliments aux danseurs sur les nouvelles et si agréables recrues qui leur arrivaient.

1ᵉʳ mai, fête du roi Louis Philippe. — A cette occasion, le gouverneur voulant donner une grande solennité à cette journée, désira être entouré de tous les chefs arabes. Ordre leur fut donné de venir avec leurs attributs de commandement. Ceux de la tribu de Beni Moussa et de Bergara, ayant répondu négativement, le gouverneur leur fit dire que, s'ils ne se trouvaient au palais du gouvernement à telle heure, il les enverrait chercher de la même manière qu'il l'avait fait pour la tribu del Ouffiia, en faisant pendre deux des leurs à la porte Bab azoum. Le même ordre et les mêmes menaces furent également adressées au Bey de Blidah, qui avait voulu se faire remplacer par son chérif. Quant au Bey de Médéah, qui faisait aussi le récalcitrant, il lui fut répondu, que, ne pouvant aller le chercher, l'usage et les convenances voulaient qu'il vint lui-même pour faire acte de bonne courtoisie; tous se rendirent à cet appel. Ils savaient que Rovigo ne plaisantait pas et qu'il était prudent de ne pas lui déplaire.

Annoncée par plusieurs salves d'artillerie, la fête du Roi fut célébrée avec une grande solennité. Le temps était splendide; un bel autel flanqué de deux pyramides de tambours et surmonté d'une grande panoplie, au-dessus duquel flottaient de nombreux drapeaux, fut dressé au milieu de la plaine de Mustapha.

L'emplacement était digne de la cérémonie, et aucune cathédrale ne pouvait offrir un ordre architectural aussi harmonieux. D'un côté la rade et la mer avec son immensité; de l'autre le coteau de Mustapha déployant son aspect verdoyant et sa riche végétation de bananiers, d'orangers et de citronniers, dont le parfum des fleurs embaumait l'atmosphère. Au nord, la ville d'Alger avec ses minarets au haut desquels se déployaient les couleurs nationales; son port aux nombreux bâtiments pavoisés; et au sud les belles montagnes du Jurjura se découpant en mille pics dont les cîmes blanches de neige semblaient se confondre avec un ciel azuré, formant une voûte incomparable.

A onze heures, le canon annonça le départ du gouverneur précédé d'un détachement de Spahis aux burnous rouges suivi par tous les chefs arabes et à la riche si élégante tenue; les chevaux aux harnais étincelants d'or et d'argent; les longs fusils en l'air, la crosse appuyée sur le pommeau de la selle; de nombreux oriflammes multicolores flottaient au milieu de cette masse de burnous blancs comme la neige et de turbans de couleurs aussi variées.

Cet ensemble présentait un coup d'œil excessivement pittoresque : un pareil spectacle s'épanouissant pour la première fois devant nous, à l'occasion d'une cérémonie religieuse, produisait un effet très émouvant. Si les Arabes ne pouvaient s'associer de cœur à cette fête, ils y trouvèrent une belle compensation dans l'accueil que l'armée et la population leur firent partout sur leur passage et auquel ils furent très sensibles. Le Bey de Médéah, le plus influent de tous les chefs, répétait le soir au bal du gouverneur, qui fut magnifique, combien il était content et satisfait d'être venu et qu'il n'oublierait jamais cette journée. Il est fort possible qu'il en ait gardé la mémoire; mais ce qu'il n'aurait pas dû oublier et ce qu'il fit cependant peu de temps après, c'était son serment de fidélité qu'il avait juré *deux fois* au gouvernement français.

Le 3 janvier 1832, une tartane entra en rade et vint s'embosser dans le port aussi près que possible de la douane. A peine amarrée, on vit apparaître, et bientôt couvrir tout le pont, des jeunes femmes qui composaient la cargaison et qui venaient des îles Baléares, rejoindre, soi-disant, leurs compatriotes, tous maraîchers, et se dévouer, comme eux, aux progrès de la colonisation. Le capitaine du port, surpris d'un chargement si singulier et si imprévu, ne sachant où déposer les colis dont il se composait, fit part de son embarras à la police. Celle-ci, après réflexion, fit demander aux maraîchers de ces îles s'ils pouvaient utiliser, loger et nourrir ces nouvelles et jeunes recrues. Les maraîchers crurent qu'on se moquait d'eux et répondirent, en riant, que ces colons ne venaient pas pour cultiver les légumes, mais pour les manger et les faire manger à une sauce plus ou moins piquante.

Dans cet ambarras, l'idée vint à la police de n'accorder la descente de chaque colis qu'à la condition de lui trouver un protecteur. Cette idée s'étant répandue dans la nombreuse assistance qui encombrait le quai, les protecteurs affluèrent et offrirent leur dévouement. On vit alors chacun d'eux, après avoir donné son nom et sa demeure au commissaire, entrer sur le bâteau y prendre ou choisir le colis qui lui convenait. L'opération terminée, le défilé commença. Chaque couple se rendait bras dessus bras dessous, aux applaudissements de la foule, à sa destination. Le plus comique fut de voir quelques zélés quitter ce bâtiment bredouille; pas un colis n'ayant été oublié au fond de la cale. Mais ils trouvèrent quelque compensation dans les applaudissements qu'on leur prodigua à leur sortie du bâtiment.

ORIGINE DE LA FORTUNE DE L'ÉMIR

Si sobre que je désire être des détails administratifs de la colonie, je ne puis m'empêcher de relater, au point de vue de l'histoire de notre occupation, un fait qui a été la cause de l'élévation si rapide de la puissance d'Abd-el-Kader ; le prétexte de presque toutes nos expéditions ; de la lenteur de la colonisation ; et, finalement, des dépenses énormes en hommes et en argent que la France a dû subir jusqu'au moment où cet homme étonnant a dû enfin, devant la bravoure de notre armée, mettre bas les armes et se constituer prisonnier. On devine déjà que je veux parler du désastreux traité Desmichels.

Quand on aura lu les documents qui vont suivre, on sera facilement convaincu, que, sans ce malencontreux traité, jamais l'émir ne serait arrivé à ce degré de puissance, qui lui a permis de traiter, d'égal à égal, sans mesure aucune, avec nos gouverneurs, et de lancer ces paroles insolentes au maréchal d'Erlon : « A toi la mer, à moi la terre ! »

Le général commandant les troupes françaises dans la province d'Oran, et l'émir Abd-el-Kader ont arrêté les conditions suivantes :

Article premier. — A dater de ce jour, les hostilités entre les Arabes et les Français cesseront. Le général commandant les troupes françaises, et l'émir, ne négligeront rien pour faire régner l'union et l'amitié qui doivent exister entre deux peuples que Dieu a destinés à vivre sous la même domination ; à cet effet, des représentants de l'émir résideront à Oran, Mostaganem et Arzew ; de même que, pour prévenir toute collision entre les Français et les Arabes, des officiers français résideront à Mascara.

Art. 2. — La religion et les usages musulmans seront respectés et protégés.

Art. 3. — Les prisonniers seront immédiatement rendus de part et d'autre.

Art. 4. — La liberté du commerce sera pleine et entière.

Art. 5. — Les militaires de l'armée française qui abandonneront leurs drapeaux, seront ramenés par les Arabes ; de même les malfaiteurs arabes qui, pour se soustraire à un châtiment mérité, fuiraient leurs tribus et viendraient chercher un refuge auprès des Français, seront immédiatement remis aux représentants de l'émir résidant dans les trois villes maritimes occupées par les Français.

Art. 6. — Tout européen qui serait dans le cas de voyager dans l'intérieur, sera muni d'un passe-port visé par le représentant de l'émir à Oran, et approuvé par le général commandant. »

La convention que nous venons de rapporter est celle qui fut envoyée en France, et que l'on regarde comme officielle ; mais les contractants signèrent en outre des articles secrets qui réglaient d'une manière spéciale les intérêts des Arabes, et leur concédaient de nombreux avantages. L'existence de ces articles, non avoués par le général Desmichels, ignorés même du gouvernement français, donna naissance à des récriminations sans nombre qui, de prime abord, rendirent intolérables nos rapports avec Abd-el-Kader.

En voici le texte :

Premier. — Les Arabes auront la liberté de vendre et d'acheter de la poudre, des armes, du soufre, enfin, tout ce qui concerne la guerre.

Deuxième. — Le commerce de la Merza (Arzew) sera sous le gouvernement du prince des croyants, comme par le passé, et pour toutes les affaires. Les cargaisons ne se feront pas autre part que dans ce port. Quant à Mostaganem et à Oran, ils ne recevront que les marchandises nécessaires aux besoins de leurs habitants, et personne ne pourra s'y opposer. Ceux qui désirent charger des marchandises devront se rendre à Merza.

Troisième. — Le général nous rendra tous les déserteurs, et les fera enchaîner. Il ne recevra pas non plus les criminels. Le général commandant à Alger n'aura pas de pouvoir sur les musulmans qui viendront auprès de lui avec le consentement de leurs chefs.

Quatrième. — On ne pourra empêcher un musulman de retourner chez lui quand il le voudra.

Sur la foi de la première partie du traité, plusieurs

négociants d'Alger s'empressèrent d'établir un comptoir à Arzew ; mais quelle ne fut pas leur surprise, lorsqu'ils se virent soumis au monopole qu'Abd-el-Kader prétendait exercer dans cette place ! A l'exemple du pacha d'Égypte, dont il avait étudié la politique lors de son voyage à La Mecque, l'émir s'était constitué le seul négociant de ses États ; il avait interdit aux Arabes de traiter directement avec les Européens, et prescrit de livrer leurs denrées à son oukil, moyennant des prix fixés par lui. L'oukil revendait ensuite aux marchands européens, à un taux exorbitant.

Le commerce se trouvant entravé par le manque de libre concurrence, un représentant des maisons françaises à Arzew, porta plainte au général Desmichels qui ne répondit que par des paroles évasives. Plus tard le sous-intendant civil d'Oran, reproduisit les mêmes griefs au point de vue de l'intérêt public ; mais le mal était fait, et le général se retrancha encore derrière des faux-fuyants.

Pendant que nous subissions les conséquences de l'impéritie diplomatique du général Desmichels, l'émir, de son côté, en butte aux rivalités de plusieurs chefs arabes, était sur le point de voir s'écrouler l'édifice encore fragile de sa puissance ; bien certainement, s'il n'avait prévu l'influence et la puissance que ce traité lui faisait entrevoir dans l'avenir, il aurait succombé à à l'effort combiné de ses compétiteurs, qui s'appelaient Mustapha-Ben-Ismaël, chef des douers, qui avait été Aga, sous la domination turque. Homme très intelligent, il jouissait depuis de longues années, d'une influence considérable dans toute la province d'Oran. Issu d'une des plus grandes familles du pays, la position de ses parents et celle qu'il avait acquise lui-même, par ses hautes qualités, ne lui permettaient pas, disait-il, de se soumettre à un *pâtre*, fils lui-même de *pâtre*.

L'autre, son compétiteur, était Kadouër-Ben-el-Morli, chef des Bordjia : cédant à l'influence de ces deux hommes, les Beni-Amer, tribu la plus populeuse de la province d'Oran, se refusèrent de payer l'achour à l'émir, sous le prétexte que la cessation de la guerre rendait cet impôt inutile. Abd-el-Kader, ému de ce refus, mais non vaincu, résolut de s'en venger; mais, en homme rusé, il ne voulut pas leur déclarer la guerre avant de s'être assuré le concours de quelques cheiks des Beni-Amer même; et, afin de les lier plus intimement à ses projets, il réunit le plus grand nombre de cheiks, dans une mosquée de Mascara. Là il leur fit comprendre combien tous les musulmans étaient liés par l'impérieuse obligation de contribuer aux charges de l'état, afin de combattre, de vaincre et de repousser l'ennemi commun. Les Beni-Amer payèrent l'achour; les douers et les ozmelas, habitués, sous le gouvernement turc, à lui servir d'instrument par l'appât du pillage, avaient déjà commencé les hostilités, qui continuèrent malgré l'ordre qu'Abd-el-Kader leur envoya de les cesser et de s'arrêter. Mustapha Ben-Ismaël n'en tint aucun compte, et les détermina à se mettre en pleine révolte contre l'émir. Abd-el-Kader, voyant son autorité méconnue, planta ses tentes sur le territoire des rebelles. A peine installé, Mustapha Ben-Ismaël marcha sur lui, mit son armée en pleine déroute; et, sans la nuit qui vint trop tôt mettre fin au combat, j'ai entendu Mustapha Ben-Ismaël pendant une une visite que je lui fis lors de l'expédition de la Tafna avec le général Leydet, nous dire que l'émir n'eut pu échapper, et qu'il serait tombé en son pouvoir.

Ce succès inespéré encouragea les ennemis de l'émir. Sidi-el-Aribi leva à son tour l'étendard de la révolte, et plusieurs autres chefs, mécontents, imitèrent son exemple. Ici se passa un des épisodes les plus remarquables de notre occupation : si nous avions eu à la tête du gouvernement, un chef intelligent, qui eut été seul responsable de la représentation de la France, il eut bien certainement, en profitant de ce qui allait se passer, donné une grande impulsion au progrès de la colonie, tout en lui évitant les guerres continuelles qui ont eu lieu depuis cette époque. Mais le général Voirol, qui n'était qu'un chef intérimaire de la province d'Alger, se trouva en présence d'un autre chef de la province d'Oran, muni aussi de pleins pouvoirs, c'était le général Desmichels, lequel, pour ne pas se déjuger des stipulations qu'il avait contractées avec Abd-el-Kader empêcha d'aboutir les propositions qui nous furent faites par les chefs indigènes.

Voici ce qui se passa :

Après la défaite d'Abd-el-Kader, les chefs de la petite armée victorieuse, prévoyant qu'ils ne pourraient résister à la puissance que l'émir s'était déjà acquise, et que le traité Desmichels avait si fortement consolidées, se réunirent en assemblée ; et, d'un commun accord, résolurent de faire une complète soumission aux Français. Pour s'assurer notre appui, ils proposèrent au général Voirol, puis au général Desmichels, de se reconnaître sujets de la France, promettant sûrement, à l'aide de quelques secours, le renversement d'Abd-el-Kader. Cette proposition, si loyalement faite, fut repoussée, non par le général Voirol, qui trouvait là une belle occasion de l'accepter, mais refusée par le général Desmichels. Celui-ci fit plus encore ; il se transporta à quelque distance d'Oran, afin de protéger l'émir et d'en imposer à ceux qu'il aurait dû protéger de toutes ses forces.

Abd-el-Kader, trouvant un auxiliaire aussi débonnaire, recommença la lutte, et n'eut qu'à se présenter pour vaincre. Les chefs insurgés, se voyant ainsi abandonnés par le général, se dispersèrent sagement à l'approche de l'armée de l'émir. Cette victoire, si facilement gagnée, remit Abd-el-Kader en possession de toute sa puissance ; Tlemcen, qui était dévouée aux chefs insurgés, en apprenant leur échec, fit sa soumission à Abd-el-Kader, et le reçut avec enthousiasme. C'est donc à nous qu'Abd-el-Kader dut le relèvement de sa puissance ; les événements ultérieurs ont prouvé comment il nous en a récompensé.

Maître, sans conteste, de toute la province d'Oran, depuis le Shélif jusqu'à l'empire du Maroc, Abd-el-Kader donna un essor illimité à ses projets ambitieux ; il eut aussitôt la pensée bien naturelle de placer sous sa domination les provinces d'Alger et de Titéry, en attendant le tour de celle de Constantine. La faiblesse que nous déployions à son égard, et le mirage que sa puissance croissante exerçait sur tous ses corréligionnaires, dont les chefs étaient déjà à moitié déconsidérés, il lui était bien permis d'aspirer à la domination générale de toute la Régence ; et, nouveau Jugurtha, plus heureux que lui, dut rêver notre expulsion. Après ce succès, l'émir eut l'audace d'annoncer sa victoire au général Voirol, en lui disant que, grâce à son alliance, toute la région occidentale de l'Algérie était calme et soumise ; et, en chef supérieur, dominant le général, il engagea celui-ci à ne faire aucun acte de répression sur les tribus de l'Est. Il se proposait d'y aller lui-même, sous peu de jours, et d'y mettre tout en ordre. On ne peut être plus impudent, et on peut juger par ses paroles de l'opinion qu'il se faisait de notre gouvernement. Heureusement, le général Voirol était seul, et n'avait à côté de lui aucun collègue qui put affaiblir ou arrêter sa pensée. Aussi s'empressa-t-il de répondre à Abd-el-Kader : « Votre limite, à vous, lui dit le général, c'est le Schélif ; au delà vous n'avez aucune autorité ; et je vous crois trop sage pour entreprendre un voyage qui changerait immédiatement la nature de nos rapports. » Cette réponse brève et énergique porta juste ; Abd-el-Kader renonça à sa mission de pacifier tout le pays. Mais l'Emir, qui n'était pas homme à se laisser abattre si facilement, avait son homme : c'était le général Desmichels, auprès duquel toutes les ressources de son génie diplomatique trouvaient un accès si facile. Le général l'écouta encore peut-être avec trop de bienveillance et de facilité ; mais apercevant, quoique un peu tard, l'abîme dans lequel l'émir voulait l'entraîner, d'accord avec nos chefs d'armée, il repoussa les propositions de l'émir et déjoua ses nouveaux artifices.

La prise d'Alger avait provoqué en France un immense enthousiasme ; il n'y avait alors qu'un cri pour la conservation et la colonisation de ce beau pays. Le gouvernement de Juillet s'y montra d'abord très sympathique, et le témoigna en envoyant le général Clauzel remplacer le maréchal Bourmont. Clauzel, en effet, s'était montré à la chambre et partout grand partisan de la colonisation. Mais les insuccès qu'il éprouva dès son début ou d'autres causes inconnues l'ayant fait rappeler, firent suspecter les intentions du gouverneur. Le bruit ayant couru alors d'engagements pris avec les puissances étrangères, et l'opinion publique s'en étant indignée, la conservation d'Alger devint un point d'honneur national. Le gouvernement, flottant sans cesse, et n'osant prendre une résolution franche et décisive, afin de donner satisfaction à l'opinion qui se manifestait d'une manière générale, crut devoir nommer une grande commission, composée d'hommes spéciaux pour chaque chose, et d'attendre son rapport avant de se prononcer. En agissant ainsi, il se dégageait de toute responsabilité, et reculait, pour quelque temps, toute décision définitive. Cette commission, composée d'hommes ayant occupé avec distinction de hautes positions administratives, fut accueillie avec joie par tous les partisans de l'occupation. En Afrique, pas un habitant, civil ou militaire, ne pouvait douter de l'impression favorable que le pays produirait sur chacun des membres dès qu'il l'aurait vu. Seulement, armée et colons, qui habitaient Alger depuis quelque temps, trouvèrent extraordinaire que le gouvernement, après quatre années d'occupation, les sacrifices que la France s'était déjà imposés depuis la conquête, et les documents nombreux qui avaient dû lui parvenir par la voie civile et militaire, en fût réduit encore à réclamer de nouveaux documents, et osât manifester, en face de l'Europe entière, des doutes sur cette occupation.

Cette conduite aussi tortueuse explique la fausse position des généraux qui ont gouverné l'Algérie pendant cette période, et les exonérer, en grande partie, des fautes qu'ils ont pu commettre, par le manque de moyens que le gouvernement leur refusait, et dont les actes étaient forcément commandés, à quelques exceptions près, par les agissements des Arabes.

Du reste, comme tout le monde s'y attendait, les hommes intelligents qui composaient la commission, après avoir visité les points occupés, recueilli les documents spéciaux qui leur avaient été préparés, et s'être assuré par eux-mêmes de leur véracité, firent un rapport très affirmatif sur le maintien de cette colonie et son annexion à la France.

Le ministère ne s'en tint pas là ; le rapport, sous la présidence du duc Decazes, subit à Paris une nouvelle révision par une assemblée qui ne comptait pas moins de dix-neuf membres, laquelle, en fin de compte, confirma, par dix-sept voix contre deux, le jugement de la commission. Après ce double jugement, on aurait pu croire que le gouvernement se trouverait suffisamment éclairé, et que des mesures énergiques seraient prises pour parer aux besoins civils et militaires qui pourraient naître en Algérie dans l'intérêt de l'occupation.

Il n'en fut pas encore ainsi. Les événements qui surgirent successivement prouvèrent, malheureusement pour la France, que le ministère, ou mieux les bureaux, conservèrent le même doute, sinon la même opposition. C'est ce dont on pourra se convaincre plus tard.

Le seul fait qui résulta du jugement de la commission fut de concentrer les affaires de l'Algérie sur un seul personnage ; de faire cesser le dualisme, qui ayant régné jusqu'alors, avait produit les plus fâcheux effets.

L'intendant civil, qui jouissait des mêmes prérogatives que le général commandant l'armée, fut supprimé, et le pouvoir concentré sur un général qui prit le nom de gouverneur général de nos possessions de l'Afrique.

C'était un progrès ; seulement cette mesure exigeait le choix d'un général expérimenté, intelligent et assez jeune pour que ses facultés eussent encore l'énergie nécessaire pour lutter et résister à l'influence d'un homme qui avait déjà donné des témoignages évidents d'une ambition démesurée et d'une finesse intellectuelle si remarquable. Cet homme, c'était Abd-el-Kader. Entre tous les généraux et civils qui s'appelaient duc Decazes, duc de Mortemart, Clauzel et Denremont, le gouvernement donna la préférence au comte Drouet-D'Erlon, officier général de mérite ; sans contredit l'une de nos gloires militaires les plus pures et les mieux éprouvées. Mais, les quinze années d'inactivité qu'il venait de passer, pesaient un peu sur sa personne ; en outre avaient rouillé ses ressorts militaires ; et, sans vouloir porter la moindre atteinte à ses facultés, on pouvait bien douter un peu de l'énergie nécessaire qu'il fallait déployer en présence des fonctions aussi épineuses et aussi importantes qu'il aurait à remplir ; il avait soixante-dix ans.

En arrivant à Alger, le nouveau gouverneur aurait voulu conserver, comme commandant en chef l'armée, le général Voirol, qui, connaissant le pays, avait fait preuve de grandes capacités administratives et militaires. Mais le général Voirol ne crut pas devoir accepter un poste secondaire, après avoir été le chef suprême.

Telle était notre situation politique et militaire en Algérie vers le milieu de l'année 1834.

Malgré certaines hésitations, faciles à comprendre, le général Voirol avança plus nos affaires que les précédentes administrations. Mise en regard de celle du duc de Rovigo, elle convainquît, qu'entre la rigueur et la faiblesse, une gestion modérée et ferme devait et pouvait avoir des résultats plus satisfaisants. Mais le général laissait trop voir qu'il n'osait pas franchir les limites qu'il croyait fixées par ses pouvoirs intérimaires. Son intelligence, son caractère résolu, mais conciliant, lui eussent bien certainement fait secouer le joug que l'intendant civil Pichon sut habilement lui imposer ; mettre ainsi à exécution des projets administratifs et militaires sérieux qui eussent capté la confiance du gouvernement et changé son mandat provisoire en mandat définitif. Son départ fut un malheur pour la colonie puisqu'il devait être remplacé par l'intègre et trop débonnaire général d'Erlon.

L'armée et la population civile appréciant le caractère conciliant du général Voirol, et les services qu'il avait déjà rendus pendant son intérimat, firent des démarches actives pour l'engager à rester. Il persista dans sa résolution de donner sa démission et quitta le pays n'y laissant que des regrets. Le gouverneur perdit un bon conseil qui lui aurait évité très probablement bien des faiblesses ; l'armée un bon général ; la colonie un administrateur habile, et un défenseur des plus dévoués.

En attendant, Abd-el-Kader ne perdait pas son temps. Il avait soin d'entretenir son influence sur les provinces d'Oran et de Titery, et le nouveau gouverneur perdit, presqu'en arrivant, une bonne occasion d'affirmer sa puissance. Les Adjoutes, tribu remuante, guerrière et très influente, mécontents de leur

Caïd, en demandèrent un autre au gouverneur, lequel, après avoir consulté l'Aga, garda le silence et ne leur répondit pas. Pendant que les Adjoutes attendaient une réponse, un vol de bestiaux importants fut commis près d'Alger. Il paraissait naturel, qu'après un acte qui pouvait être isolé et particulier à quelques individus, de faire des investigations ; rechercher les coupables et les faire punir sévèrement par leurs corréligionnaires. Au lieu de recourir à ce moyen légal et rationnel, le gouverneur voulut, probablement sur de mauvais conseils, faire acte d'autorité en envoyant une expédition et faire une razia sur les Adjoutes qu'il croyait être les coupables. Cette opération eut un résultat fâcheux ; celui de nous aliéner des tribus amies ou du moins qui avaient manifesté l'intention de l'être et qui avaient cessé de nous être hostiles. Irritées de l'acte sévère qu'on voulait exercer sur elles, alors qu'elles étaient innocentes, les deux tribus bravèrent notre autorité, tombèrent inopinément sur nos villages et massacrèrent indistinctement tous les Européens qu'ils rencontrèrent dans la plaine ; un grand nombre de tribus qui ne demandaient pas mieux que de s'insurger, se joignirent à eux ; la révolte devint générale sur toute la plaine, et s'étendit jusqu'aux environs d'Alger. Les colons, effrayés, quittèrent leurs propriétés ; heureux de pouvoir rentrer à Alger avec leurs femmes et leurs enfants, laissant à l'ennemi la liberté de mettre le feu à leurs demeures, qui ne s'en fit faute ; tous les établissements encore modestes, il est vrai, de la plaine, furent incendiés. On prétend que cet insuccès fit une grande impression sur le gouverneur, et le rendit, dit-on, très réservé dans les décisions qu'il eut ultérieurement à prendre. Ces évènements ne firent qu'agrandir considérablement le pouvoir d'Abd-el-Kader, surtout dans la province d'Oran. Le comte d'Erlon s'en étant aperçu, en attribuait la cause principale au traité Desmichels, et s'en montra d'abord très irrité. Abd-el-Kader, instruit de ses dispositions hostiles à l'endroit de ces conventions, lui dépêcha son secrétaire intime. Miloud-Ben-Arach, homme intelligent, rusé comme tous les Arabes, et d'une remarquable stature. Ce chef eut, à ce qu'il paraît, le talent de calmer le ressentiment du gouverneur, car il quitta Alger comblé de présents. Abd-el-Kader, encouragé et peut-être aussi étonné d'un résultat qu'il était loin d'espérer, se livra plus que jamais à ses projets d'agrandissement. Certain de ne plus rencontrer d'oppositions sérieuses, il envoya des émissaires dans toute la province de Titéry, même à celle d'Alger, pour prévenir les tribus qu'il se rendrait incessamment auprès d'elles pour étudier leurs besoins et faire constater sa puissance. Le comte d'Erlon, instruit des agissements de l'émir, imitant ici le général Voirol, lui intima l'ordre de ne pas dépasser le Shéliff. Abd-el-Kader, surpris d'un langage aussi impératif, qu'il était loin de supposer chez le vieux gouverneur, comme il l'appelait, voulut passer outre par la voie des armes. Mais effrayé par le choléra qui faisait des ravages affreux dans toute la contrée, et obéissant aux conseils de Ben-Arach, il resta calme. Après mûre réflexion, provoquée par le changement qui semblait s'être opéré dans les dispositions du gouverneur à son endroit, il résolut de placer auprès de lui un de ses défenseurs. Dès qu'il en eut obtenu la permission, il choisit, pour le représenter, le juif Ben-Durand, homme habile, intelligent et astucieux au dernier degré. Élevé en Europe; connaissant l'Italie et la France, il parlait le français presque avec distinction. Avant notre arrivée à Alger, il remplissait les fonctions de premier drogman du Dey. A peine arrivé à Alger, il ne tarda pas à exercer sur l'esprit honnête du gouverneur une influence qu'on peut dire illimitée, tant il était parvenu à capter sa confiance. Le palais du gouvernement lui était ouvert à toute heure; il sut créer entre lui et le gouvernèur, une telle intimité, que celui-ci ne pouvant plus se passer de lui, Ben Durand devint, sinon son contrôleur, mais du moins son conseiller intime. Tout le monde, militaires et colons, connaissant le caractère du rusé enfant d'Israël, déploraient ce funeste voisinage et tous le voyaient avec peine accompagner le gouverneur en voiture dans ses promenades quotidiennes; en comparant la figure modeste et placide du comte d'Erlon à côté de la tête haute, élevée, la figure arrogante de Ben-Durand, on aurait pu croire facilement que le chef des deux n'était pas celui qui l'était réellement.

Pendant que les choses se passaient ainsi à Alger, les colons français qui étaient à Arzew se plaignaient contre le monopole que l'émir y exerçait. Quand d'Erlon en parla à Ben-Durand celui-ci lui répondit que son maître était obligé d'agir ainsi ; et, afin de convaincre le gouverneur, il lui montra le traité *secret* fait avec le général Desmichels. D'Erlon resta stupéfait; ne pouvant croire qu'un chef secondaire eût pu se permettre de faire de pareilles concessions, sans en instruire le gouvernement. Il demanda aussitôt le rappel de Desmichels et le remplaça par le général Trézel, son chef d'état-major.

Le rappel de Desmichels contraria vivement, comme

on peut le penser, Abd-el-Kader; la fausse position où s'était mis ce général lui garantissait sa neutralité; mieux que cela encore, son appui. Mais il avait, auprès du comte d'Erlon, son rusé représentant qui serait assez habile pour le ramener à de meilleurs sentiments.

Pendant que ces évènements s'accomplissaient en Algérie qui n'étaient pas de nature à y ramener et entretenir la confiance, le maréchal Clauzel, qui avait quitté à regret Alger, faisait force démarches pour y revenir. Comptant sur ses bonnes et intelligentes intentions, il avait à cœur la conservation et le progrès de notre colonie. Thiers, à qui il s'était ouvert et qui partageait les mêmes idées à l'égard de l'Algérie, encourageait le maréchal; et, pendant que Bugeaud battait Abd-el-Kader à la Sickak, Clauzel plaidait chaudement aux Chambres la cause de notre récente colonie. Son retour à Alger fut résolu. Toutefois ayant manifesté des doutes sur le bon vouloir des chambres et même du gouvernement, Thiers, président du conseil, le rassura par ces paroles : « Non-seulement lui dit Thiers, nous vous donnerons en hommes et en matériel tout ce qui vous manquera, si dès que vous serez à l'œuvre, dix mille soldats vous étaient nécessaires pour triompher plus rapidement et plus complétement, demandez-les et nous vous les enverrons. » Un plus grand obstacle reste encore à surmonter, dit Clauzel, c'était, dit-il, le mauvais vouloir des bureaux de la guerre; Dieu sait, ajouta-t-il, si jamais les Arabes ont si bien défendu leur pays que certains Français le font pour eux. » Le plan du maréchal était d'envahir en même temps les trois provinces; d'occuper les villes principales, d'y laisser une garnison et des postes suffisants. Il comptait sur une armée de quarante mille hommes qui lui avait été promise; il aurait pu, en effet, avec ce chiffre, accomplir le résultat obtenu plus tard par Bugeaud avec 80,000 hommes. Clauzel aurait bien pu alors avec le contingent, empêcher la puissance de l'émir de se développer, avancer ainsi les progrès de la pacification du pays et économiser de grands frais à la France.

Abd-el-Kader enivré des succès inespérés qu'il avait obtenus et de ceux que semblait lui promettre le présent, ne connaissait pas de limites à son ambition; il se faisait même gloire de divulguer ses projets; les officiers français qui avaient été détachés auprès de lui supportaient difficilement le caractère hautain et protecteur qu'il prenait à leur égard. En voici du reste une preuve.

Au mois de Juin, le gouverneur s'étant rendu à Oran, l'émir lui souhaita la bienvenue, en lui disant qu'il était charmé de le voir dans son royaume. L'insidieux Ben-Durand proposait en même temps au comte d'Erlon de régulariser et de compléter le traité conclu avec le général Desmichels. Le comte d'Erlon, fasciné par cet homme astucieux, aurait peut-être accédé. Heureusement le général Trézel, qui était là, combattit vigoureusement toute concession nouvelle. Ce refus du général Trézel, rapporté à Abd-el-Kader, fut bien certainement l'origine du malheureux combat de la Macta. Mais, si désastreuse que fut cette affaire, le général Trézel a bien racheté cet échec par les services qu'il a rendus à la France et à l'Algérie en s'opposant aux concessions que Ben-Durand aurait arrachées bien certainement à la faiblesse du gouverneur. Tous ceux qui ont connu le général Trézel ont pu apprécier son caractère ferme et loyal ; son intelligence et surtout son sentiment très-élevé de la dignité nationale. Irrité de la conduite d'Abd-el-Kader et de son audace à notre égard, il ne put résister à la nécessité de l'arrêter ; et, après avoir sollicité en vain du renfort au gouverneur, il se décida à courir les chances d'une victoire, convaincu que c'était le seul moyen d'appeler l'attention de la France sur la faiblesse du gouverneur et sur l'influence dangereuse pour la colonie qu'acquérait tous les jours Abd-el-Kader.

D'Erlon fut rappelé en France et remplacé par le maréchal Clauzel qui arriva à Alger le 8 juillet 1835. Dès son arrivée il s'aperçut combien notre influence s'était amoindrie sous la faible administration du comte d'Erlon. Encouragés par notre faiblesse, les Aljoutes et les Isser avaient repris leur brigandage. Maîtres de toute la plaine, ils arrivaient jusqu'aux massifs d'Alger et y égorgaient nos postes. Sidi-Ben H'arach, notre ancien aga et *ami*, était devenu bey de Milianah sous les ordres d'Abd-el-Kader. Ayant manifesté des sentiments hostiles avec des forces considérables, le maréchal Clauzel crut devoir mettre ordre à ces dispositions belliqueuses. Il réunit les quatre ou cinq mille hommes dont il pouvait disposer, alla au devant de l'aga, et le mit complétement en déroute, en refoulant tous les Arabes dans les montagnes. En se retirant Clauzel profita de l'occasion pour traverser le territoire des Aljoutes et détruire tout ce qu'il rencontra de gourbis et de moissons. Les habitants avaient fui à son approche. Cette leçon, quoique peu importante, produisit l'effet qu'on pouvait en attendre. Les Arabes, s'aperçurent que le gouvernement était entre les mains d'un homme qui saurait faire respecter son autorité.

La province d'Oran était tombée dans un état déplorable de faiblesse. Abd-el-Kader y était devenu le maître souverain; le général D'Arlanges, réduit presque à l'inaction par la faiblesse de la garnison, repoussait avec peine, de ses retranchements, les attaques et les insultes des tribus non soumises. Heureusement, l'expédition de Mascara fut résolue; des renforts assez considérables ne tardèrent pas à arriver à Oran et à donner un peu de liberté et de sécurité aux assiégés. L'armée expéditionnaire, forte de 11,000 hommes, quitta Oran, le 25 novembre. Elle avait, parmi les officiers généraux, le vaillant et si sympathique prince, le duc d'Orléans, qui avait voulu s'associer et prendre part à l'expédition destinée à venger le revers de la Macta. Cette expédition eut l'avantage de battre l'émir, et de le chasser de Mascara. Mais elle n'eut qu'un résultat bien incomplet, puisqu'en ne le poursuivant pas on lui laissait tous les moyens et toutes les facilités pour réorganiser son armée. Des officiers de mérite qui prirent part à cette expédition, prétendaient que l'armée était en état de faire davantage.

C'était aussi, disait-on, l'avis du prince. Le maréchal, après avoir quitté Mascara, se dirigea sur Tlemcen où il entra, sans coup férir, et y laissa une trop faible garnison dans le Méchouard sous les ordres du commandant Cavagnac, où nous le retrouverons en racontant l'expédition de la Tafna par le général Bugeaud.

Dans les temps anciens, Tlemcen faisait partie de la Mauritanie césarienne. C'était la *Trémitie colonia* des Romains. Les Maures en firent plus tard le siège du royaume. Elle reconnut pendant quelque temps, au XVI° sièle, la domination espagnole : puis, les Turcs s'en emparèrent, et le dey Hassan la détruisit en 1670.

Les environs et toute la vallée de l'Ysser sont d'un aspect délicieux; le paysage surprend agréablement les personnes qui viennent de traverser le pays aride et accidenté qui la sépare d'Oran. Placée auprès du Djebel-Tierné et le Haniff qui s'élèvent de plus de six cents mètres au-dessus de la mer, ces montagnes lui forment un abri très salutaire contre le vent du désert.

1re EXPÉDITION DE CONSTANTINE

Depuis notre conquête, le Bey de Constantine nourrissait l'espoir que nous quitterions volontairement le pays. Il espérait que la France se trouverait satisfaite de la prise d'Alger, de son trésor, de la chute et de l'exil du Dey. Dans cet état psychologique et confiant, il se tint à l'écart de tous les évènements qui se passèrent pendant les deux premières années de notre occupation, épiant, en rusé qu'il était, la tournure qu'ils prendraient et attendant le moment propice d'une intervention favorable à son ambition. Car il rêvait la succession du Dey d'Alger, au cas où nous abandonnerions forcément ou volontairement ce pays. Dès qu'il s'aperçut que la France était fermement décidée à y rester, il prêta son concours à Benzémoun, ainsi qu'à tous les chefs de la province d'Alger qui se soulevaient sans cesse contre nous. Inutile d'ajouter combien les sympathies d'Achmet leur étaient favorables et entretenaient leur rébellion. Achmet ayant constamment refusé de faire sa soumission, dès 1835, on comprit la nécessité d'aller la lui arracher à Constantine, même par la force. Mais Constantine était loin dans les terres; l'accès en était très difficile et le Bey Achmet possédait une armée avec laquelle il fallait compter, eu égard au peu de troupes dont pouvait disposer le gouverneur. Puis les chambres étaient mollement disposées en faveur de notre conquête. Quelques députés, à la parole facile, n'avaient pas d'expressions assez énergiques pour la critiquer et demandaient son abandon ; d'autres, non moins éloquents, ne prévoyant aucun avenir de ce pays, demandaient l'occupation restreinte des ports d'Alger, d'Oran et de Bône. Dans ces conditions, le gouvernement de Juillet, qui n'en était que le parrain, et qui ne péchait pas par son énergie, laissait dire et ne faisait rien lui-même. Pendant que les Chambres discutaient, que l'armée d'Afrique en était réduite à se tenir constamment sur la défensive, Abd-el-Kader organisait son armée, tenait tête à nos généraux et obtenait avec eux des arrangements toujours à son avantage. La paix avec le général Desmichels mit le comble à notre faiblesse et à notre condescendance, en accordant à l'émir un port par où il pourrait se procurer les munitions qu'il jugerait convenables. L'armée et la population civile furent indignées de cette malheureuse concession. Abd-el-Kader, en homme habile et prévoyant, profita de cette faculté en faisant venir d'Espagne, d'Angleterre, et de partout, le plus de munitions et de provisions possibles. Il avait la conviction, comme il le disait plus tard à M. Warnier, que la France ratifierait difficilement le traité qui avait été tout à son avantage. Aussi vit-on l'armée de l'émir prendre rapidement les allures d'une armée régulière. C'est pour en arrêter les progrès que l'expédition de Mascara fut résolue en 1835. Le prince, duc d'Orléans, devait en faire partie ; les Chambres et le gouvernement accordèrent, non sans quelques débats, les moyens nécessaires pour en assurer le succès.

Pendant ce temps, le Bey de Constantine, quoique jaloux de la puissance d'Abd-el-Kader, voulut profiter de la diversion qu'il opérait en attirant notre armée dans la province d'Oran. Il essaya de soulever les tribus de la province de Bône et de Constantine. Un personnage qui a joué un certain rôle par la confiance qu'il avait su inspirer, présenta au gouverneur une solution, soi-disant facile, qui décida une expédition sur Constantine; au dire du colonel Yousouf, elle devait être suivie d'un succès certain et rapide. Par les relations qu'il avait avec quelques habitants de cette ville, il aurait appris que le Bey était détesté; et, pour peu qu'il fut appuyé par une faible armée, les habitants lui ouvriraient les portes de la ville et le nommeraient avec enthousiasme Bey, en remplacement d'Achmet. Il dut présenter des faits bien positifs et bien évidents pour convaincre un homme de la trempe du maréchal Clauzel. Nous n'avons pas à entrer dans plus de détails à ce sujet. Toujours est-il que, malgré l'opposition des Chambres, l'expédition fut décidée, et la confiance dans le succès était telle, que le maréchal, ayant nommé Yousouf Bey de Constantine, *in partibus*, celui-ci établit aussitôt son quartier-général à Bône, avec le goût qui le distinguait. Le Bey, si merveilleusement improvisé, composa splendidement sa maison; le tout assaisonné d'un harem et d'une musique appropriés. Cependant un grand tiraillement existait entre le ministre de la guerre et le gouverneur qui ne pouvait obtenir les moyens qu'il demandait et que le ministre lui refusait. Enfin, de guerre lasse, confiant dans le succès, et impatient d'aller installer le nouveau bey de son choix, le maréchal Clauzel répondit au ministre qu'il se contentait d'une simple autorisation et qu'il pouvait entreprendre cette expédition avec les forces dont il disposait. Mal lui en prit, comme on le verra plus tard. Le maréchal aurait mieux fait, pour lui, pour l'armée et pour la France, de donner plutôt sa démission. Mais il avait eu la faiblesse de s'en rapporter aux simples renseignements de Yousouf et de ne pas les faire contrôler, ce qui eut été facile, par d'autres chefs indigènes non alliés. L'expédition résolue, on concentra le plus de forces possibles à Bône et au cap de *Dréan*. Lorsque les préparatifs furent assez avancés, le maréchal prévint son état-major du jour du départ. La veille, je passai la soirée au palais du gouvernement, et la maréchale, d'un air un peu soucieux, me recommanda la santé du maréchal, qu'il négligeait trop, disait-elle. Je lui répondis en riant qu'elle pouvait compter sur mon dévouement; que j'espérais bien revenir avec le maréchal, sain et sauf, et victorieusement, de cette expédition.

Le lendemain, nous nous embarquâmes sur le *Phare*, bateau à vapeur tout neuf et le meilleur marcheur de cette époque. A dix heures, le bateau leva l'ancre, tira les trois coups de canon d'adieu et glissa rapidement sur le cap Matifoux : la mer était presque calme et nous faisait espérer une heureuse traversée. Cette quiétude fut de courte durée. Vers les six heures, d'épais nuages inquiétants parurent à l'horizon qui, au dire des marins, présageaient un orage. Peu à peu ils s'élargirent, montèrent et éclipsant le soleil, répandirent dans l'atmosphère une lueur sombre et sinistre. Le capitaine, prévoyant une trombe de mauvaise augure, fit carguer les voiles et forcer la vapeur avec l'espoir de nous mettre à l'abri dans le port de Bougie, distant de quelques lieues seulement. L'orage marcha plus vite et nous eût bientôt couvert de son voile noir. Les éclairs sillonnaient la nue en tous sens, les éclats du tonnerre devenaient plus tonnants à mesure qu'ils se rapprochaient, et étaient les précurseurs d'une grande bourrasque. Une immense rafale arrivant tout-à-coup, donna une forte inclinaison au navire qui renversa plusieurs d'entre nous. Les vingt chevaux qui étaient sur le pont trépignaient et avaient beaucoup de mal à garder l'équilibre. Le vent et la pluie augmentant, obligèrent à fermer toutes les écoutilles; le navire, ballotté comme une coquille de noix, tournant comme un ton-ton, ordre fut donné à tous les passagers de descendre et de rester dans leurs cabines. Les éclairs, la pluie, le vent, l'orage, le piétinement incessant des chevaux formaient un concert infernal. Ceux qui n'ont jamais navigué ne peuvent se faire une idée des émotions qu'on éprouve dans ce réduit à deux mètres au-dessous de l'eau, ballotté comme sur une balançoire. Comment trouver un instant de repos au milieu des cris incessants et sinistres des marins, auxquels s'ajoutait le sifflement plaintif que produisait le vent en franchissant les fissures multipliées des cordages ? Les vagues déferlaient avec une telle fureur, contre le bâtiment, qu'on aurait dit des béliers cyclopéens frappant pour le démolir ; le roulis atteignait les dernières limites de l'équilibre; on avait peine à croire que le navire put se redresser. De temps en temps la voix de l'officier de quart nous arrivait au milieu de ce tumulte comme un glas sinistre. Toute la nuit se passa dans ces angoisses. Un moment de calme commençait à nous rassurer, lorsqu'un incident effrayant éclata au milieu d'un éclair d'une telle intensité qu'il pénétra dans la cabine malgré l'épaisseur des hublots. Nous craignîmes un incendie ; au bruit strident qu'il produisit, nous crûmes à l'écartèlement du navire ; les chevaux piétinaient à défoncer le pont. Je crois que, dans ce moment, chaque passager fit tacitement ses adieux à ses parents et amis ; pour moi, c'est ce que je fis bien fermement. Enfin l'orage se calma ; la mer devint un peu moins houleuse, le capitaine fit faire une ronde et annoncer aux passagers que tout danger était passé. A cette heureuse nouvelle, les poitrines se dilatèrent, le calme revint ; et, malgré les secousses violentes qui venaient de nous émouvoir, nous pûmes enfin saisir un peu de sommeil.

A peine le jour venu, je fus sur le pont et j'appris que le gros événement de la nuit avait été produit par la chute de la foudre à bord du bâtiment. L'étincelle avait glissé par le mât de beaupré sur le pont, traversé les jambes des chevaux, et, sortant par un sabord, était tombée dans l'eau. Elle n'avait heureusement produit d'autres dégâts qu'un câble brûlé et la corne de deux pieds d'un cheval fortement calcinée. Le capitaine, qui était, je crois, *M. Lugeol*, jeune, nous dit que la fermeture des écoutilles avait préservé le bâtiment d'un incendie grave et nous d'un danger sérieux. Au jour, la mer était encore si mauvaise, qu'une frégate à voiles, qui naviguait à quelques kilomètres seulement de nous, ne put jamais nous laisser voir son bastingage. Quand elle était au haut d'une vague, nous étions au bas. Ce mouvement de balançoire faisait rager M. Lugeol qui ne put jamais distinguer la nationalité de ce bâtiment.

L'état de la mer engagea le capitaine à remettre le

cap sur Bougie et d'aller y attendre que le calme fut rétabli.

Chose curieuse, malgré les secousses du bâtiment et le mauvais état de la mer, il y eût peu de personnes malades. Le confrère du bord me disait qu'il fallait l'attribuer à la forte émotion ou plutôt commotion morale que les passagers avaient éprouvées avant et pendant toute la durée de l'orage. Le mal de mer est, ajouta-t-il, un phénomène purement nerveux siégeant au centre épigastrique. La peur, arrivée à un certain degré, déplace le siège de la sensation; et, le transportant dans les régions cardiaques et céphaliques, fait cesser les phénomènes gastriques et disparaître les nausées, etc.

Nous passâmes agréablement la journée à Bougie avec des camarades qui nous y firent bon accueil et nous guidèrent dans quelques excursions, entr'autres celle du pic du fameux *Gourahïa*, renommé par sa hauteur, son acuité et par les singes qui habitent en grand nombre la base de la montagne du côté de la mer.

En leur jetant du pain, ils arrivaient en troupeaux et rien de plus amusant que de les voir s'en disputer les morceaux. Celui qui en avait saisi un se sauvait et montait sur un arbre où il était poursuivi par deux ou trois camarades où la proie lui était disputée et souvent enlevée; alors c'était des querelles, des batailles très sérieuses et très amusantes à voir en plein air. Le singe qui avait été le plus favorisé ne manquait pas de vous témoigner, si ses camarades lui en donnaient le temps, sa reconnaissance en vous envoyant forces grimaces payant ainsi votre générosité en vraie monnaie de sa race. Les soldats du poste les ayant habitués à partager leur pitance, les singes arrivaient à l'heure des repas et attendaient, perchés sur les arbres plus proches, l'heure de la distribution ; aussitôt qu'on faisait semblant de lancer quelque chose, il était curieux de les voir descendre en glissant ou sauter à terre et venir se placer en rang de bataille comme des mendiants, en face de la personne et attendre avec patience la part désirée, presque toujours donnée.

Nous reprenons la mer à sept heures du soir. Le lendemain, 10 novembre, à huit heures du matin, nous débarquions à Bône.

A peine débarqués, je reçois l'ordre d'aller rejoindre, au camp de Dréan, à quatre heures, la brigade d'avant-garde, commandée par le général de Rigny et y prendre la direction du service de santé de l'ambulance. J'y trouvai les deux sous-aides sous mes ordres MM. Abeille et Compagnon. Le lendemain, la première brigade se mit en marche ; à peine en route, je fus étonné du peu de ressources que nous avions pour parer aux besoins du service. Huit mulets à cacolets et huit brancards : total vingt-quatre places. J'en fis aussitôt l'observation à l'aide-de-camp du général qui me répondit que, *ne devant pas se battre*, ces moyens seraient suffisants. Puis les arabes n'ayant pas fourni le contingent des mulets que Yousouf avait fait espérer, on n'avait pu accorder que ce nombre à l'ambulance. Le temps était beau, et faisait prévoir une heureuse campagne. Nous bivouaquâmes à Bou-Heutra et le lendemain à Nechméya, pays très pittoresque couvert de ruines romaines où il m'est arrivé un incident qui aurait pu avoir des conséquences graves ; l'armée n'avait pas, comme à présent, des moyens de campement pour se préserver du mauvais temps. Officiers et soldats couchaient sur la terre et avaient pour couvertures le manteau et le ciel bleu étoilé, quand il était bleu, ce qui ne nous arriva pas souvent durant cette expédition. En arrivant à ce camp, j'installai mon bivouac entre deux cantines sur un sol aussi égal que possible et gazonné. Une fois couché, je sentis une saillie qui me rentrait dans le dos. Après m'être tourné et retourné plusieurs fois sans pouvoir l'éviter, j'eus l'idée de la faire disparaître. Mais n'ayant pas le courage de me lever je grattai le sol avec ma main et mis bientôt à découvert une pierre volumineuse. Continuant à fouiller tout autour, je finis par l'ébranler et, enfin, par l'enlever. Le vide que fit le trou ressemblait à un coussin moëlleux que je venais d'ajouter à ma couche. Je me trouvai aussitôt si à mon aise que je dormis jusqu'à la diane sans me réveiller. Etant levé je fut curieux de voir le résultat de mon œuvre nocturne et je vis un trou de quinze centimètres carrés et dix de profondeur.

Un de mes camarades me fit remarquer cinq ou six points noirs dans le fond. C'était six *scorpions* noirs, de la plus mauvaise espèce, dont les piqûres sont excessivement venimeuses. Ils avaient été engourdis par le calorique qui se dégageait de mon corps et n'avaient pu ainsi songer à mal faire. J'aurais bien voulu les envoyer à notre chirurgien en chef, M. Guyon, très avide de toutes les bêtes venimeuses : ne pouvant faire profiter la science de cette trouvaille, je me vengeai du mal qu'elles auraient pu me faire et les empêcher d'en faire à d'autres, en les sacrifiant sur place.

Le 12, partis à six heures du matin, nous atteignîmes à huit heures le col de la montagne de *Mouelfa*, d'où en regardant du côté de Bône, on jouit d'une vue splendide et très étendue ; après avoir traversé le territoire de *Beni-Fauchal*, nous arrivâmes aux bains romains de *Hamman el Berdaa*. On y remarque une grande piscine circulaire assez bien conservée, remplie d'une eau claire, se renouvelant sans cesse, d'une température de 26 à 27° centigrade et ombragée par un groupe d'arbres de tamaris, de laurier-roses et quelques orangers. Les romains qui se connaissaient en confortable, avaient bien choisi ce site où nous aurions désiré passer quelques instants, dans la piscine. Pendant que nous admirions ces ruines, tambours, clairons et trompettes signalèrent la marche. Nous traversâmes bientôt la Seybouse et à une heure nous entrâmes dans les murs de Guelma. Je dis nous entrâmes, car la vieille enceinte est encore bien conservée; on ne peut pénétrer dans l'intérieur que par les anciennes portes et quelques brèches que le temps y a produites.

Le 13, temps beau jusqu'à midi; mais à une heure, un orage diluvien se déchaîna et inonda le bivouac d'une affreuse manière. Nous étions dans un vrai lac; on avait de la peine à trouver un point où mettre les pieds hors de l'eau. La pluie, continuant toute la nuit, rendit l'installation impossible et très pénible. Ceux, en haut du camp, purent trouver un sol plus hospitalier; la nuit fut horriblement fatigante pour tout le monde.

Le 14, le temps s'étant amélioré nous en profitâmes pour visiter les ruines et faire le tour de cette cité qu'on dit être l'ancienne calama. Ces ruines encore très imposantes, se composent d'une vaste enceinte flanquée de plusieurs tours carrées dont une grande partie est encore debout. Près des murailles est une source d'eau très claire donnant naissance à l'Oued-el-Deheb. Nous y remarquons aussi les restes d'un théâtre et des colonnes ayant appartenu à un temple quelconque et plusieurs inscriptions.

Le Bey Yousouf était arrivé la veille à Guelma avec tout son goum ; il avait établi son campement à la partie supérieure du camp où les ruines, mieux conservées, pouvaient offrir quelque abri.

Le 15, le maréchal et le duc de Nemours arrivèrent à Guelma : le corps d'armée bivouaqua de l'autre côté de la Seybouse. Le maréchal, après avoir visité notre camp et poussé une reconnaissance sur la route que nous devions suivre, laissa ses ordres de départ pour le lendemain.

Le 16, au matin, le colonel Corbin, commandant le 17º léger, faisant fonction de chef d'état-major d'avant-garde, vint me dire de me préparer au départ. Je lui fis observer que nous avions à l'ambulance 85 malades et seulement des moyens de transport pour vingt-quatre hommes ; si nous disposions ainsi de nos moyens en partant, comment ferions-nous pour les besoins qui ne manqueront pas de se produire ? Le colonel, tout étonné, me dit de l'accompagner chez le général de Rigny à qui il communiqua en ma présence, ces observations. Ce général, très surpris, courut aussitôt à l'état-major et en revint en me disant que le maréchal désirait qu'on emmenât les malades ; qu'ils seraient mieux soignés à Constantine. Mais ne pouvant les transporter tous, force fut de les laisser à Guelma, avec pas mal de munitions et un bataillon pour les garder, sous les ordres du commandant et mon ami *Filipi*.

Nous nous mîmes en route, précédant le corps d'armée et nous-mêmes devancés par Yousouf qui tenait l'extrême avant-garde déployant ses bannières aux couleurs variées et sa musique s'en donnant du matin au soir. A midi, nous fîmes une longue halte à Medjez-Amar où se produisit un incident très pittoresque.

Jusqu'ici le pays est boisé et procurait facilement du bois pour le besoin de l'armée. Mais là, on apprit au maréchal que depuis ce bivouac jusqu'à Constantine, le sol, complètement nu et dépourvu entièrement de tout élément combustible il serait prudent d'en emporter autant que cela se pourrait. Après maintes réflexions, voici ce qu'on fit. Chaque homme eut ordre de faire un petit fagot qu'il attacherait au-dessus de son hâvresac déjà garni de la couverture ; puis de cueillir une branche aussi droite que possible et longue de deux mètres, de l'émonder, et de ne garder que la hampe.

Cette opération dura quelque temps et retarda d'autant le départ ; lorsque tout fut prêt on se remit en marche. L'armée présenta alors un aspect tout à fait original. Chaque bâton dépassant les hommes de 40 centimètres l'armée semblait composée de vrais pèlerins ; encore au moins si la gourde y avait été attachée et pleine, elle aurait donné du courage à nos pauvres soldats qui faisaient déjà peine à voir ; chargés comme de vrais baudets et marchant sur un sol où on enfonçait jusqu'à la cheville. C'était pourtant une bien sage et prévoyante mesure ; on avait calculé qu'en employant ce bois, selon le rationnement qui en avait été fait, d'avance, il pourrait facilement suffire aux premiers besoins de l'armée, jusqu'à Constantine. L'ensemble de ces travaux donnèrent une grande animation au campement. Nous apprîmes, le soir seulement, que le retard apporté dans le départ du matin et dans la marche de corps d'armée provenait de ce que cent mulets du transport chargés de provisions avaient disparu pendant la nuit; heureusement sans leurs chargement et que les arabes qui avaient promis et s'étaient même engagés à en emmener un nombre d'autres, avaient fait complètement défaut. Ce désappointement, fort sérieux, jetta une certaine inquiétude et du doute sur l'état moral des populations indigènes à notre égard. Le bey Yousouf interrogé sur cet incident fâcheux donna toujours les mêmes assurances. Jusqu'alors l'absence de toute apparition d'arabes lui donnait, il est vrai, une apparence de raison. L'artillerie, par suite de cette réduction de moyens de transport, dut laisser *cent cinquante mille cartouches* et quantité d'autres munitions qui furent déposées aux ruines de Guelma et confiées à la garde du bataillon et des cent cinquante à deux cents éclopés afin de renforcer cette piètre garde, ordre fut envoyé au bataillon du 59me qu'on avait laissé à Bône, d'aller à Guelma.

Le 17, l'armée se mit en marche à huit heures seulement, à cause des travaux que nécessita le passage de la Seybouse, dont les berges, un peu abruptes, avaient été endommagées par des éboulements que la pluie y avait produits. Heureusement le temps était beau; mais le sol, détrempé par le mauvais temps, était glissant et fatiguait beaucoup hommes et chevaux. Nous nous trouvâmes bientôt en face du Raz-el-Arba, montagne élevée dont la crète se montrait à nous depuis deux jours; y ayant aperçu quelques Arabes qui s'y dessinaient en silhouettes, le maréchal envoya une reconnaissance pour sonder le terrain et les intentions de ces indigènes. Bientôt le Bey Yousouf, qui suivait une autre route, apparut sur la montagne avec son goum, bannières et oriflammes déployées et toujours au son des tams-tams et des iou-iou. Les Arabes se dispersèrent tranquillement, sans avoir communiqué avec Yousouf. Cette abstention n'était pas de bon augure. On nous dit qu'ils n'étaient venus que pour nous voir et entendre la musique du nouveau Bey. On fit une halte assez longue à côté des ruines bien conservées de l'ancienne *anouna* des Romains; le glissement du sol rendit cette montée bien fatiguante. A trois heures, nous étions sur la crête qui nous avait donné quelques émotions. Un fait curieux et rassurant, bien fait pour continuer les illusions que Yousouf avait répandues et entretenait dans l'esprit de l'armée et surtout du maréchal : c'est que depuis notre départ de Bône, les Arabes n'avaient pas quitté leurs douars et les troupeaux paissaient tranquillement à côté de nous. On comprend que l'armée se garda bien d'abuser de cette confiance vraie ou apparente que les Arabes nous donnaient ou feignaient de nous donner. Les plus incrédules, car il y en avait, frappés de ce spectacle, devinrent les plus convaincus et des éloges sortaient de toutes les bouches à l'adresse de Yousouf.

De cette crête, on a deux points de vue bien différents; du côté d'où nous venions, le pays est escarpé, occidenté et boisé; mais du côté où nous devions continuer à marcher, c'était une plaine à perte de vue, légèrement mamelonnée et ne présentant aucune trace de végétation. Pas un arbre, pas une plante ne troublaient la monotonie *harmonieuse* du sol grisâtre mais sillonné presque partout par la charrue. A voir cette nature de la terre, on devinait facilement que nous étions dans une contrée fertile en céréales; qui, sous les Romains, lui avait mérité le nom de grenier d'abondance de Rome.

Le 18 novembre, la montée du Ras-el-Arba étant très-difficile pour les voitures, il fallut travailler à adoucir les aspérités du sol. Le départ n'eut lieu qu'à deux heures seulement; le ciel se couvrait et faisait craindre un changement de temps. Après une descente d'une heure et demie environ, nous traversâmes le joli et petit ruisseau de l'Oued-Zenati, bordé de lauriers-roses et de tamaris. Tout à coup quelques coups de fusils tirés à une grande distance impressionnèrent mal nos oreilles. On les attribua à quelques maraudeurs que le goum de Yousouf aurait provoqués. Nous passâmes bientôt et à peu de distance du fameux marabout du Santon, un des plus vénérés de la régence. C'est là que nous campâmes. Mais bientôt le ciel s'obscurcit ; un vent glacial se leva et fut suivi d'une pluie froide, serrée, mêlée de temps en temps de vrais glaçons. C'est ici que commencèrent les misères qui affaiblirent un peu les illusions des optimistes. Le campement fut très froid. L'armée se remit en marche de bonne heure, tout le monde était impatient de quitter ce bivouac de boue, d'eau glacée. Les approches de Constantine et l'accueil qui nous y attendait ranimaient notre courage et aidaient l'armée à supporter ces intempéries qui n'étaient, hélas! qu'à leur début. Les chemins ou mieux les sentiers sinueux, tantôt rocailleux et plus souvent boueux, à peine praticables pour les piétons, devenaient très difficiles pour les chevaux et impraticables pour les voitures. A tout instant il fallait s'arrêter et attendre l'arrivée de l'artillerie et des trains des équipages. Puis on était si mal renseigné qu'on faisait à tout instant fausse route ; et cela par une pluie froide et continue. Les troupes de Yousouf étaient campées un peu plus loin auprès d'un douar considérable du nom de Bou-Aoun, où elles trouvèrent du bois et autres ressources. Si nous avions eu moins de confiance aux Arabes et prévu ce qui nous attendait, on aurait pu prélever quelques autres provisions qui auraient été les bienvenues. Mais nous marchions d'illusions en illusions et nous devions, sous peu, en avoir un exemple bien comique, qui, malgré l'état de misère où nous allions nous trouver, nous fit pourtant bien rire. Enfin cahotant par ci, cahotant par là, glissant d'un côté, trébuchant de l'autre, mais toujours immergés d'importance, à chaque crête que nous attaquions, on cherchait à voir Constantine, cette terre promise qui nous réservait tant de compensations agréables. Mais nous avions beau regarder, rien n'apparaissait encore. Au moins si, comme dans Barbe-Bleue, nous avions pu dire comme sœur Anne, nous ne voyons que les prés qui verdoient et la terre qui poudroit. Ici on ne pouvait voir que de l'eau et de la boue et toujours de la boue. Puis la pluie tombait si épaisse qu'elle empêchait de voir même à une faible distance.

Le jour tirait à sa fin quand on parvint au lieu nommé *Soma* ou *Summa*, dont le nom véritable pourrait bien être Cemâa (le Minaret). C'est un plateau très dominant et de quelque étendue, où s'élèvent les ruines d'un édifice antique attribué à Constantin. Ce monument solitaire est composé d'un dé de puissante dimension; au-dessus et à chaque angle se tiennent encore debout quatre pilastres que surmontait probablement une pyramide quadrilatère. Les faces de ces piliers offrent un enfoncement de la forme d'un disque où s'encadraient sans doute des médaillons, des emblèmes que le temps a détruits. Le choix du lieu, d'un aspect sévère, est digne du monument, dont l'effet est grave et imposant. Quels souvenirs rappelle-t-il ? Sont-ce là les vestiges de la victoire ou des débris funéraires ? Les vigoureuses aigles romaines ont elles ici battu des ailes et poussé le cri de triomphe ? ont-elle pleuré en ce lieu ?... J'inclinerais vers cette dernière pensée ; mais peut-être, en jugeant ainsi, j'obéis aux impressions douloureuses que j'ai ressenties dans ce sinistre bivouac et qui ont jeté leur lugubre crêpe sur ce que j'y contemplais.

Les premières troupes de l'avant-garde parvinrent à Summa, ou Cemâa, un peu avant la chute du jour, et purent, entre deux ondées, apercevoir Constantine à trois petites lieues de distance. Le gros de l'armée n'arriva au même point qu'à la nuit tombante et par un redoublement de vent, de pluie furieuse et de neige épaisse, qui ne permit pas d'établir le bivouac avec régularité ; les corps bivouaquèrent où ils s'étaient arrêtés d'eux-mêmes.

On fixa en arrière l'emplacement de ceux qui étaient encore en marche ; de ce nombre, et en dernière ligne, étaient le régiment d'arrière-garde (63e) et les voitures qui ne rejoignirent que tard et avec de grandes difficultés, toutefois en ordre. L'arrière-garde avait rassemblé et ramenait bon nombre de traînards de tous les corps ; j'ignore comment elle était parvenue à recruter tout un escadron d'ânes, de mulets et de mauvais chevaux ; elle avait ainsi réussi à fournir une monture à la plupart de ces malheureux. Cette triste cavalerie, spectacle douloureux, me sembla déjà porter avec elle de bien sinistres présages.

L'armée n'avait fait guère plus de vingt kilomètres, comme je l'ai dit; mais le jour eut-il duré davantage, je crois qu'elle aurait été hors d'état de pousser plus loin; elle était vraiment accablée par une marche lente, très pénible, dans des terres fortes, profondément détrempées; sur un sol où, de pied ferme, on enfonçait jusqu'à mi-jambe; et sous des raffales incessantes de pluie et de vent, les haltes fréquentes n'étaient, elles-mêmes, qu'une fatigue. Cependant les souffrances que la nuit préparait devaient dépasser de beaucoup celles de la journée. On n'avait pas trouvé un fétu de bois pour préparer des aliments ou pour réchauffer ses membres mouillés et engourdis. Pas un feu, pas une lueur ne brilla durant ce sinistre bivouac. Le terrain n'était que fange et aspérités de rochers; la bise soufflait avec colère; une pluie glacée ne cessa de tomber à torrents, mêlée de nuages épais de neige à gros flocons, ou d'ouragans de grêle.

Ce lieu voulait-il nous apprendre ce qu'avaient peut-être eu à y supporter les soldats de la vieille Rome!...

A peine arrivés dans cet affreux cloaque, un ordre du jour, préparé bien certainement d'avance, fut distribué à l'armée, probablement dans le but louable de relever son moral. Car on lui faisait croire qu'elle irait peut-être coucher le lendemain à Constantine.

Cet ordre du jour dictait la conduite à tenir dès notre entrée dans la ville promise et si désirée. « Défendre les désordres, respecter les hommes et les femmes, etc., etc.; ne pénétrer dans aucun magasin ou autre établissement sans ordre. Il divisait déjà la place en quatre quartiers assignés au premier logement des différents corps. Le général Trézel était tout spécialement chargé de l'exécution de ces mesures; en un mot, il était nommé commandant de place. » Comme je l'ai déjà dit, la confiance dans le succès et dans l'empressement que mettraient les habitants à nous recevoir était si complète, que le colonel d'état-major, Bonce-du-Verger, avait ordre d'asseoir les logements, surtout celui destiné au prince, le duc de Nemours. Le bivouac fut horriblement mauvais : le vent, la pluie, la neige et la grêle faisaient assaut d'intensité; le sol détrempé; on enfonçait jusqu'à mi-jambe; la boue était glaciale. Toute la nuit, on entendit des cris de détresse poussés par des hommes obligés de rester debout et ne pouvant ni se coucher, ni faire du feu. Nous-mêmes ne pûmes que très difficilement dresser la tente des malades, les piquets n'étant pas assez longs pour atteindre la partie solide du sol.

Le 59ᵉ régiment, qui couvrait le quartier-général, put profiter de quelques branches de figuier arrachées à l'enclos voisin. Le 63ᵉ régiment, plus éloigné, fit la soupe avec ses coffrets de giberne et les planchettes de ses sacs, ressource d'un repas à laquelle n'avaient certainement jamais pensé ceux qui inventèrent l'agencement des hâvre-sacs et des gibernes (1).

22 *Novembre*. — Le jour reparut, mais chargé d'épais nuages; la neige avait recouvert la boue. Je n'ai rien vu de plus sombre et de plus glacial que cette matinée, si ce n'est les physionomies Je ne sais rien qui fut plus alarmant que ces gros nuages qui venaient lourdement à la file, si ce n'est les discours effrayés que presque chacun se permettait

---

(1) Les petits fagots étaient déjà épuisés et les hampes étaient devenues si gênantes qu'elles avaient été brûlées ou abandonnées.

déjà, à demi-voix encore, il est vrai. Ce dernier reste de retenue ne fut même pas observé jusqu'à la fin.

Heureusement, cet ordre du jour avait été lancé à propos ; il entretenait le moral en faisant miroiter les douceurs que nous promettait l'étape du lendemain. La nuit se passa dans d'atroces souffrances. Enfin, le jour tant désiré parut. Le colonel du Verger reçut l'ordre de prendre un officier de chaque corps et de partir avec une escorte pour Constantine, afin de mettre à exécution les dispositions prescrites dans l'ordre du jour de la veille. Quand vint le tour de l'ambulance, nous désignâmes un de nos aimables camarades, M. Lartigue, qui, en vrai cordon bleu émérite, maniait avec talent et succès la casserole. Nous lui recommandâmes de nous y préparer surtout un bon déjeûner sans fixation de prix.

Le détachement se mit en marche, accompagné des vœux de toute l'armée. Deux heures après, nous fûmes tous très étonnés de le voir revenir. Le colonel apprit au maréchal que la rivière de Bou-Merzouk, sortie de son lit, inondait toute la vallée et était complètement impraticable. Le maréchal, doutant de cette impossibilité, envoya un de ses officiers d'ordonnance, avec quelques hommes, pour y chercher un passage ; cet officier fut Napoléon Bertrand, un des fils du maréchal, dont le courage ne connaissait pas de difficultés ; parvenu sur les bords de la rivière, il s'y lança deux fois avec son cheval sans pouvoir la traverser, et faillit même être entraîné par le courant ; il revint donc comme son colonel.

Tout espoir d'aller bivouaquer le soir aux portes de Constantine fut perdu et l'armée condamnée à patauger encore toute une nuit dans le cloaque où la nuit précédente dix ou douze hommes étaient morts de froid au milieu de la boue. La déception fut cruelle; tous nous envisagions avec angoisse la nuit suivante, qui fut bien plus horrible que la première ; on n'entendait que des cris plaintifs arrachés par le froid. La neige ne cessa de tomber; les rafales étaient si violentes qu'elles soulevaient et culbutaient les quelques tentes que l'on était parvenu à dresser, etc... Presque tout le convoi, surpris par le vent et embourbé dans un terrain détrempé, était resté en arrière. Le colonel X..., qui le commandait, envoya au quartier-général pour demander du renfort.

Le lendemain, 21 novembre, plusieurs hommes, vingt au moins, étaient morts de froid. Un grand nombre étaient incapables de marcher et de se lever, ayant les pieds glacés. Les visages mêmes des mieux portants faisaient peine à voir tant ils exprimaient la souffrance. Les chevaux tremblaient sous leurs cavaliers; la neige était tombée si serrée qu'elle tenait, défiant ainsi la pluie.

A huit heures, le temps se leva ; le soleil, qu'on n'avait aperçu depuis trois jours, nous gratifia, quelques heures seulement, de ses bienfaisants rayons. La colonne se mit en marche bien péniblement. La distance qui nous séparait de l'Oued-el-Nadgira n'était pas grande : cinq ou six kilomètres. Mais le mauvais temps, l'état endolori des hommes et des animaux, la couche de boue dont ils étaient badigeonnés, présentaient un aspect qui faisait peine à voir. Arrivés sur les bords du torrent, tout le monde fut effrayé de sa largeur, de la force et de la rapidité de son courant. Après avoir reconnu les deux points praticables, on y installa deux cincenelles. La pluie reprit de plus belle, les averses vinrent s'ajouter à cette traversée froide et glacée; l'eau arrivait à la ceinture des hommes. La surexcitation et l'impatience d'arriver augmentait à chaque averse; l'ensemble de ce tableau dans des conditions moins pénibles, eût présenté à un simple spectateur un coup-d'œil bien pittoresque. Les cincenelles, ne suffisant pas à leur impatience, la plupart des hommes passèrent ou essayèrent de passer seuls. Les plus malins s'attachaient à la queue des chevaux, des mulets et même des pauvres bourriquets qui, chargés outre mesure, avaient de la peine à se tirer eux-mêmes du torrent. Mon cheval étant très-vigoureux, je fis trois fois la traversée pour offrir successivement sa queue à quatre officiers du 17ᵉ léger. Un ou deux hommes se noyèrent dans le torrent; pas mal de chevaux d'attelage et de charge furent entraînés, entre autres des mulets d'ambulance dont les caisses d'ustensiles ou de médicaments furent perdues ou très avariées. Cette pénible traversée finie, l'armée se trouva sur l'autre rive dans le plus grand désordre, ou du moins dans une grande confusion; il fallut quelque temps avant que les corps pussent se reconstituer; moi-même, ayant perdu beaucoup de temps en faisant les trois traversées pour être agréable et utile à mes camarades, j'eus beaucoup de mal à rejoindre mon poste d'avant-garde qui, ayant passé la première, et en bon ordre, était déjà arrêtée à une grande distance, attendant avec impatience le corps d'armée. La montagne venant se perdre presque à pic sur la rive droite de la rivière, il fallut faire de grands travaux pour établir une voie aux voitures de l'artillerie surtout. Le maréchal, un peu impatient aussi, prit les devants et poussa une reconnaissance avec les troupes de Yousouf pour aller voir la ville, cette terre promise dont il devait faire le siége ou y recevoir une si sympathique hospitalité. Les fàcheux contre-temps qui, forcément, occasionnaient dans l'armée un si grand désarroi, n'étaient pas de nature à entretenir complètement nos illusions; d'un autre côté on s'expliquait difficilement comment Achmet, resté à la tête du gouvernement n'eût pas envoyé là quelque mille hommes qui, du haut de la montagne, eussent facilement défendu le passage de la rivière et nous faire éprouver de grandes pertes sans craindre les représailles; l'artillerie, embourbée, était réduite au silence; et la cavalerie, sur un terrrain aussi défoncé et aussi accidenté, ne pouvait se livrer à aucune manœuvre importante. Un ennemi qui ne profitait pas d'une aussi belle occasion déclinait entièrement son impuissance. Cet état mental et confiant permit à l'armée d'être un peu rassurée sur l'avenir et de continuer à marcher avec un certain calme. Cette route, unie et bonne en temps ordinaire, se trouvait tellement boueuse, que voitures et chevaux ne purent y passer qu'avec les plus grandes difficultés.

Enfin, l'avant-garde arriva au pied du Mansoura, où le maréchal nous avait précédé. La 1ʳᵉ et 2ᵉ brigade reçurent l'ordre d'aller occuper le Coudiat-Ati. Quelques hommes ayant signalé Constantine, tout le monde voulut contempler cette cité tant désirée. On fit queue pour aller jouir du coup-d'œil qui ranimait tant d'espérance, et promettait tant de compensations. La marche reprit avec un entrain qui faisait plaisir à voir. Les officiers optimistes se disaient : enfin, nous touchons à la fin de nos misères; encore quelques heures et nous savourerons dans un café maure le kawa, assaisonné d'un bon londrès. Enfin, chacun, moi le premier, faisait son petit projet et arrangeait le genre de vie que lui promettait la vieille cirta. Les troupes du bey Yousouf, profitant comme nous, et plus que nous, de cet état de quiétude, avaient déployé étendards et oriflammes; les musiciens, par l'ardeur qu'ils mettaient à faire résonner leurs hautbois criars et les tam-tams témoignaient de leur joie et de leurs espérances. Je suis certain que le nouveau Bey *in partibus* préparait, lui aussi, son discours et la manière dont il ferait son entrée dans le palais Beylical.

Pendant que ces rêves se faisaient à l'avant-garde, quelques coups de fusil furent entendus tout-à-fait au loin, à l'arrière-garde; on n'y fit aucune attention. Nous dûmes descendre un petit ravin, et bientôt nous retrouvâmes l'Oued-el-Hadjira, qui s'appelle ici Boumerzouck, qu'il fallut passer de nouveau. Heureusement les eaux étaient un peu basses, mais bien encaissées. A peine franchi, nous nous trouvâmes dans la petite et gentille vallée du Rumel. Nous y cheminions tranquillement lorsqu'un coup de canon partit de la ville. Nos cœurs bondirent d'étonnement; on sinterrogeait pour savoir ce que cela voulait dire. Quelqu'un dit que c'était un signe de réjouissance ou de bienvenue, et on continua à marcher; mais arrivés au gué, que nous allions passer, un second coup partit; quelques-uns affirmèrent avoir entendu le boulet; les incrédules, furent plus nombreux, et on continua les préparatifs de passage avec la plus grande confiance. Une ligne de tirailleurs, appartenant au 17ᵉ léger, était à peine déployée de l'autre côté, qu'un troisième coup se fit entendre, et un fourrier eût la tête littéralement enlevée. Impossible de définir l'impression douloureuse et les rêves qui s'écroulèrent à la vue de cet incident si inattendu. Ce fut un coup de foudre moral indescriptible. Le plateau du Coudiat-Aty fut aussitôt couvert de Turcs et de Bédouins sortant de la ville pour venir nous disputer cette occupation. Il fallut s'en emparer à l'assaut; c'est ce que firent les régiments de Turcos, commandés par le colonel Duvivier; une compagnie du 3ᵉ bataillon d'Afrique, commandée par Bidon, lieutenant; et le 17ᵉ léger, commandé par le colonel Corbin. Le passage du Rumel au courant encaissé et rapide, dont le fond est composé de gros cailloux roulés, fut très-difficile et même dangereux, surtout pour les chevaux; plusieurs y tombèrent et furent entraînés. Le mulet qui portait ma cantine fut de ce nombre. Cet accident malheureux fut pour moi la source de bien des misères et de privations.

Ce passage fut très lent; l'ennemi, ne voyant apparaître que peu de troupes, eu égard au temps écoulé, s'enhardit, fit en masse une sortie de la ville, fondit avec rage sur la première ligne de nos tirailleurs qui fut un instant repoussée. Quelques hommes blessés étant restés au pouvoir de l'ennemi, furent hachés sous les yeux de leurs camarades. On dit même que les femmes et une foule d'habitants sans armes marchaient derrière les combattants pour les encourager. Bientôt un escadron du 3ᵉ chasseurs, secondé par un bataillon du 17ᵉ léger, ayant atteint la hauteur du plateau, fit une charge et repoussa en désordre cette masse humaine, qui avait de la peine à rentrer en ville tant elle se pressait aux deux portes. Les optimistes disaient que si en ce moment nos troupes avaient suivi ce mouvement, elles seraient entrées en ville sans coup férir et en auraient été maîtres. Je crois, au contraire, que si elles y étaient entrées, elles n'en seraient plus sorties et y auraient été massacrées. C'est du moins ce que j'ai appris des habitants à la deuxième expédition.

L'ennemi, promptement chassé d'un premier mamelon, tint bon et ferme à un second où il se sentait protégé par le canon de la place. Le 17ᵉ léger eut l'ordre d'y marcher à la baïonnette et le 3ᵐᵉ chasseurs à cheval de suivre avec une charge à fond. Mais l'ennemi, s'étant aperçu du mouvement, n'attendit pas cette double attaque et se sauva en désordre, partie dans la place et partie dans la montagne. Accablés par cette journée de marche constamment dans les terrains boueux et par le passage de cinq rivières, nos malheureux soldats et nos moins piteux chevaux ne purent poursuivre l'ennemi. Après cette charge, le plateau fut complètement abandonné par les Arabes et occupé par nous. On apercevait la cavalerie d'Achmet Bey couronnant toutes les crêtes des montagnes voisines épiant nos mouvements.

Notre installation ne fut pas relativement trop mauvaise ; après celles que nous venions de subir pendant la route, nous nous estimâmes très heureux de pouvoir nous mettre un peu à couvert.

L'ambulance fut établie au milieu du cimetière dans un marabout assez grand, entouré d'une cour agrémentée par un énorme figuier, où je pus attacher mon cheval. Les malades qui nous arrivèrent aussitôt furent placés dans l'intérieur, et nous installâmes notre bivouac dans une galerie à jour, que la pluie et la neige qui tombaient toujours épargnaient un peu. Aussitôt que l'armée fut installée tant bien que mal sur le plateau, la curiosité nous vint de jeter un coup d'œil sur la ville, mais en ne dépassant la crête du mamelon que de la tête, afin de voir et de ne pas être vu de ses défenseurs dont les coups de fusil ne discontinuaient pas.

L'ennemi harcelant sans cesse nos troupes, les blessés arrivèrent successivement à l'ambulance; c'est alors que nous nous aperçûmes de la pauvreté de nos moyens, il fallait y suffire. Le manque ou l'insuffisance d'abri nous obligea à laisser les blessés sous la galerie ouverte à tous les vents. Les aliments manquaient déjà; nous attendions avec impatience un convoi de vivres annoncé depuis trois jours.

La nuit arrivant, je fis installer, nos malades, qui faisaient peine à voir, tant ils étaient déjà abîmés par la misère et la fatigue. Le bois faisant défaut, on put à peine faire du feu pour leur donner une boisson chaude. Quant à nous, nous couchâmes sur le sol nu, nous tassant les uns contre les autres pour nous réchauffer mutuellement; nous aurions passé une assez bonne nuit, si les chants aigüs et continuels des Mouëzins, les cris poussés par les habitants de le ville et ceux de nos vedettes : Sentinelles! Prenez garde à vous! l'eussent permis. Mais, n'importe, nous n'avions pas le droit d'être difficiles, et nous nous trouvions relativement heureux de n'avoir pas une couche boueuse comme nos pauvres soldats. Le 22, au matin, nous fûmes réveillés de bonne heure par un grand mouvement que produisit un ordre du général de Rigny de mettre les armes en état. A cette époque les fusils, étant encore à pierre et à bassinet avaient été abîmés par la pluie et l'humidité. Mais le soldat n'en eut pas le temps; l'ennemi, caché dans les ravins environnants, que la nuit n'avait pas permis de reconnaître, tomba sur l'avant-garde avec furie; des cris partant de la ville et des Turcs eux-mêmes, encourageaient les combattants, surtout les cavaliers. Pendant que nos troupes combattaient et repoussaient l'ennemi du côté de la montagne, la ville fit une vigoureuse sortie sur le derrière et menaça sérieusement notre installation. Mon ami, le capitaine de Froidefond, du 17ᵉ léger, soutint vigoureusement le choc; il y reçut un coup de feu qui lui brisa l'extrémité inférieure du radius. Heureusement des secours purent leur être envoyés, et l'ennemi fut repoussé à la baïonnette. Dans une position si critique, pas un fusil ne pouvait faire feu. Malgré les combats incessants, nous eûmes relativement peu de blessés; mais les provisions commençaient à manquer sérieusement, et les distributions qu'on attendait n'arrivant pas, répandaient une certaine inquiétude. Aucune nouvelle ne nous arrivait du quartier général; pour surcroît de malheur, les vivres qu'on nous faisait espérer n'arririvaient pas non plus; on nous apprit que les prolonges du train qui les portaient s'étant embourbées en route jusqu'aux moyeux, n'en pouvant être sorties par les attelages, durent être abandonnées. Cette triste nouvelle jeta dans notre brigade la plus grande consternation mais le moral restait ferme; il y allait de la vie de tous.

Le colonel L.., qui commandait le *grand* convoi, ne sachant à quel saint se vouer en pareille détresse, fit demander quelques secours au quartier général. L'exprès disait que les voitures n'avançaient pas, que les Arabes se rassemblaient en grand nombre et allaient attaquer. « Rien de mieux, dit le maréchal, s'il en est
« ainsi, je vais conduire l'armée où est le convoi,
« puisque le convoi ne peut pas venir où est l'armée.

« Dites à votre colonel qu'il faut qu'il tienne, me
« comprenez-vous ? et qu'il m'amène les voitures. »

Cependant, il donna l'ordre au commandant Yousouf de rassembler ses spahis et de courir de suite soutenir ou dégager le convoi. « Je pense, disait le
« maréchal, que lorsque l'arrière-garde aura avec elle
« autant de cavaliers qu'elle en a devant elle, et de la
« même espèce, elle se rassurera.

Un second envoyé succéda presque aussitôt, réclamant du secours, disant que l'arrière-garde allait être enlevée, que le 62ᵉ n'avait pas plus de 300 hommes.

Lors le maréchal : « 300 hommes ! Qu'avez-vous
« fait des autres ? La pluie les a-t-elle fondus ? Ou
« bien vous avez peut-être combattu ? Avez-vous eu
« mille hommes hors de combat ? Cela ne peut pas
« être et je n'ai pas de renfort à envoyer. »

Cette dernière phrase n'était que trop vraie : les quatre petites brigades, partagées en deux camps, étaient séparées sur leur communication par un large ravin et une rivière ; elles occupaient de Koudiat-Ati à Mansoura, une ligne qui aurait beaucoup mieux convenu, par son étendue, à une armée de 20,000 hommes qu'à un corps de 4,000 faibles baïonnettes. Aussi, de bons esprits blâmaient-ils, et à juste titre, un tel développement, comme une témérité. Mais ce n'est pas par là que l'affaire a mal tourné.

Le maréchal, tout en rudoyant le porteur d'un avis inquiétant dont l'exactitude ne lui paraissait pas vraisemblable, expédia immédiatement un de ses officiers, en lui ordonnant de faire une extrême diligence : il le chargea de prier le colonel Le Mercier, demeuré à l'arrière-garde avec les troupes du génie, de faire acte de tout son zèle et de toute sa puissance d'entraînement, de mettre en œuvre tous les efforts imaginables pour faire cheminer, vite ou lentement, ses prolonges et celles de l'administration ; il le chargea de transmettre au colonel du 62ᵉ régiment l'ordre de tenir ferme à toute extrémité, et de ne pas abandonner une seule voiture, quoi qu'il arrivât. L'officier partit et fit hâte. Malheureusement, tout était trop vrai.

Nos malheureux soldats et officiers, se battant du matin au soir, par un temps abominable, contre un ennemi bien nourri qui pouvait, lui, se remplacer, tandis que nos soldats, manquant de vivres et n'ayant pas la perspective d'en recevoir, ne poussaient pourtant aucun cri de détresse ; ils supportaient avec silence et résignation cet état de dénûment et de misère. Quelle horrible situation !... Mais, en place de vivres, il nous arriva deux pièces d'artillerie de montagne, commandées par le lieutenant d'artillerie Bertrand, seules pièces pour enfoncer la triple porte contre laquelle on voulait agir. Bientôt, jugeant l'insuffisance de ces petits engins, vrais joujous d'enfants, en présence des obstacles contre lesquels il fallait lutter, le maréchal se décida à nous faire expédier une pièce de huit. Arrivée au Rummel, on essaya vainement à lui faire franchir la rivière, dont la profondeur et le défoncement de ses rives rendirent ce passage tout à fait impossible ; force fut de l'abandonner.

L'officier d'état-major et le colonel De Tournemine, qui l'escortait, vinrent seuls jusqu'à nous, annoncer au général De Rigny et à Bertrand qu'il fallait se préparer à l'assaut pour le soir. Le général était soucieux, en présence des difficultés qu'il prévoyait et du peu de moyens dont il pouvait disposer pour y faire face. Bertrand engagea le brave colonel De Tournemine à déjeûner, et m'invita aussi; il savait que je manquai de pain; mais possédant un peu de vin, je promis d'en apporter. Je demande à dire quelques mots sur ce déjeûner homérique. L'amphytrion s'était procuré un grand morceau de filet de cheval qu'il fallait faire cuire. A défaut d'autre bois, on chercha à faire du feu avec quelques branches vertes de figuier. On sait la qualité de ce bois, vert surtout, pour cet usage. A force de souffler, on obtint pourtant quelques braises. On enfila le filet d'une baguette de fusil et deux hommes le tinrent sur le feu, au milieu d'une fumée épaisse. Enfin, grâce à la puissance du soufflet, il finit par cuire un peu et par s'enfumer beaucoup. L'officier, pressé de s'en retourner à Mansourah, n'ayant pas le temps d'attendre, il fallut le manger tel quel.

La viande très grillée, noircie et fumée à la surface était encore saignante au dedans; mais c'était bien le cas de dire à la guerre comme à la guerre!... ce filet, quoique filandreux, nous parut très succulent; il est vraie que nos dents, nos maxillaires étaient solides et nos estomacs affamés; conditions favorables pour faire honneur à un pareil festin. Eh bien! ce repas, quoique fait sur une tombe, ne fut pas trop triste; nous eûmes même la faiblesse d'en plaisanter et de rire au milieu de cette détresse générale; et, chassant pour un instant les émotions du moment et le sombre avenir dont nous étions menacés, nous trinquâmes au plaisir de nous retrouver à Bône si nous y *revenions*. L'officier partit aussitôt pour rejoindre son poste; et, en nous quittant, il nous dit que c'était une expédition manquée. Nous en avions tous la pensée.

L'ennemi harcelant nos troupes de tous les côtés, les combattants étant à la périférie, le centre du camp était presque complétement à découvert du côté de la ville. Si, à ce moment, les habitants avaient su faire une sortie un peu vigoureuse, ils auraient franchi ce mamelon sans trop de difficulté et serait arrivés jusqu'à l'ambulance que personne n'était capable de défendre.

Appelé au quartier général pour voir un malade, j'y rencontrai mon ami *Alquié* qui avait accompagné, en simple amateur, le général de Rigny. Il était seul en présence d'un foyer qui ne pouvait faire craindre de mettre le feu à la maison ; le général et surtout l'état-major étaient où le devoir les retenait.

Enfin il y eut un moment de relâche : l'ennemi, vivement repoussé avec perte, éprouvant de son côté le besoin de se reposer, permit à nos soldats d'avoir un moment de répit qui leur était bien nécessaire.

Dans l'après-midi, l'ennemi harcelé et battu partout, abandonna la partie et laissa nos soldats tranquilles. Le silence qui se fit de son côté permit à nos braves de rentrer au camp. On croirait volontiers, que, dans le vrai sens du mot, ils rentrèrent quelque part, tandis qu'ils ne firent que patauger dans la boue et la neige, comme nous tous. Plusieurs zéphirs, toujours ingénieux, trouvèrent cependant le moyen d'entrer quelque part et de s'y abriter ; bien certainement, les lecteurs ne devineraient jamais le genre d'habitations qui eut l'honneur de les recevoir, si je ne le leur apprenais. Le cimetière était occupé par le 3ᵉ bataillon d'Afrique et les hommes en raison de la légèreté de leur caractère, de leur intelligence et de la finesse de leur instinct, avaient été surnommés les *Zéphirs* ; le bataillon à son tour reçut le même baptême : bataillon des Zéphirs.

Un des hommes accablé de fatigue comme tous ses

camarades ne trouvant où s'asseoir sur un sol boueux, eut l'idée d'enlever l'ardoise qui fermait l'extrémité à jour d'une des nombreuses tombes pour s'en faire un siège. L'ardoise ou la pierre enlevée, il sentit les pieds d'un squelette ou mieux ses ossements. Grelottant de froid, probablement aussi de faim, il éprouvait un besoin impérieux de dormir; il compléta son idée en se disant que s'il enlevait le contenu de cette tombe, il pourrait y trouver un refuge favorable contre le mauvais temps et propice au sommeil; ce qu'il fit soudain. Ses camarades, à son instigation, l'imitèrent et le lendemain, nous pûmes jouir de l'aspect pittoresque que présentait le cimetière où, dans un grand nombre de tombes, les restes des vrais occupants, semés au hasard, avaient été remplacés par de vrais et bons vivants. Plusieurs n'ayant pu entrer qu'à moitié, on voyait leurs jambes se mouvoir dehors au milieu de la neige, pendant que le reste du corps, chaudement abrité et singulièrement parfumé, savourait les délices d'un sommeil réparateur. Je crois que si l'armée était demeurée là quelques jours, dans les mêmes conditions, toutes les tombes auraient été occupées et le cimetière transformé en vrai dortoir. Mais une pareille situation ne pouvait durer; il fallait vaincre, mourir ou s'en aller.

Le 23, l'armée fut sous les armes au point du jour. L'ennemi resta tranquille jusqu'à onze heures. On aperçut la cavalerie d'Achmet se mouvoir et se diriger de notre côté. Le général n'attendit pas qu'elle vînt trop près; il partit avec le 3ᵉ chasseurs, le 2ᵉ ou 17ᵉ léger; l'attaque fut si sérieuse que toutes les troupes, excepté le bataillon *d'Afrique* qui nous gardait du côté de la ville, reçurent l'ordre de marcher. Le combat dura toute la journée, l'ennemi fut encore repoussé de partout. Un faible convoi franchit heureusement le Rummel. Les soldats en revenant du champ de bataille purent recevoir une modeste ration de riz et d'eau-de-vie. Quoique bien modeste, cette distribution reçut un favorable accueil.

A peine rentrés, l'ordre arriva de tenter l'assaut de la ville la nuit suivante. On s'y prépara du mieux que l'on put. A onze heures, le petit corps d'armée se mit en marche dans le plus grand silence ; la ville, comme si elle avait été instruite de ce mouvement et, certaine du succès, le laissa arriver sans tirer un coup de fusil. Bientôt le canon de Mansoura se fit entendre et les fusées à la congrève dont on attendait des merveilles, glissèrent sur les maisons comme des serpents de feu sans y produire aucun incendie. L'effet en était pittoresque et bien curieux pour ceux qui, comme nous, étaient simples spectateurs.

Il me semble qu'ici encore, le maréchal aurait pu savoir que les maisons de cette ville sont construites, ou du moins, ont, sous la couverture, une épaisse couche de terre, qui les met à l'abri d'un incendie. Mais, dans cette malheureuse expédition, on paraissait avoir tout ignoré !

Le feu commença de notre côté; à minuit la ville riposta avec fureur. Malgré le feu croisé de la place, on atteignit la première porte, qui, après des efforts inouïs, finit par céder. Mais la deuxième porte résista et nos hommes, manquant de moyens nécessaires, durent, après des pertes considérables, songer à battre en retraite.

Les blessés nous arrivèrent, coup sur coup, au nombre de cent cinquante environ presque tous avec des blessures graves. Le commandant Richepanse y reçut quatre ou cinq coups de feu ; pas une balle n'était sortie, je pus seulement en extraire une, l'une d'elles resta engagée dans une vertèbre lombaire ; après avoir traversé le canal *médullaire*; blessure mortelle. Puis, vînt le brave et si intelligent capitaine du génie Grand auquel un bel avenir était réservé, qui reçut en plaçant une mine sous la porte, une balle qui lui traversa la base du crâne. Il ne vécut que quarante-huit heures. Rien de plus triste et de navrant comme notre ambulance encombrée de blessés couchés dans la boue, tous demandant avec instance, presque en pleurant, à être pansés. Malgré le zèle et l'activité que nous y mettions, nous ne pouvions que difficilement suffire aux exigences. Tout le monde se mit pourtant à ma disposition ; car, outre les deux sous-aides *Abeille* et *Compagnon*, l'officier d'administration Lartigue, et le lieutenant Cantiget, du train des équipages, cherchaient à s'utiliser le plus possible en nous servant d'aides. Qu'on juge des difficultés d'un pareil service la nuit et par un temps froid ; heureusement sans pluie et par un clair de lune splendide ; mais un vent qui éteignait à tout instant la lumière des bougies.

Les deux attaques ayant échoué, les vivres manquant tout à fait et les munitions de l'artillerie étant réduites à 15 kilogrammes de poudre, le maréchal se résigna à battre en retraite. Quelques officiers dévoués au maréchal disaient que quatre heures de plus devant la ville, les portes nous auraient été ouvertes. « Les habitants, disaient-ils, avaient déjà organisé la députation qui devait en apporter les clefs. » C'était là une erreur, comme nous le dirons plus tard. La brigade de Rigny reçut l'ordre d'aller joindre la colonne sur le plateau de Mansourah.

A trois heures, nous étions encore en pleine besogne, et je venais de terminer une amputation, lorsque le commandant Poul, aide-de-camp du général de Rigny, vint m'annoncer qu'il fallait se préparer à battre en retraite et à partir au plus vite. Lui ayant fait remarquer le chiffre des blessés et autres malades et mes moyens de transport pour seize hommes seulement, il m'engagea à le suivre chez le général, converser avec lui sur les mesures à prendre pour suppléer à cette pénurie et faire suivre ces malheureux. Le général me demanda ce qu'il pouvait faire, qu'il était disposé à mettre tous les moyens dont il disposait à mon service. Lui ayant dit qu'on pourrait charger un grand nombre de malades sur les chevaux, il donna immédiatement l'ordre au colonel commandant le 3ᵉ chasseurs, de mettre à ma disposition tous les chevaux nécessaires au transport des blessés qui pourraient profiter de ce moyen. Quant aux hommes plus sérieusement blessés, le 17ᵉ léger reçut l'ordre d'envoyer un détachement avec des couvertures. Chaque blessé avait huit hommes, dont quatre le portaient et quatre de rechange. Tous les blessés, excepté quatre, partirent dans cet état, qui à cheval, qui sur des couvertures, et quittèrent l'ambulance. Au moment où je voulais faire charger les quatre derniers blessés sur les chevaux des chasseurs, entendant déjà siffler les balles autour et au-dessus de nous, le colonel Duvivier, commandant des Turcos et de l'arrière-garde, vint me dire, d'un air un peu bourru, que j'eusse à partir au plus vite, qu'il n'était plus maître de soutenir les Arabes sortant de la ville et repoussant fortement l'arrière-garde. Je lui répondis : « Mon colonel, et ces blessés ? » Sans me répondre, il me quitta en me disant : « Je ne réponds plus de vous. » Un homme que je croyais blessé mortellement d'une balle lui traversant la poitrine, d'où le sang coulait à flot, se fit hisser derrière un chasseur à cheval. Quant à moi, je grimpai sur mon coursier et pris, au galop le sentier, qui devait me conduire au Rummel. Je rencontrai bientôt le lieutenant d'artillerie Bertrand, qui me dit : « Docteur, allons vite, le temps presse!... » Nos chevaux, lancés à fond de train, n'eurent pas plus tôt pris la descente qui conduit au Rummel, que nous entendîmes derrière nous le cri des cavaliers arabes qui criaient et nous serraient de près. Mon cheval, devançant celui de Bertrand, j'arrivai au Rummel un peu avant lui ; le cheval de Bertrand reçut un coup de yatagan à la queue. Arrivés au Rummel, nous trouvâmes là le brave commandant Changarnier qui en protégeait le passage, en tenant les Arabes à distance. A peine arrivés, nous entendîmes le cri plaintif de quelques soldats poursuivis par les Arabes, lesquels poussaient, eux, des cris de joie féroce. C'était un poste de dix ou douze hommes qu'on avait oubliés et qui furent tous tués sous nos yeux. Quelle scène navrante, de voir ces malheureux fuyant comme un gibier que le chien poursuit et tomber sous le feu du chasseur! Tous y passèrent. Pour ma part, j'en vis trois tomber et rouler, ayant subi plusieurs coups de feu. Si ce poste a été oublié, il ne faut pas en faire remonter la cause au général de Rigny, comme on s'est plû à le faire, mais bien au chef du corps auquel ces hommes appartenaient.

L'autre scène, qui se passait à côté de nous, n'était pas moins émouvante. Nos pauvres blessés, portés en *cacolets*, sur des brancards ou sur les chevaux des chasseurs, purent franchir le torrent. Mais ceux qui étaient sur des couvertures portés, ou mieux traînés par quatre hommes qui devaient avoir, dans ce courant rapide, de l'eau jusqu'à la ceinture, on devine facilement ce qu'ils devinrent. Ici le spectacle était indescriptible et navrant, et tel que je n'essaierai pas à traduire. Il est vrai qu'à la guerre l'égoïste personnalité et le sentiment de sa propre conservation sont poussés à un si haut degré, que chacun ne songe qu'à soi, et qu'on fait même des efforts pour rester insensible à tout ce qui ne compromet pas votre existence. Je dis même que la guerre ne serait pas possible si les militaires, en faisant leur devoir, ne s'exonéraient pas, en grande partie, de tout sentimentalisme. Les atrocités que l'on est obligé de commettre et de subir ne pourraient s'accomplir si l'homme, obéissant aux exigences forcées de la situation, ne descendait du piédestal intellectuel où la civilisation et l'instruction l'ont placé pour se livrer aux actes les plus inhumains. Jeune alors, mes émotions étaient vives, et mon cœur saignait à la vue de ces malheureux que le courant arrachait de la couverture pour les entraîner dans le gouffre de l'éternité.

Jettons un voile sur ce douloureux épisode. Je dirai seulement qu'en passant moi-même le Rummel, je tournai la tête en amont, afin d'éviter la vue de ce que le courant emportait en aval. Une fois passé, je me hâtai de rejoindre le quartier-général pour prendre les ordres. Chemin faisant, je rencontrai le capitaine Rebell, officier d'ordonnance du maréchal. Après nous être donnés une affectueuse poignée de mains, le capitaine descendit de cheval pour ramasser à terre un biscuit couvert de boue. Ce fait de la part d'un officier d'ordonnance expliquera, mieux que tout ce qu'on pourrait dire, la pénurie où nous nous trouvions. A la vue de ce biscuit, mes yeux le dévorèrent ; le capitaine s'en étant aperçu me dit : « Cher docteur, vous avez faim ? » et il me donna le biscuit. A cet acte de générosité, mon cœur se serra, mes larmes coulèrent d'émotion et je ne pus remercier mon bienfaiteur, qui, ému lui même, partit au galop, me laissant avec son cadeau sans que je pusse le remercier. Dieu sait pourtant si les remercîments étaient dans mon cœur ! mais ils ne purent, en cet instant d'émotion, arriver jusqu'aux lèvres. Resté seul, j'essuyai le biscuit, que j'aurais bien voulu partager avec mon cheval ; la pauvre bête, depuis quatre jours, n'avait mangé que quelques centimètres du tronc du figuier où il était resté attaché au Coudiat-Aty. Après avoir contemplé cette trouvaille et craignant de la dévorer trop vite, car nous n'avions pas de ration en perspective, il fallait songer au lendemain ! Je coupai le biscuit en plusieurs menus morceaux que je mis dans ma poche, et n'en mangeai qu'un de temps en temps, assez et seulement pour donner une légère satisfaction à l'estomac. Toute l'armée, officiers, soldats et animaux même, se trouvaient dans les mêmes conditions, à peu d'exemptions près.

J'arrivai juste au quartier-général pour suivre le mouvement de retraite. Le Condiat-Aty fut évacué, et le Rummel passé sous la protection du 2ᵉ léger, commandant Changarnier, qui s'acquitta de cette mission difficile avec un courage et un calme qui marquèrent le début de la carrière si brillante qu'il a parcourue en Afrique. Nous rejoignîmes ainsi le corps d'armée, qui était dans le plus grand désarroi. Le maréchal dut même user, dit-on, de son autorité pour y ramener un peu d'ordre.

Le bataillon d'Afrique, qui formait l'arrière-garde,

quitta, le dernier, Condiat-Aty et fut assailli par l'ennemi, lequel, encouragé par le succès, se ruait avec rage sur les tirailleurs, mais l'intelligent et si calme lieutenant colonel Duvivier soutint bravement, malgré ses deux blessures, le choc, et arriva tout près de Mansourah en bon ordre. Les zéphirs, se sentant plus à l'aise, ayant aperçu les tentes et les bagages du Bey Yousouf qui n'avaient pu être emportés, faute de moyens de transports, se ruèrent dessus et prirent tout ce qu'ils purent enlever. Nous aperçûmes en passant deux voitures de blessés qui, abandonnées faute de moyens d'attelages, devinrent fatalement la triste proie des Arabes.

L'assaut du côté d'El-Cantara avait donc complètement échoué. Comme à Condiat-Aty, la première porte fut enfoncée; mais la deuxième résista et l'intervalle des deux portes devint une cruelle hécatombe pour nos malheureux assaillants. Le brave et si sympathique général Trézel qui était à la tête de l'attaque, faillit y perdre la vie. Heureusement, il en fut quitte pour une blessure grave au cou qui le força à quitter son poste et la mission périlleuse qu'il remplissait avec tant de courage. La porte d'El-Cantara ayant résisté, on ne fit aucune tentative sur d'autres points de la ville. Il existait pourtant au moins deux rues qui aboutissaient au ravin sans fermeture, communiquant directement au pont par un sentier étroit, c'est vrai, mais praticable aux piétons.

Il est bien étonnant que le bey Yousouf, qui prétendait être si bien renseigné, n'ait pas indiqué cette particularité si importante au maréchal. Il est bien permis de supposer, que, vu les relations fréquentes qui existaient entre les haitants de Constantine et ceux d'Alger il eut été facile d'avoir moyennant salaire, des renseignements précis, d'autant que ceux-ci étaient à la portée de tout le monde surtout des arabes qui avaient séjourné à Constantine; et ils sont nombreux à Alger. Mais il était écrit que cette expédition, conseillée et encouragée par la pensée ambitieuse d'un homme intelligent, je le veux bien, mais dont les antécédents n'étaient pas à la hauteur de la confiance si exclusive d'un maréchal de France, surtout pour une œuvre qui engageait si fort sa responsabilité; l'honneur de son pays, et, par-dessus tout, le prestige et la gloire de l'armée en face d'un peuple qu'elle a l'intention de soumettre. Loin de moi la pensée de vouloir diminuer le mérite de Youssouf, que j'ai beaucoup connu et avec qui j'ai eu, des relations suivies et amicales. Si on n'a pu savoir exactement d'où il venait et quels avaient été ses antécédents, on apprit bien vite que c'était un homme intelligent, excellent et beau cavalier; physionomie sympathique et courageux à l'excès : qualités essentielles pour réussir; possédant parfaitement l'italien et l'arabe, ces deux langues qui permettent de dire si agréablement, aux uns ce qu'on pense, et de charmer les autres en leur disant ce qu'on ne pense pas; sachant assez de français pour interpréter ces deux langues dans tout ce qui pouvait lui être favorable. Toutes qualités qui le posèrent immédiatement comme un homme dévoué à notre cause et pouvant nous être essentiellement utile au moment de notre arrivée dans un pays où tout nous était si complètement étranger.

Le colonel Duvivier dut rappeler ses hommes et réformer bien vite le bataillon afin de soutenir et de tenir en respect l'ennemi qui se précipitait en masse sur l'arrière-garde ; ce qu'il fit avec courage et succès jusqu'à ce que l'armée put commencer le mouvement régulier de retraite. Sitôt en marche, le bataillon d'Afrique fut remplacé par celui du 2ᵉ Léger.

L'armée témoignait ostensiblement de l'impatience pour se mettre en marche. Le maréchal avec un calme qui contrastait singulièrement avec cette agitation, donna l'ordre formel d'attendre le moment qu'il jugerait opportun. Ce moment arriva lentement : mais que de regrets on laissait derrière soi en pensant aux pauvres soldats qu'on avait dû forcément abandonner, devenus déjà la victime de nos cruels ennemis !.. L'armée se mit enfin en mouvement : Notre brigade, qui avait été d'avant-garde en allant, formait l'arrière-garde ; le bataillon du 2ᵉ léger, l'extrême arrière-garde. Les troupes du Bey Yousouf, marchaient en avant pour éclairer la marche.

Parlerai-je du moral de l'armée en ce moment critique dont l'avenir tenait à si peu ?... Entourée d'une armée nombreuse dont les cris de joie, les tam-tams de sa musique arrivèrent jusqu'à nous : composée d'hommes dispos, bien nourris, énivrés d'un succès qui pouvait tripler leur courage, elle eut pu, en ce moment suprême, nous écraser ; tandis que nous, on peut bien l'avouer, nous étions tous sous le poids d'un sentiment qui n'était pas précisément celui de la victoire ; à peine même celui de l'espérance. On aimait à être seul avec ses pensées et à se recueillir de temps en temps ; on recherchait un appui chez son voisin qui saisissait cette occasion avec le même empressement. Les figures étaient calmes, mais tous bien résignés à vendre chèrement leur vie à l'ennemi, dont une attaque générale paraissait à tout instant imminente; elle n'était douteuse pour personne, tant elle paraissait dans la logique des événements et de la situation militaire. Heureusement pour nous, un chef capable de comprendre les deux situations lui a manqué; l'ennemi n'osa pas attaquer tant que l'armée resta au repos. Mais sitôt qu'il s'aperçut d'un commencement de marche on le vit s'avancer au galop; fantassins et cavaliers pour tomber sur l'arrière-garde. La ligne des tirailleurs eut quelque mal à se former. On eût en ce moment trouvé peu de volontaires en dehors des hommes que leur tour de service y appelaient : Comme je le disais tout-à-l'heure, ayant horreur des distances, les tirailleurs se rapprochaient trop de leurs camarades. Un instant même pour remplir les intervalles qu'ils laissaient, et faire nombre, les officiers sans troupe, armés d'un fusil, allaient se plaçer sur la ligne des tirailleurs. Il y eût, un moment, des craintes très sérieuses et bien motivées.

Une nuée d'arabes se rua, en criant, sur l'arrière-garde, ayant l'air de vouloir tout enfoncer. Le moment parût très critique. C'est alors que le commandant Changarnier, qui était à l'extrême arrière-garde, voyant s'avancer au galop cette avalanche de cavaliers et de fantassins, ne vit de salut pour son bataillon et pour l'armée, que dans la formation du carré. A peine eut-il le temps de le former, qu'une fusillade bien nourrie retentit de part et d'autre; presque au début de ce combat acharné, le commandant reçut un coup de feu au cou qui lui fit faire un mouvement de tête. Aussitôt le bruit se répandit parmi ses braves qu'il était blessé. Le commandant craignant l'effet que pouvait produire cet accident, s'écria d'un ton ferme : Ce n'est rien, mes amis. *Vive le roi! et en avant!* Tout le bataillon répéta le cri de : Vive le roi ! le bataillon fut si bien en avant qu'il repoussa vigoureusement l'ennemi et put reprendre, sans être trop tourmenté, le déploiement de ses hommes. Je n'étais pas très éloigné du bataillon, puisque je vis la formation du carré. Quant aux paroles du commandant, je les tiens du sergent-major Paillés qui me les a répétées le soir même, et du chirurgien-major *Mestre*. La blessure n'était heureusement pas grave; une simple égratignure de la peau au devant du cou.

Ce fait d'armes, qui fait le plus grand honneur au bataillon et surtout à son commandant qui y a puisé une récompense bien méritée, eût le double avantage de donner une verte leçon aux arabes et de nous démontrer leur pusillanimité à avancer contre nos baïonnettes. Car en s'imposant le sacrifice d'une centaine d'hommes, ils auraient pu culbuter et anéantir, nombreux qu'ils étaient, ce bataillon, déjà exténué; et tomber ensuite sur nous et sur toute notre pauvre et si piteuse armée. En somme, ce succès releva le moral et nous redonna de la confiance. Bientôt on ne parla que de ce bataillon et de son brave commandant. Quoique l'ordre de marche fut un peu rétabli, le mouvement de retraite se présentait sous des aspects très effrayants d'autant que jusqu'alors le mauvais temps, la pluie et la boue avaient considérablement assombri le moral de tous. Fort heureusement, le soleil, qui était resté si longtemps caché, apparut sur l'horizon, et ses rayons vivifiants vinrent dissiper un peu les sombres nuages. Les soldats, qu'un rien suffit pour ranimer le courage, saluèrent avec joie cette apparition par une exclamation très pittoresque. Chacun son tour, dirent-ils ; Mahomet a été trop longtemps de semaine, il est juste que Jésus-Christ commence les siennes. Plusieurs hommes étaient morts de faim et de froid. Quelques-uns ne pouvant plus se soutenir, et manquant de transports, furent forcément et malheureusement oubliés; se voyant perdus, ils se couchaient, se couvraient la tête, attendant le yatagan qui devait terminer leurs souffrances. Les arabes stimulés par la promesse d'une prime de dix piastres par chaque tête de français décapitaient les morts, les mourants et même les blessés.

Tout en cheminant j'aperçois un artilleur qui tirait un beau biscuit de son sac; je courus à lui comme un affamé et lui demandai s'il voulait me le vendre et s'il en avait d'autres. Major, je peux vous en vendre deux seulement. Combien? ce que je les ai vendus ce matin au colonel, X... vingt francs chaque. Je donnai deux pièces de vingt francs et rejoignis avec joie mon poste. Deux biscuits dans ma poche et pas boueux du tout, bien jaunets, biscuits de la marine encore Mais c'était une trouvaille miraculeuse et je ne l'avais payée que quarante francs ! C'était rien pour la bourse, rien, et beaucoup pour mon pauvre estomac qui se montrait dans cette circonstance bien tolérant... Aussi que de promesses je lui faisais pour le dédommager si nous pouvions nous trouver un jour en face d'un meilleur couvert! On voit que mes deux biscuits tout en me satisfaisant modestement pour le moment réveillaient des idées plus ambitieuses pour l'avenir. Nous cheminions tant bien que mal, escortés par une nuée d'arabes jusqu'au plateau de *Mécénès*. Avant d'y arriver, nous fûmes témoins d'un bien triste spectacle. J'ai dit plus haut que les prolonges de l'administration, chargées de vivres, s'étaient embourbées et n'avaient pu être traînées plus loin ; l'escorte, assaillie par l'ennemi en nombre et certain de ne pas rencontrer de résistance, se rua sur elle avec rage ; il y eut probablement un sauve qui peut. Ceux qui ne purent fuir furent impitoyablement massacrés et les voitures pillées. Les voitures embourbées étaient entourées de cadavres, on en voyait dessus, dessous, sur les roues, affectant encore des attitudes défensives ; d'autres, trop nombreux, étaient perdus dans la boue ; on devinait leur présence par quelques membres qui apparaissaient au-dessus du cloaque. La plupart avaient été décapités ; comme je viens de le dire, le plus grand nombre se perdaient dans la boue, sur lesquels il nous fallut passer. Nos cœurs étaient navrés d'un pareil spectacle ; mais il fallait fuir et songer au lendemain. Oh ! la guerre ! la guerre !...

La nuit, sur le plateau de *Mécénés*, fut mauvaise. On savait que nous avions le lendemain à traverser un défilé étroit, difficile qui serait gardé par l'ennemi et que nous aurions probablement bien du mal à franchir. On dormit peu et on réfléchit beaucoup. A tout instant, on était tenu en éveil par des coups de fusil tirés par et sur les avant-postes. Enfin, après cette nuit d'angoisses, le jour parut. Heureusement le maréchal dormit encore moins que nous. Avant le jour, il avait pris ses dispositions et donné les ordres ; devançant l'ennemi, il avait fait occuper les points dominant le ravin et fait placer des tirailleurs aussi loin que possible de la colonne, pour tenir l'ennemi à une distance respectueuse. Cette mesure intelligente sauva l'armée probablement mieux que l'affaire du bataillon carré du 2ᵉ léger. Ici encore les Arabes se présentèrent en faisant preuve d'une grande pusillanimité; car quelques mille hommes bien résolus eussent suffi pour balayer nos tirailleurs, peu confiants en ce moment, et tomber sur la colonne qui, ne pouvant se défendre au fond de ce défilé étroit, aurait été presque à leur merci. C'est dans ce moment je crois, qu'un personnage qui avait suivi l'armée, attaché au prince, saisi d'une frayeur un peu trop justifiée, se présenta dans un simple appareil, mais armé d'un fusil de chasse, devant le maréchal. « Ah ! Monsieur le maréchal, lui dit-il, Dieu nous fera-t-il la grâce de nous tirer de ce mauvais passage ? »

Le maréchal lui répondit de l'air le plus calme : « Vous pouvez être tranquille, Monsieur, je vous en sortirai sans que Dieu s'en mêle. » Nous en sortîmes en effet non sans que nos braves soldats n'aient eu à déployer un courage que la vacuité de leurs gasters ne permettait pas d'espérer. Ce défilé, qui tenait toute l'armée en haleine, une fois franchi, tout le monde respira plus à l'aise. Le terrain devenant plus découvert, on avait moins à craindre les surprises; une batterie ennemie nous envoya quelques coups de canon dont les boulets, passant sur la colonne, firent peu de mal. En même temps, l'armée du bey Achmet se présenta à une grande distance, étendards et oriflammes déployés, précédée de sa musique qui jouait et faisait raisonner à tour de bras des *tams-tams*. Elle prenait sa revanche sur celle de Yousouf qui, ayant abandonné ses tambours et ses flûtes dans les grottes de Mansourah en était réduite à écouter et à subir celle de son adversaire.

Le brave commandant de Richepanse porté sur un

brancard par huit hommes de bonne volonté du 17ᵉ léger mourut ce jour-là.

Après ce passage si émouvant, le terrain devint moins accidenté et plus à découvert. Aussi apercevait-on au loin à notre droite les troupes d'Achmet qui nous suivaient ayant l'air de vouloir camper à côté de nous pour être le lendemain plus rapprochées et nous attaquer au réveil. Un instant même elles eurent l'air de se rapprocher assez près pour faire croire ou craindre une attaque. Nous étions en ce moment dans une immense plaine remplie de chardons et surtout d'asphodèles à tiges très élevées. Le soleil était à son couchant; ces hampes isolées et espacées produisaient un effet fantastique. C'est ici que se produisit un évènement grave, qui a coûté cher à un général qui commandait l'arrière-garde où je me trouvais. Je ne me permettrai pas de l'apprécier puisqu'il l'a été par un conseil de guerre. Cependant au point de vue de la vérité et de l'histoire, je ne puis m'empêcher, j'ai même le devoir de raconter ce que j'ai vu de mes propres yeux. On a dit à tort que ce général aurait pris dans un moment d'hallucination ou de faiblesse ces hampes végétales pour des arabes venant nous attaquer. J'ignore si le général eut cette pensée: Mais ce que je puis assurer, c'est qu'elle vint à l'esprit de bien d'autres militaires. Voici dans toute sa simplicité ce qui survînt : Avant de s'engager dans le défilé très-étroit de Mecenès et pendant ce difficile passage, l'armée fut sous l'influence de la crainte, bien justifiée d'ailleurs, d'y être sérieusement attaquée. Une fois sortie saine et sauve de ce mauvais pas; étonnée du silence si incompréhensible de l'ennemi; se trouvant dans une contrée découverte où les arabes n'apparaissaient qu'à une distance respectueuse, tout le monde respira plus à l'aise : chacun éprouva le besoin de briser un peu son rang, prendre un peu de liberté et causer avec ses voisins. Mais ce déplacement n'a jamais été jusqu'au désordre, comme on l'a prétendu. Un temps superbe favorisait ces échanges d'émotion ou mieux de vraie satisfaction. Bientôt vers les dix heures du matin, on aperçut débouchant à notre droite, à une bonne distance, l'armée d'Achmet Bey, qui marchait parallèlement à nous, oriflammes déployées. La musique dont nous pouvions entendre les *tams-tams*, avait l'air de venir de notre côté. La voyant si près, et se rapprocher, il était bien permis de supposer qu'Achmet ne l'avait pas envoyée pour nous faire honneur ; le général put croire un instant qu'elle avait l'intention d'attaquer l'arrière-garde selon l'habitude arabe. Notre colonne se trouvait très longue et peu compacte à l'arrière-garde où il y avait un grand nombre de traînards qui avaient de la peine à suivre, tandis que l'avant-garde et le centre pressaient peut-être un peu trop le pas pour atteindre, avant la nuit, l'emplacement du bivouac, près de l'Oued-Teaga. La brigade d'arrière-garde ne pouvant, à cause des traînards, des écloppés et du manque de transports, suivre ce mouvement, resta un peu isolée de la colonne principale. Pendant ce temps les troupes d'Achmet-Bey avaient l'air de venir à nous tout en nous régalant toujours de sa musique qui ne cessait de tambouriner. C'est en ce moment que vint le lieutenant Bertrand dire, je crois, au général de Rigny de hâter un peu la marche : le général lui aurait répondu qu'il ne pouvait faire l'impossible et engagea M. Bertrand à prier le maréchal de ralentir un peu la sienne ou de faire une halte pour donner le temps aux écloppés de rejoindre la colonne, ajoutant que si les arabes venaient l'attaquer, il ne se croyait pas en état de se défendre. Bertrand partit. Le général ne recevant aucune réponse envoya son aide-de-camp, le capitaine *Poulle*, pour faire les mêmes observations. Celui-ci ne revenant pas assez tôt, le général s'impatientant, quitta son poste et fut lui-même trouver le maréchal. Il se produisit en ce moment chez le général un état psychologique inexplicable; que se passe-t-il entre lui et le maréchal?... Ce qu'il y a de certain et ce dont j'ai été témoin, c'est que pas le moindre désordre ne se produisit dans l'arrière-garde, tout le monde était aussi calme que les circonstances le permettaient. Tout pouvait cependant faire craindre d'être attaqués ou du moins très inquiétés par les arabes et commandait certaines précautions. Ce qui est *certain,* c'est que cette entrevue eut pour résultat de faire mettre une batterie en bataille en face des arabes et d'y rester jusqu'à ce que l'arrière-garde eût complètement défilé derrière elle et eût rejoint la colonne. Quant aux troupes d'Achmet tout le monde put les voir marcher à côté de nous, s'arrêter et dresser leur bivouac parallèlement au nôtre. Le soir, leurs feux si bien apparents et bien alimentés, ne se confondaient pas malheureusement avec les nôtres; nous aurions été pourtant bien heureux de ce mélange si, surtout, celui des hommes avait pu se faire sous d'aussi salutaires auspices. Nous, nous n'avions d'autres bois que les hampes sèches des chardons et des asphodèles peu propres aux exigences du moment. La nuit se passa avec la préoccupation d'être vigoureusement attaqués le lendemain de bonne heure. Ce fut à ce bivouac et pendant cette nuit que mourut le brave capitaine Grand. Le maréchal, prévoyant une attaque donna l'ordre de lever le camp à trois heures du matin, sans tambour ni trompettes, pour ne donner aucun signal de notre départ à l'ennemi. Nous fîmes au bivouac de l'Oued-Télaza une grande trouvaille, deux ou trois immenses silos remplis de blé, d'orge et de fèves de marais. Tout le monde courut aux provisions; pour moi qui avais fini mes deux biscuits, je remplis de blé toutes mes poches ainsi que les sacoches de la selle. Avec cette provision, j'étais tranquille sur l'avenir. Je comptais sur la qualité de mes dents pour broyer le grain de blé et sur mon estomac pour le digérer sans levain. Cette disette me rappelle l'époque où les Romains, ignorant encore la panification avec le levain, mangeaient le blé comme du riz; plus tard quelqu'un ayant imaginé de rôtir la graine de blé, le deuxième roi de Rome Numa Pompilius, institua une fête pour célébrer cette utile invention. Rien de nouveau sous le soleil. Nous n'étions donc pas les premiers à en être réduits à manger le blé en nature; seulement les romains pouvaient le faire griller, ou cuire, tandis que nous, nous étions totalement privés de ce complément préparatoire. A la retraite des dix mille, commandée et racontée par Xénophon, les hommes eurent à subir bien plus de temps encore les mêmes misères.

Au bout d'une heure, je m'aperçus que mon cheval prenait une allure incertaine; lui si fort, si vigoureux, jusqu'alors, malgré le peu de nourriture qu'on avait trouvée, cette faiblesse, survenant tout à coup, m'étonna. Peu à peu, ses jambes faiblirent et il s'affaissa complètement sous moi. J'appris alors que mon ordonnance lui avait donné une trop forte ration d'orge; la pauvre bête n'ayant rien mangé pendant deux jours, était devenue *fourbue* sous l'influence d'une trop grande quantité de cet aliment ; elle mourut le jour même et me laissa dans un bien grand embarras. C'était un cheval arabe pur sang, un des plus beaux et des plus vigoureux de l'expédition. Je reçus une foule de compliments de condoléance pour une aussi grande perte, en cette circonstance surtout. Je le quittai en pleurant et n'osai me retourner pour lui faire mes derniers adieux et pour ne pas le voir dépécer ; car j'étais certain qu'il ne resterait pas longtemps intact et que nos malheureux soldats se le disputeraient de suite pour calmer leur faim. Ce qui arriva instantanément.

Je fus donc réduit à continuer la route à pied. Ma situation devenait critique ; car je ne perdais pas seulement le cheval, mais la nourriture de blé qui était dans les sacoches ; j'y suppléai le mieux possible en en remplissant mes poches.

Le 26, la journée commença bien mal ; je n'ai jamais pu savoir si l'administration avait ou n'avait pas été informée de l'heure du départ. Toujours est-il que le chargement des nombreux malades et éclopés ne commença qu'à l'instant où les troupes se mirent en mouvement. Ce chargement dut se faire trop à la hâte ; les prolonges chargées, elles se mettaient en mouvement ; et, à peine parties, je les suivais à pied avec deux ou trois infirmiers. Bientôt je me trouvai aux prises avec un groupe d'une vingtaine de malades ou blessés qui criaient en implorant du secours ; tous nos moyens de transport étant épuisés, je me retournai et ne vis autour de moi aucune ressource ; apercevant le convoi du génie je courus implorer quelques places en faveur de ces malheureux ; tout le monde passa en silence, sourd à mes instantes supplications ; puis vinrent les fourgons et équipages de l'artillerie, j'y trouvai la même indifférence. J'étais pourtant convaincu qu'avec un peu de bonne volonté, il aurait été facile de placer quelqu'une de ces victimes sur les fourgons qui ne semblaient pas très encombrés. Mes instances furent inutiles. Je revins, ému, désespéré auprès de mes malades ne sachant comment je m'en séparerais. Parmi eux se trouvait un de mes blessés qui me reconnut et que j'avais eu tant de peine à faire charger au Condiat-Aty. « Major, me disait-il en pleurant, faites-moi charger, je vous en supplie ; les arabes qui nous poursuivent vont nous couper le cou. S'apercevant que je faisais un mouvement pour m'éloigner, il saisit l'angle de ma capote et s'y attacha avec la violence du désespoir : d'autres malheureux réclamaient la même faveur et rien absolument ne me permettait de leur donner le moindre espoir. Ma position comme on le devine, était cruelle ; j'en étais navré ; car ces malheureux, à peine abandonnés, allaient être victimes de la cruauté de l'ennemi. Enfin perdant tout espoir et voyant la dernière ligne de tirailleurs s'approcher suivie par une nuée d'arabes, qui *yiouloulaient* comme des cannibales, détournant la tête je fis une tentative pour m'échapper, je faillis même pour terminer cette terrible lutte ôter ma capote et l'abandonner ; mais il faisait froid et ne pouvait être d'aucune utilité pour le malheureux. Puis, l'instinct de conservation aidant, et me trouvant tout à fait impuissant, par un effort suprême que je n'oublierai de ma vie, je fis lacher prise en promettant à ces malheureux d'aller rejoindre les cacolets, *que je ne voyais pas*, dans le lointain, sur la ligne des tirailleurs, et je partis au galop pour rejoindre la colonne. A chaque levée de bivouac nous étions habitués à voir les arabes arriver et se ruer sur l'emplacement de l'ambulance pour y chercher tout ce que nous avions abandonné; y profaner surtout les cadavres et se partager leurs têtes. La même avidité allait les faire se précipiter sur ce dernier bivouac où ils allaient trouver matière à assouvir leur férocité.

En gravissant une petite côte dominant le bivouac nous pûmes distinguer au milieu des hurlements sauvages que les arabes poussaient à la vue de leurs victimes abandonnées et entendre même les cris de nos malheureux qu'on égorgeait. Le capitaine Morice du 3ᵉ chasseurs à cheval qui commandait un peloton d'arrière-garde entendant les cris d'allégresse de ces canibales ne put résister au sentiment d'humanité provoqué par un si horrible spectable. N'écoutant que la voix du cœur et de son courage il partit au galop, sans ordres, avec ses hommes. A ce départ, prompt comme l'éclair, comme la pensée qui l'avait provoqué, nous crûmes qu'il ne reviendrait pas et que lui et son faible peloton allaient grossir le nombre de nos victimes. En le voyant arriver au bivouac charger à l'arme blanche cette nuée d'arabes qui se ruaient sur nos pauvres malades, nous, simples spectateurs de ce drame, nous n'osions respirer tant l'événement qui allait s'accomplir nous émouvait : heureusement la scène changea très vite. Nos chasseurs, animés et excités par la bonne action qu'ils allaient commettre chargèrent l'ennemi comme des lions: les arabes, à la vue de nos cavaliers qui, au premier choc, couchèrent par terre plusieurs des leurs, les autres prirent la fuite et s'éloignèrent assez pour permettre à nos cavaliers de saisir quelques malades, de les charger et de les ramener à l'ambulance. Le capitaine perdit seulement un homme et n'eut pas d'autres blessés. Ce trait de haute humanité et de bravoure fit le plus grand honneur au capitaine Morice; il fut le point de départ de la carrière brillante qu'il a parcourue, et lui ouvrit la route qui le conduisit rapidement au grade de général.

On a beaucoup crié contre le général de Rigny accusé, bien à tort, d'avoir abandonné les blessés au Condiat-Aty, au nombre de quatre seulement. Dans ce bivouac de Telaga on en a laissé plus de vingt; à qui incombe cette énorme responsabilité? On a dit que l'intendant avait fait commencer ce chargement trop tard; mais les malades devaient-ils être responsables et payer de leur vie cette négligence purement administrative? Est-ce que le devoir du chef d'état-major ne consiste pas à s'assurer, avant de lever le camp et de se mettre en marche, si tout est prêt et, par-dessus tout, si les malades sont chargés et l'ambulance en état de suivre le mouvement?... Ce triste épisode témoigne comme celui de Guelma en allant, et celui du Condiat-Aty de l'incurie qui avait présidé au début et pendant cette expédition. Une heure après le départ, un homme du 17ᵉ léger vint me prier d'aller voir un de ses camarades qui, ne pouvait plus marcher et était exténué de faim et de fatigue; je le trouvai couché le long d'une haie; je lui fis boire quelques gouttes d'eau-de-vie qui se trouvaient au fond de mon bidon; j'allais appeler quelques hommes pour l'aider à marcher, ou le porter lorsque le vieux duc de Caraman, avec ses soixante-seize ans, passa à cheval; me voyant *à pied* et prodiguer mes soins à un malade, il s'arrêta; après quelques questions il descendit et m'offrit son cheval pour porter ce malade jusqu'à l'ambulance, tenant lui-même la bride pour conduire l'animal. Nous causâmes beaucoup sur cette expédition, les *sujets* ne faisant malheureusement pas défaut pour alimenter la conversation. Entre tout ce qu'il me dit, je n'ai jamais oublié ces paroles : « Docteur, me dit-il, il y a, au-dessus de tous ces malheureux évènements, une chose qui m'étonne et qui me transporte d'admiration pour l'armée : c'est la résignation avec laquelle le soldat supporte ses misères ; il n'a rien à manger ni à boire ; il se bat du matin au soir ; se couche, s'il le peut, dans la boue, ou y meurt même d'inanition et de douleur ; pas une plainte ne sort de sa bouche ni de celle de ses camarades : c'est admirable ». Le duc était venu à cette expédition pour y voir un petit fils et lui donner un bon exemple d'humanité, de courage et de dévouement.

Le temps continuait à être magnifique et se maintint ainsi jusqu'à Bône. Nous arrivâmes, vers les quatre heures du soir, à l'extrémité basse de la vallée, au maraboud de Sidi-Tamtam, lieu choisi pour le bivouac ; près de l'eau et à côté de silos nombreux qui nous fournirent leurs ressources. Le maréchal, voulant faire respecter la petite mosquée qui recouvre le tombeau de ce personnage, y avait envoyé un officier et fait mettre une garde. Mais il ne fut pas possible de maintenir cette protection contre les besoins de toute l'armée. Sidi-Tamtam finit par céder charitablement, pour faire bouillir la soupe de nos soldats, le toit du logis où il repose. Bonne œuvre digne d'un saint dans toutes les religions. Les croyants indigènes lui auront rendu sa toiture.

Une précaution qui avait été négligée jusqu'alors, fut prise ; les corps reçurent ordre de fournir chacun, selon sa force, un certain nombre de couvertures pour le service de l'ambulance, afin que les malades fussent mieux couverts ; les nuits étaient très froides.

Tous les chefs de corps ou de service et un officier général furent convoqués le soir, dans la tente du maréchal ; la France a retenti de ce qui s'y passa.

27 *Novembre*. Journée où d'assez grandes difficultés restaient encore devant nous. A mesure qu'on avançait à travers des périls sans cesse surmontés, vers le Ras-el-Akba, ce Ras-el-Akba grandissait dans les imaginations et devenait un épouvantail de plus en plus menaçant ; sitôt que, contre les pressentiments de quelques-uns, on se fut passablement tiré d'affaire au voisinage de Constantine, la partie craintive et jaseuse de l'armée (incapable de retenir des réflexions qui, cependant, lui faisaient peu d'honneur), avait dit autour d'elle : « Mansoura n'a pas été notre tombeau, « il est vrai ; mais ceci n'est encore rien, nous n'avons « eu là sur les bras que des cavaliers, des turcs et des « habitants de la ville ; nous avons résisté à cette multi- « tude. Attendez ; les Kabyles de Bougie sont autrement « guerriers, autrement farouches, autrement redou- « tables et irrésistibles que ces cavaliers et cette infan- « terie. Que deviendrons-nous alors ? »

La journée, quoique fatigante, fut moins agitée. Les arabes nous suivaient en nombre, mais à une distance moins agaçante. Il en fut de même jusqu'à Med-Jez-amar où l'ennemi, repoussé constamment depuis notre départ de Constantine, crut se venger de sa faiblesse par un acte de cruauté qui touchait bien plus ses coreligionnaires que nous. Avant d'arriver à Med-Jez-Amar, il fallait traverser ou passer tout à côté d'un grand douar. Eh bien ! les Arabes pour arrêter ou du moins contrarier notre marche et détruire tout moyen de ravitaillement, imitèrent microscopiquement Rostopchine en Russie ; ils mirent le feu sur plusieurs points du village en même temps, et nous donnèrent ainsi le spectacle d'un magnifique incendie. Ce ne fut pas malheureusement le seul phénomène qui eût donné à cette expédition quelque ressemblance avec celle, aussi mal conçue, de Moscou ; il n'y avait qu'une différence de nombre. Mais les misères sont toujours les mêmes qu'elles s'appliquent à un seul ou à un million d'hommes. Le campement de Med-Jez-amar fut très agité. Les Arabes sentant que leur proie allait les abandonner, voulurent nous laisser un dernier souvenir de leur fureur et de leur faiblesse. Se cachant au milieu des taillis ou derrière les plus proches arbres qui entouraient le camp ils espéraient qu'on n'irait pas les déranger de leur position. D'un difficile accès pendant le jour à plus forte raison la nuit, ils ne cessèrent de tirailler et de nous tenir sur nos gardes. En attendant tout se préparait pour leur faire la chasse le lendemain de bonne heure. Heureusement les reconnaissances qu'on fît, trouvèrent le terrain complétement abandonné. Nous pûmes ainsi respirer un peu à l'aise et nous préparer lentement au départ. C'est ici que parut le fameux ordre du jour qui visait le général de Rigny et qui le conduisit devant un conseil de guerre. Je vais en donner une copie exacte.

« Honneur soit rendu à votre courage, soldats ! Vous avez supporté avec une admirable constance les souffrances les plus cruelles de la guerre. Un seul a montré de la faiblesse; mais on a eu le bon esprit de faire justice de ses propos imprudents ou coupables qui n'auraient jamais dû sortir de sa bouche.

Soldats! dans quelque position que nous nous trouvions ensemble, je vous en tirerai *toujours* avec honneur ; recevez-en l'*assurance* de votre général en chef. »

Cet ordre du jour auquel personne ne s'attendait fut comme un coup de foudre. Ceux qui n'étaient pas initiés au mystère qui s'était accompli sous la tente du maréchal, entre lui et le général de Rigny, en furent d'autant plus surpris qu'aucun acte ostensible ne semblait avoir pu motiver un pareil blâme.

L'armée se mit en marche et le maréchal, voyant l'ennemi disparu, jugeant sa présence moins nécessaire, prit les devants pour aller visiter le camp de Guelma et vint nous rejoindre au camp de Houmman Birda où nous arrivâmes de bonne heure vers midi. Quant au général de Rigny, aussitôt l'ordre du jour paru, il quitta l'armée et se rendit directement à Bône, accompagné de son aide-de-camp et d'une faible escorte.

Pour la première fois depuis notre départ de Bône, nous reçûmes une distribution de quelques vivres, surtout de riz. Sitôt pris, sitôt mis au feu, tout le monde attendait sa cuisson avec une impatience fibrile. Enfin, on nous en servit un immense chaudron autour duquel nous nous mîmes dix pour y puiser à même. Rien de curieux comme ces dix affamés attendant avec impatience que ce plat pantagruéliste, servi bouillant, dont la fumée épaisse, laissait en passant une odeur appétissante, fut un peu refroidi.

Quelques pressés ayant voulu devancer ce moment, s'y brûlèrent et nous ne tardâmes pas à les suivre. Jamais mets n'a été trouvé si bon et si bien assaisonné. Oh ! comme la faim rend les convives indulgents ! Le riz étant encore très chaud, les bouches délicates qui ne pouvaient le supporter demandèrent à se numéroter, afin qu'elles pussent avoir la part qui leur revenait : mesure prudente, car quelques convives, à bouche caoutchoutée, engloutissaient plus que leur ration. Nous n'étions pas encore à la fin du repas, le commandant *Filippi*, que nous avions laissé au camp de Guelma, me fit signe et m'invita à venir de suite avec lui pour partager son déjeûner, à Guelma, à vingt minutes du camp. Il me fit prendre un chemin détourné dans la crainte d'être suivi par quelque camarade. Arrivé dans sa tente, on nous servit du bœuf à la mode dont l'odeur me mit en état d'extase et dont le goût me représenta tous les bonheurs culinaires. Je ne mangeais pas, je dévorais; me rappelant cependant la cause de la mort de mon pauvre cheval pour avoir trop mangé une bonne chose, j'eus le courage de me contenir afin de ne pas devenir à mon tour fourbu. Un incident assez comique survint pendant notre repas fait au milieu des ruines romaines. Le colonel anglais Campell qui avait suivi l'expédition et qui venait visiter les ruines de Guelma, passant à cheval devant nous, s'arrêta pour me saluer. Filippi m'autorisa à lui offrir un verre de vin, chose rare en ce moment. Le colonel accepta volontiers, mais en me voyant lui verser du vin rouge, il me dit : Non, docteur, du vin blanc, je l'aime mieux; à cette observation je faillis laisser tomber la bouteille d'indignation; je ne comprenais pas qu'en ce moment de disette et de pénurie on put avoir le courage et l'impertinence d'oser faire acte d'une semblable raffinerie. Je lui répondis, presque indigné, que je n'en avais pas ; mais qu'il n'avait qu'à suivre la muraille qu'il trouverait, tout à fait au bout des ruines, une auberge où il pourrait s'en faire servir. Il me remercia et continua son chemin : il chercha longtemps le cabaret. Le commandant me gronda presque de lui avoir donné cette direction dans la crainte qu'il ne trouvât, au lieu de vin blanc, quelque arabe embusqué dans les ruines isolées et lui envoyât un peu de plomb en place. Le repas fini, je pris congé de mon si aimable amphytrion en lui adressant, bien entendu, force remercîments, et en lui donnant rendez-vous à Alger. Je rejoignis le camp, d'où le maréchal et le prince étaient partis se rendant directement à Bône en brûlant les camps de Nechmëya et de Dréan. Me rappelant l'histoire des scorpions, en allant, j'eus bien soin de ne plus toucher aux pierres sur lesquelles j'étais couché. Le 30 nous arrivâmes à midi au camp de Dréan. Le silence et le calme qui se faisaient autour de nous annonçaient l'éloignement de l'ennemi et le rapprochement de nos camarades: finalement la fin de nos misères. Le temps était beau et se mettait de la partie pour fêter notre retour. L'arrivée au camp de Dréan fut saluée d'une joie qui nous émut prondément, mais ne nous ôtait pas l'appétit. Je descendis chez le comptable des vivres qui nous avait fait préparer un bon déjeûner. Pendant que celui-ci se préparait nous eûmes la mauvaise idée d'entrer dans une pièce remplie de pains de munition. Personne ne put résister au plaisir d'en manger ; nos appétits féroces le trouvèrent si bon que pas un ne pût ou n'eût le courage de s'arrêter. Chacun de nous dévorait et les pains disparaissaient comme les biscuits à la cuillère. Nous en prîmes tant et si bien que, lorsqu'on vint annoncer que le déjeûner était servi deux d'entre nous seulement eurent la force d'aller se mettre à table, les autres ne demandèrent qu'à se coucher pour faciliter le travail de l'estomac que nous venions de condamner à une si rude besogne. Tout passa et se passa bien, car, après trois ou quatre heures d'un bon somme, sur un *matelas*, nous pûmes, avec un peu d'exercice nous préparer au repas du soir auquel nous fîmes l'honneur qu'il méritait. Le lendemain nous rentrâmes à Bône, terme de cette triste campagne; j'allais dire de cette équipée qui n'ajouterait pas un fleuron bien glorieux à la couronne de celui ou de ceux qui l'ont conçue et entreprise.

Cette expédition se termina par un trait, une bonne œuvre, qui fait le plus grand honneur au prince, duc de Nemours lequel, malgré son indisposition durant toute l'expédition, n'a cessé de suivre à cheval le général en chef.

Avant ou pendant le campement de Med-Jezmar, Youssouf avait réussi à faire plusieurs prisonniers arabes blessés qui n'avaient pu fuir. Ils furent conduits auprès du maréchal. Au lieu de la mort qu'ils redoutaient et qu'ils avaient méritée, ils furent bien étonnés de voir que le chirurgien du prince, M. Baudens, mon ancien maître et ami, leur donna ses soins, comme il savait les donner. Les pansements faits, sur le désir de son altesse royale, le maréchal leur rendit la liberté en les engageant à publier et à répéter que tout arabe qui ramènerait un soldat français recevrait la somme de cent francs. On dit que quelques prisonniers nous furent ainsi rendus.

Une expédition avait eu lieu en 1806 contre Constantine qui eut une étrange ressemblance avec la nôtre. Ali-Ben-Mouftah, Moustah-Inglis la conduisait.

Elle était composée de Tunisiens, et partit de Tunis par le chemin de Riff, traînant derrière elle, outre un matériel considérable, toute une population d'Arabes nomades qui la suivaient, lui donnant l'aspect d'une de ces grandes migrations barbares du quatrième et du cinquième siècle. Soixante mille hommes, femmes, enfants, vieillards, marchaient sur les flancs et à la queue de l'armée conduisant leurs bestiaux.

Cette masse de monde s'établit sur le Mansourah, et l'artillerie en position, on tira sur la ville; mais, soit la distance à parcourir pour les projectiles, soit inhabileté de la part des pointeurs à les diriger, ce feu si bien nourri qu'il fut, causa peu de dégats; aussi les Constantinois prirent-ils leur siège en patience et attendirent-ils les secours qu'ils avaient fait demander à Alger. Au bout d'un mois et demi, on annonça deux armées, une de terre et une de mer. Les Tunisiens allèrent au-devant de l'armée de terre jusqu'à l'Oued-Zenati; arrivés là, ils aperçurent la tête de colonne turque; et sans attendre l'ennemi, battirent en retraite jusqu'au confluent du Bou-Merzouck et du Rummel où ils firent halte.

Trois jours s'écoulèrent en combats de tirailleurs et d'avant-postes. Enfin, le quatrième jour les Turcs abordèrent les Tunisiens à l'arme blanche; et sans tirer un coup de fusil, les battirent complètement.

Alors toute cette multitude s'enfuit au hasard et sans suivre de direction, comme une immense bande d'oiseaux effarouchés, laissant quarante pièces d'artillerie, tant sur le champ de bataille que sur le Mansourah, parmi lesquelles des mortiers de 13 pouces et des pièces de 24 et de 30.

C'était une prise importante que celle de cet immense matériel; aussi les Turcs d'Alger auraient bien voulu l'emmener à Alger, d'abord à cause de sa valeur, et ensuite à cause de la force qu'un pareil butin donnerait au Bey. Mais la difficulté du transport était telle que bon gré malgré il fallut laisser ces quarante pièces de canon où elles étaient.

Bône étant encombré de troupes, je partis le lendemain pour Alger sur le premier bateau en partance.

La traversée de Bône à Alger revenant de Constantine fut plus heureuse que celle en venant ; la mer nous devait cette compensation bien méritée. Arrivé à Alger, je repris aussitôt mon service à l'hôpital du dey et mes fonctions de démonstrateur d'anatomie à l'hôpital d'instruction.

EXPÉDITION DE LA TAFNA

Pendant que nous épuisions nos forces et nos moyens dans une expédition si mal conçue et si mal réussie, Abd-el-Kader ne perdait pas son temps. Il en profitait pour organiser son armée, créer une fonderie à Melianah avec un personnel recruté parmi les prisonniers ou les déserteurs de la légion étrangère, presque tous allemands, et mettre le plus à profit possible les concessions que le général Desmichels lui avait accordées par son traité. Ce général avait eu la faiblesse de permettre à l'émir de faire entrer par le port D'Arzew toutes les provisions de guerre qu'il jugerait convenable. Le général Trézel, à peine nommé à Oran, en remplacement de Desmichels, ne tarda pas à s'apercevoir de la faute commise par son prédécesseur ; de la puissance et de l'influence morale qu'elle devait forcément donner à Abd-el-Kader. Son intelligent patriotisme ne lui permit pas de supporter longtemps l'exécution, si fatale à notre colonie, de ce traité. N'écoutant que son courage et la conviction d'être utile à son pays, il voulut s'oppposer ou tout au moins diminuer l'abus que l'émir faisait des libertés qu'on lui avait données ; d'où la guerre qui éclata entre les deux chefs. Abd-el-Kader ne voulant pas écouter le général et résister, malgré ses observations, dans l'esprit du traité, résolut de mettre obstacle au libre passage des convois qui se rendaient d'Arweu dans l'intérieur à la barbe de notre armée qui rugissait de cette liberté accordée à notre plus implacable ennemi.

Trézel résolut de s'y opposer par la force. Mais il avait trop compté sur le courage du peu de monde dont il pouvait disposer et trop peu sur celui de son ennemi qui avait, lui, plus de cinq ou six mille hommes à sa disposition et des munitions en quantité. Le général Trézel surpris à la macta par une armée six fois plus nombreuse que la sienne et acculé dans un ravin où la cavalerie ne put se mouvoir y subit un échec complet, mais non sans gloire. Cette défaite eut pour conséquence heureuse de desciller les yeux de l'administration supérieure ; de faire comprendre au gouvernement la faute commise par Desmichels et la nécessité de la réparer tout en vengeant la défaite de de la macta.

Le général Bugeaud, bien connu d'Abd-el-Kader depuis la défaite qu'il lui avait fait subir en détruisant sa cavalerie dans les gorges de la Sickac, fut choisi pour commander l'expédition contre l'émir. Celle-ci, décidée pour le mois d'avril ou mai suivant 1837, je fus désigné pour diriger le service de santé de l'ambulance de l'état-major général. Presque en même temps je reçus, par la voie officielle, de M. commissaire-rapporteur du conseil de guerre siégeant à Montpellier, l'ordre de me rendre à cette ville pour déposer, comme témoin, dans l'affaire du général de Rigny qui avait demandé avec instance d'être jugé des accusations, du maréchal Clauzel, devant un conseil de guerre.

L'époque de cette convocation coïncidant avec celle du départ de l'expédition, M. le gouverneur m'expédia de suite à Montpellier avec un pli pour le colonel, commissaire-rapporteur, le priant de recevoir ma déposition rogatoire et de me renvoyer le plus tôt possible, à Alger, afin que j'aie le temps de me rendre à Oran, prendre le service qui m'était confié. Je restai quatre jours seulement à Montpellier; ma déposition faite, je repris le chemin de Toulon pour m'embarquer sur le premier bateau en partance pour Alger. Heureusement, la traversée fut très heureuse et très rapide. Un jour de plus, je manquais l'expédition. A peine arrivé à Alger, à midi, je dus me préparer à repartir le lendemain matin. Tout le personnel était déjà rendu à Oran depuis plusieurs jours. Je m'embarquai sur la petite corvette à voile, *La Diligente,* commandée par l'amiral Lapierre, homme aussi aimable qu'intelligent avec lequel j'eus l'honneur d'entretenir des relations très sympathiques. Il portait avec lui des dépêches importantes pour le général Bugeaud et était, lui aussi, très pressé d'arriver. En quittant Alger, le vent fut favorable. S'il continue ainsi, disait l'amiral, nous serons bientôt arrivés. Quelques heures après le vent cessa complétement; un calme plat nous força pendant une partie de la journée à re ..r sur place et à attendre la levée d'une brise quelcon.ue : la vapeur n'avait pas encore remplacé la voile. Le commandant tapait du pied, regardant à tout instant si la mer moutonnait; mais le *plumeau* restait immobile; c'est alors que j'ai pu juger de l'avantage des bateaux à vapeur sur ceux à voile; être pressé et ne pouvoir bouger, alors qu'avec un vapeur nous aurions déjà atteint notre but, c'était impatientant. Il fallut passer la nuit pendant laquelle notre esprit et surtout celui du commandant ne fut pas aussi calme que la mer. Tout le monde était sur le pont au point du jour pour consulter le fameux plumeau dont l'immobilité faisait le désespoir de tout le monde, de l'amiral, surtout, et le mien aussi. Enfin, la vigie annonça quelques brisants, moutonnant dans le lointain; et, peu d'instants après cette bonne découverte, le plumeau s'agitant du bon côté, le commandant ordonna de se préparer à larguer les voiles. Les matelots grimpèrent comme des souris à leur poste en haut et en travers des mâts, et, au commandement de larguer, lancé par le lieutenant du bord, toutes les voiles furent déployées pour recevoir le vent qui venait les frapper en plein *grand-largue*. Peu après, le vent fraîchit si fort; le bâtiment était si incliné qu'il était impossible de s'y tenir debout sans saisir un bras du cordage. Nous filions à merveille. La mer était agitée et *La Diligente*, justifiant son nom, sautait d'une vague à l'autre sans toucher le fond de l'intervalle qui les séparait. Si, tout à l'heure, j'ai pu faire la comparaison du bâtiment à voile et à vapeur, au point de vue de la vélocité que la machine donnait en tout temps au mouvement, j'ai pu aussi établir la différence de la marche d'un bâtiment à voile bien dirigé et poussé par un vent favorable. Ici, pas de secousses ni de trépidations; surtout pas d'odeur ni chaleur. C'est une véritable glissade ondulée sur l'inégalité des vagues. Tandis que, sur le steamer, si beau que soit le temps, on est toujours exposé aux trépidations continuelles, aux odeurs et à la chaleur qui se dégagent sans cesse des fourneaux et de la machine. Mon intention n'est pas de faire la guerre à la vapeur mais seulement ne pas jeter, comme font ceux qui ne l'ont jamais connue, la marine à voiles par-dessus bord. A part la régularité et la facilité des mouvements, une traversée sur un bâtiment à voiles est bien plus agréable et plus poétique.

Nous débarquâmes à Oran, le 13 mai, à dix heures du matin. Sitôt arrivé, je me hâtai d'aller à l'état-major général, pour annoncer mon arrivée. Il était temps; une partie de l'armée était déjà rendue au camp de Mézerguin et l'autre au camp de Bredeah, à quelques lieues d'Oran. Le général Bugeaud me fit l'honneur de m'inviter à dîner; en attendant, je vis l'intendant et le personnel qui composait l'ambulance et je préparai mes cantines. Tout le matériel était, d'ailleurs, en état de partir. Je fus étonné en le comparant à celui que nous avions eu pour l'expédition de Constantine lequel, au lieu de seize malades qu'il nous permettait de transporter, celui-ci nous donnait cent places. Je suis heureux de rendre ici pleine justice à la mémoire du général Bugeaud. Aucun général jusqu'à lui ne s'était occupé ni préoccupé de l'organisation de tous les services comme il le faisait. Quand il s'agissait d'une expédition, après les ordres donnés et lorsque tout était ou devait être prêt, il appelait à lui successivement tous les chefs de service et leur demandait si tout était en état. Il m'adressa en arrivant la même question. Passez une dernière revue, me disait-il, et s'il vous manque quelque chose, venez vous-même me le dire. Comme c'était la première fois qu'un général en chef ou tout autre commandant d'une expédition s'occupait de ces détails, je me permis, le soir, après le dîner, de lui en exprimer mon étonnement. Il se mit à rire et d'un ton familier, il me dit qu'en agissant ainsi, il rendait plus responsable chaque chef de service; et, moins autorisé ensuite à faire des réclamations si ce service présentait quelques lacunes.

Le dîner fût très gai ; le général Bugeaud était un convive aimable, un conteur agréable ayant dans son sac de nombreuses anecdotes. Au nombre des convives, se trouvait le grave et sévère général Ruillères, que j'avais beaucoup connu, colonel du 35e de ligne; le général Leydet, esprit pétillant, un peu sarcastique; le brave colonel Combes, commandant le 47e de ligne, etc. L'amphytrion amena la conversation sur ses souvenirs de jeunesse pendant la campagne d'Espagne de 1823. Il prit surtout à partie le général Ruillières auquel il ne donnait pas le temps de répondre. Ruillères qui avait la fibre nerveuse fort irritable et chez qui le sang prenait facilement la direction de la tête, se contenait tant qu'il pouvait. Bugeaud qui le tutoyait, continuait en riant, à lui rappeler quelques folies de jeunesse, ce qu'il avait fait à Séville, à Cadix, etc. Tout le monde riait, excepté Ruillières. Celui-ci allait prendre sa revanche et répondre à Bugeaud, lorsque parut Allegro qui avait été envoyé près d'Abd-el-Kader par le général en chef, pour lui faire connaître ses intentions de le combattre à outrance et de détruire ses récoltes, s'il ne se décidait à accepter les conditions de paix qu'il lui proposait. L'apparition de ce messager important, coupa court à la conversation et le général convia Allegro à lui rendre compte de sa mission.

Voici, à peu de chose près, le récit qu'il nous fit et la réponse de l'émir : « Tu me proposes la paix à des conditions que je ne peux accepter. Tu dis que tu me poursuivras jusqu'au désert, que tu brûleras la moisson si je ne veux t'attendre pour accepter la bataille. Mais la terre est grande ! Je peux, moi, m'en aller ; toi, au contraire, tu ne peux me suivre ; je sais, aussi bien que toi, que tu ne peux emporter des vivres que pour un certain nombre de jours, vingt-six environ ; treize pour aller et autant pour t'en retourner. Eh bien ! tant que tu marcheras en avant, je te laisserai venir, n'ayant pas comme toi, une armée bien organisée et plus instruite que la mienne ; ne pouvant te résister, j'aurai soin de ne te laisser aucune ressource sur ton passage: mais quand tu t'arrêteras, je m'arrêterai pour te surveiller ; sitôt que les vivres t'obligeront à battre en retraite, je tomberai sur le derrière de ton armée en lui faisant le plus de mal possible ; battant en retraite moi-même, si tu fais un mouvement de mon côté. Tu me menaces aussi d'incendier la moisson. Écoute ceci : l'expédition va te coûter la somme de : (ici je ne me rappelle pas le chiffre qu'Abd-el-Kader avait indiqué ;) mais il se rapprochait beaucoup de la vérité. Eh bien ! donne-moi seulement le quart de cette somme, je te jure de brûler le double de la moisson que ton armée pourrait détruire. »

A la fin de ce récit, le général Bugeaud poussa un juron à faire éclater toutes les vitres, en disant que l'émir avait peut-être raison. Après cet incident, Bugeaud prit congé en saluant ; tout le monde alla se coucher et se préparer au départ.

Le lendemain, 14, le reste de l'armée qui était à Oran se mit en marche avec l'ambulance. Le 15, à onze heures, je partis avec l'état-major général ; à deux heures, nous étions rendus à Mezerguin, distant de seize kilomètres de la ville, où nous fîmes une halte de trois heures.

Le temps étant très beau, je pus jeter un coup d'œil général sur cette localité. Mezerguin était une ancienne campagne de plaisance du Beylick d'Oran ; une petite maison mauresque ombragée par quelques figuiers, grenadiers et orangers. Deux bassins d'eau fort claire, provenant d'une source abondante, décorent cette oasis d'autant plus agréable que les environs sont arides et très rocailleux surtout du côté d'Oran. Repartis à cinq heures, nous arrivâmes, à marche rapide, à sept heures et demie au camp de Brédéah, après avoir traversé une plaine inculte, sèche, dont le sol est déchiré par des torrents qui, le traversent en tous sens. Nous séjournons trois jours à Brédéah pour donner le temps à toute l'armée de s'organiser.

La chaleur était déjà piquante, 35° au soleil, et pas un arbre pour produire un peu d'ombre. Heureusement des touffes de lentisques assez nombreuses fournirent du bois en suffisante quantité pour les besoins de l'armée ainsi que deux sources assez abondantes qui y formaient une grande mare. La cavalerie seule y trouva un plantureux herbage.

Le lendemain, en levant le camp, on aperçut quelques cavaliers en observation sur la crête d'une colline voisine. On n'y fit aucune attention. Vers dix heures, une immense nappe d'eau s'étalait devant nous, s'étendant à perte de vue, un peu à notre gauche, du côté du soleil. L'ayant signalée aux personnes qui m'entouraient, un de mes sous-aides, M. Warnier, devenu plus tard, député de l'Algérie mort, il y a quelques années après s'être créé et parcouru en Afrique une carrière des plus honorables, me dit que ce que je prenais pour de l'eau n'était que l'effet d'un mirage.

 Je crus qu'il plaisantait, car, pour moi et pour d'autres personnes de l'ambulance, les vagues étaient si évidentes que je soutins mon opinion. Warnier eut beau me dire qu'il était déjà venu trois fois dans cette localité et qu'il était sûr qu'il n'y avait pas d'eau. L'illusion pour moi étant complète, je ne pus faire la moindre concession. Je lui pariai même un déjeûner à notre retour de l'expédition, qu'il accepta avec empressement, mais en m'assurant qu'il jouait à coup sûr. Comme nous marchions toujours, il s'arrêta en me disant : Tenez, voici le commencement du lac où vous avez aperçu de l'eau. Maintenant vous la voyez plus loin et toujours à la même distance du point visuel. Bientôt l'avant-garde signala des cavaliers qui traversaient le lac au fond de la rive opposée, longeant un bois assez touffu. On fit une halte et tout le monde vit le défilé de ces cavaliers. Cinq ou six spahis furent envoyés en reconnaissance. Arrivés à la distance de deux cents mètres environ, on vit ces cavaliers s'allonger, grandir, acquérir bientôt une hauteur de plusieurs mètres et prendre une forme fantastique. Les chevaux dont les jambes ressemblaient à de longues échasses, semblaient piétiner sur place. Ce phénomène étonnant faisait l'admiration de tout le monde. Bientôt les spahis revinrent et apprirent que ce qu'on avait pris pour des cavaliers, n'étaient qu'un grand troupeau de flamands grandis par l'effet du mirage. Un rire général s'empara de nous tous, du général en chef le premier, d'une pareille méprise d'un genre tout particulier et très original. Alors seulement, je m'avouai vaincu et je promis de faire honneur au pari perdu. Dans quelques instants, je raconterai d'autres effets de mirage, et je dirai comment et quand ce phénomène si curieux peut se produire.

Après l'expédition de Constantine de si déplorable mémoire ; celle-ci ressemblait à une véritable promenade d'agrément. Des provisions suffisantes, temps à souhait, un peu chaud seulement, tranquillité parfaite. Pas même un simple coup de fusil pour nous distraire, ni la vue d'un arabe ennemi pour animer le paysage. Nous trouvions même cette vie un peu monotone. Cependant, aux approches de Tlemcen, l'ennemi se montra en nombre et eut l'air de vouloir nous donner une légère représentation. Il n'en fut rien. Après nous avoir contemplé et fait escorte à une distance très respectueuse, trop respectueuse même, il nous laissa bivouaquer tout à notre aise. Le lendemain, reparaissant de nouveau et aussi peu menaçant, nous pensions que cette tactique finirait par impatienter le général en chef et qu'il irait lui faire une politesse à main armée. Mais à l'exemple de l'émir qui pouvait faire les mêmes réflexions à notre égard, nous continuâmes notre route directement sur Tlemcen, sans avoir l'air de faire attention à notre voisin.

Jusqu'ici le pays est très accidenté et aride. La vallée de *l'Ysser* nous offrit un grand dédommagement en étalant sa verdoyante et fraiche parure. La rivière qui la parcourt forme des courbes qui vont alternativement d'un côté à l'autre de la plaine, accompagnée et ombragée dans toutes ses ondulations, d'une luxuriante végétation, telle que lauriers-roses, tamaris, orangers, bananiers, etc. Ajoutez un sol bien cultivé, des prairies plantureuse où manquaient les troupeaux qu'Abd-el-Kader avait fait enlever ; on aura une idée imparfaite de cette riche et riante contrée.

La ville de Tlemcen se dessinait, en face, avec sa couleur blanche et ses minarets, adossés au pied de la montagne, d'où s'échappent des sources abondantes formant des cascades qui viennent, en bruissant, alimenter la ville et les petits jardins qui l'environnent. L'eau toujours claire comme du cristal, ayant son point de départ à une assez grande hauteur, permet à toutes les maisons aisées, d'avoir au milieu de la cour d'honneur, un bassin avec un jet d'eau de plusieurs mètres de hauteur. L'armée était sous le charme de ce paysage qui fut malheureusement bientôt assombri à la vue des misères qui s'étalaient dans toute la ville, bloquée depuis huit mois par l'émir. Le tableau qu'elle présenta à notre arrivée était navrant. Le commandant Cavaignac subissait, lui aussi, avec son bataillon, le même blocus dans le casoar, ou citadelle, sans pouvoir faire la moindre sortie ; toutes ses ressources étaient épuisées par les efforts qu'il avait dû faire pour se défendre et défendre les habitants contre les milliers d'Arabes qui venaient jusqu'aux portes et empêchaient toute sortie ; les assiégés en étaient réduits aux plus complètes privations. Plusieurs habitants avaient déjà succombé de faim, elle aussi, la faible garnison composée d'un bataillon, avait perdu pas mal d'hommes. Quand nous entrâmes dans le cazoar, l'aspect de ces hommes aux habits bariolés, déchirés, usés et rapetassés ; aux figures hâves, pâles, que la misère, les privations de toutes sortes avaient creusées, produisit sur nous tous un effet navrant.

Bien avant qu'on put faire une distribution de vivres, chacun de nous vida ses poches pour en distribuer le contenu à nos camarades de malheur. Aussi quelle joie et quelle transformation s'opérèrent chez eux à notre vue. Aux prises depuis longtemps avec la misère, entourés d'un ennemi acharné qui aiguisait tranquillement ses armes et attendait avec impatience, le moment, très proche, de se livrer à un massacre général, ils ne pouvaient s'expliquer la lenteur que le gouvernement avait mise à venir à leur secours et à réparer l'erreur du maréchal Clauzel d'avoir laissé dans une ville isolée, éloignée de toute communication avec nous, une si faible garnison en face d'un ennemi nombreux et aussi féroce. Le maréchal pouvait certainement compter sur le courage des hommes qu'il y laissait et surtout sur l'intelligence et le dévouement du commandant Cavaignac. Mais Clauzel, trop confiant dans la générosité des Arabes, semblait obéir à un trop généreux sentiment. Après les quelques exemples sévères infligés aux Arabes par le duc de Rovigo, commandés par la nécessité et justifiés par la fourberie, le vol et l'assassinat commis sur nos soldats et colons, l'arabophylie devint à la mode. On aurait voulu et on croyait pouvoir convertir les indigènes ; leur faire comprendre que nous étions venus les conquérir, nous emparer de leurs biens, uniquement dans l'intention de leur être agréables; que nous étions, à cela près, de véritables *semi-semi*. Mais faites donc comprendre de si beaux sentiments à un peuple dont nous avions troublé les habitudes, fait perdre la fortune et qui professe une religion si opposée à la nôtre? N'importe, les propagateurs de ces belles théories, conçues et élaborées par quelques rêveurs qui, après un bon dîner, contents d'eux-mêmes et de tout le monde, donnent un libre essor à leurs idées humanitaires et s'imaginent qu'on peut manier et arranger les hommes comme ils arrangent à leur aise leurs pensées, satisfaits et surtout bienveillants, comme on l'est pendant une agréable digestion. Toujours est-il qu'en France, où les idées généreuse obtiennent un cours si facile, les esprits devinrent tout à fait arabophyles. L'illusion à cette époque était si complète que la grande majorité des Français croyait pouvoir changer facilement les mœurs, les habitudes, le caractère, même jusqu'à la religion, d'un peuple qui obéit servilement, avec un fanatisme excessif, aux institutions séculaires qui le régissent.

En parcourant la ville, les quelques habitants qui y étaient, faisaient peine à voir; leur teint pâle, leur démarche et leur visage, portaient les stigmates de leur misère et de leur douleur. Oh! la guerre, la guerre!!!... Et par cela même qu'ils étaient restés fidèles à leurs demeures, l'émir les traitait en ennemi d'une manière plus implacable que les français. Plusieurs habitants avaient été tués en se montrant aux portes, allant chercher un aliment quelconque à leur faim. Plus malheureux encore que nos soldats, ils faisaient peine à voir. Des distributions de biscuit leur furent faites dès notre entrée, autant que nos provisions le permirent. En présence d'une pareille détresse à laquelle il ne pouvait remédier, le général fit partir un exprès à Oran, avec l'ordre d'envoyer immédiatement un bâtiment chargé de blé à Rahgoun, pour être vendu ou donné aux habitants. Les plus valides, hommes et femmes accompagnèrent l'armée jusqu'à la Tafna afin de prendre, sitôt son débarquement, le blé qui pourrait leur être distribué.

Un marchand cuirs ouvrés, pantoufles, etc., auquel nous achetâmes quelques objets, en voulant le payer, nous fit comprendre qu'il préférait du pain à l'argent. Il était bien vêtu, mais sa figure faisait peine à voir. L'un de nous courut aussitôt lui chercher quelques biscuits que nous ajoutâmes au payement. Nous lui demandâmes s'il avait des armes à vendre, yatagans et pistolets. « Je n'en ai plus, nous dit-il, mais les spahis de Jousouf pourraient vous en vendre, car ils m'ont dévalisé pendant les quelques jours qu'ils sont demeurés ici. »

Voici ce que nous apprîmes pendant notre court séjour à Tlemcen sur quelques événements qui survinrent dans cette ville lors de son occupation, par le maréchal Clauzel, à son retour de Mascara.

Arrivé à Tlemcen, le maréchal Clauzel condamna les habitants à payer une somme de 150,000 francs. Cet impôt de guerre fut très mal interprété par le gouvernement et même en France; pourtant, il était bien appliqué, surtout à l'égard du Kasnadgi, ancien trésorier du Dey, lequel en quittant Alger, après la prise de la ville, avait emporté, dit-on, 300,000 sequins, environ 3,000,000 de francs, pris au trésor du Dey. En outre, les Koulouglis qui appartenaient à la même famille, avaient pillé à outrance les Maures et les arabes de la ville, avant notre arrivée. Étant donc seuls détenteurs de la fortune, il était de toute justice de les rançonner à leur tour, et tâcher de leur faire payer, sinon la totalité, mais au moins une partie des frais de notre expédition.

Mais les hommes de Yousouf, dépassant les limites prescrites par le général en chef, Mustapha-Ben-Ismaël prit la défense des Koulouglis; supplia le général de les ménager et réussit ainsi à diminuer la somme demandée.

Les Arabes prétextant qu'ils n'avaient pas d'argent, on prit leurs bijoux qui furent soumis à une vente à l'enchère. Ici se produisit un incident qui eut un fâcheux retentissement en France. Le maréchal avait pour secrétaire et un peu interprète, un nommé Lasery, qui prit une part active à cette vente. Les détracteurs du maréchal ne laissèrent pas échapper cette occasion pour oser émettre l'idée que le maréchal avait été mêlé à cette affaire. Si l'on s'en rapporte à tout ce qui se disait, Lasery aurait exigé le tiers des bénéfices; mais aussitôt que le maréchal eut connaissance de cette vente, il la fit cesser immédiatement, et la somme perçue fut de 94,000 francs seulement.

En quittant la Tafna, après l'expédition de Mascara, 1835, Clauzel y laissa le général D'arlanges avec une très faible garnison, pour occuper l'embouchure de la rivière et on se hâta d'y construire un camp retranché. Peu après le départ du corps d'armée, le camp fut vigoureusement attaqué par Abd-el-Kader. Cette faible garnison dut faire des prodiges de valeur pour résister aux attaques continuelles d'un ennemi qui pouvait se renouveler tous les jours. D'Arlanges avait beau demander du secours à Alger, le général Rappatel, qui était alors commandant en chef répondait que ses faibles ressources ne permettaient pas de diminuer d'un régiment la garnison d'Alger. Enfin, la France entière s'émut de cette position et le ministère obéissant, à cette pression générale, se décida à envoyer trois régiments sous le commandement du général Bugeaud, avec ordre de se rendre directement à la Tafna, afin de délivrer le général D'Arlanges.

D'Arlanges après des prodiges de valeur, de courage et de résignation, fut enfin délivré et Abd-el-Kader battu à la Sicka par Bugeaud, y subit une défaite complète. Sa cavalerie surtout, cernée autour d'un ravin, y fut presque entièrement massacrée. Le combat de la Sicka fut et restera comme un des plus glorieux faits d'armes de l'armée d'Afrique.

Abd-el-Kader, ému d'un pareil insuccès, jugea prudent de s'éloigner et de transporter le centre de son gouvernement de Mascara à Teskedemp.

Le pays, entre Tlemcen et la Tafna, est très pittoresque; la plaine de l'Ysser, très luxuriante, est sillonnée en tous sens par une foule de ruisseaux qui y serpentent gracieusement avant de se jeter dans la rivière; une des sources, très abondante, a été utilisée et captée par un propriétaire pour arroser une belle propriété qui forme dans le paysage un agréable décor. En sortant du jardin, elle alimente un grand bassin carré à bords ornés d'un mur solide d'un mètre de hauteur où l'eau, très claire, conserve toujours le même niveau. La propriété ainsi que le bassin, très utile aux voyageurs, portent le nom de *jardin de l'anglais*; je n'ai pu découvrir l'origine de ce nom. Il est probable que quelque habitant de la belle Albion, qu'on trouve partout, s'étant égaré dans cette contrée, la trouvant belle et solitaire, aura voulu y séjourner; y passer une période de spleen; et donner, en face de cette riante nature et du bruissement monotone et incessant de l'eau, un libre essor à ses idées hypocondriaques. Les restes d'une habitation modeste qu'on aperçoit au haut de la propriété, bien close, semblerait donner quelque apparence de raison à cette supposition.

Le trajet de Tlemcen à la Tafna eût été une promenade ravissante si un spectacle bien triste et navrant ne nous eût suivi. Les indigènes, hommes, femmes et enfants, n'ayant pas la moindre provision, et dévorés par la faim, s'écartaient de la colonne pour arracher des brins d'herbe et la macher. Me rappelant le biscuit qui me fut donné si à propos par le capitaine Reubell, sous Constantine, et le plaisir si émotionnant qu'il me fit, je fus bien heureux de pouvoir, à mon tour, faire pour ces pauvres affamés, ce qui me fut fait alors à moi-même. Mes quatre sous-aides et moi, nous distribuâmes quelques biscuits à ces malheureux et nous donnâmes un coup d'éperon à nos chevaux pour nous dérober à leurs remercîments. Les soldats, toujours très sympathiques au malheur, partagèrent leurs provisions tout le temps de la route avec les malheureux qui marchaient péniblement à leur côté. J'ai vu deux Maures avec deux enfants qui, fatigués, ne pouvaient plus marcher à côté de leurs parents, lesquels eux-mêmes, si débiles, pouvaient à peine se traîner, secourus par les soldats, qui s'emparèrent des deux enfants et se les repassaient alternativement. J'oubliais de dire que sur les crêtes des montagnes on distinguait la silhouette des cavaliers d'Abd-el-Kader, qui nous suivaient et surveillaient notre marche.

Nous arrivons enfin près de l'embouchure de la Tafna, où nous plantâmes nos tentes d'une manière solide. Le général avait prévenu que nous y ferions un séjour assez prolongé. La vue de la mer produit *toujours* un effet agréable ; la plage y est très belle, un peu trop sablonneuse ; elle me rappelait les pignadas de l'embouchure de l'Adour, moins les pins.

Cette expédition, qu'on pourrait mieux appeler une

promenade militaire, commençait cependant à devenir monotone ; étant parti en guerre, cotoyant et étant cotoyé par l'ennemi, sans tirer ni sans entendre un coup de fusil, cela paraissait étonnant, alors surtout que tout le monde s'attendait, j'allai presque dire espérait, que chaque lendemain ne se passerait pas sans une légère distraction et par une prise avec l'ennemi. Il n'en fut rien. Cependant les groupes de l'armée de l'émir grossissaient au fur et à mesure que nous approchions de la Tafna. On pouvait s'attendre et on s'attendait à une attaque de sa part, surtout en s'engageant dans le défilé voisin de la plage. Mais tout se passa pacifiquement ; pas le moindre coup de feu ne rompit le silence, et l'armée en fut pour ses frais des dispositions militaires qu'elle avait prises. On était même étonné que le général Bugeaud, avec une armée si bien disposée et si bien commandée, ne prit pas l'initiative. Quant à Abd-el-Kader, on savait que sa tactique consistait à attendre que notre armée reprit la route d'Oran pour nous attaquer par derrière.

Le lendemain de notre arrivée à la Tafna, le général en chef donna rendez-vous à tous les officiers, sur la plage, pour leur faire une communication, qui consista en une longue allocution sur une nouvelle manœuvre de l'infanterie pour résister à la cavalerie en se formant constamment en carré.

Après cette trop longue conférence en plein soleil, d'où s'exhalait un parfum essentiellement guerroyant, toute l'assistance crut à une marche en avant le lendemain. Il n'en fut rien ; seulement, quelques avances entre nos avant-postes et ceux de l'ennemi. Mais au lieu de guerre, on entendit circuler des projets de paix, qui sonnaient mal aux oreilles de nous tous. Peu à peu, cependant, les bruits prirent plus de consistance; quatre jours après, un ordre du jour annonçait la venue de l'émir, à deux heures de la Tafna, pour avoir une entrevue avec le général en chef.

On s'entretenait vaguement du traité de paix et on disait que l'émir ne tarderait pas à se montrer avec toute son armée. Pendant six jours, pas un arabe ne parut. Le 30 et le 31 mai seulement, quelques groupes de cavaliers se dessinaient sur les hauteurs éloignées. On annonce pourtant l'arrivée de l'émir à une distance de trois ou quatre lieues et son rapprochement du camp.

En effet, à huit heures du soir, l'armée reçut l'ordre de se tenir prête à un mouvement pour le lendemain de bonne heure.

Le premier juin, l'armée se met en marche à six heures du matin en remontant les rives de la Tafna ; à neuf heures, nous étions rendus sur une des grandes sinuosités de l'Ysser, dans une petite plaine où, le 23 mai, nous avions fait la grande halte. A peine arrivés, le général en chef fait mettre l'armée dans l'ordre suivant, le front de bandière regardant le couchant.

1re ligne, par la première brigade infanterie ;

2e ligne, par la cavalerie, sur un seul rang ;

3e ligne, par la brigade Combes.

Pendant que l'armée exécutait ces divers mouvements, on apercevait quelques cavaliers arabes se dessiner en silhouette sur les crêtes des montagnes lointaines. Peu à peu, enhardis probablement par l'attitude pacifique de notre armée et attirés peut-être aussi par un sentiment de curiosité, leur nombre augmentait et finit par former des groupes assez compacts qui couronnaient les cîmes les plus rapprochées. Le spectacle de cette armée au repos, prête à suivre et à seconder les inspirations d'un chef en qui elle avait toute confiance, était certes très imposant. Cette scène empruntait beaucoup de sa solennité à l'évènement qui se préparait et surtout à l'impatience où nous étions de voir venir au milieu de nous cet homme, ce guerrier, ce fier et courageux numide qui, depuis quelques années seulement, remplissait toute l'Afrique et même l'Europe de son nom. Mais le temps passe l'émir n'arrive pas ; il est midi et rien ne se fait entendre que la voix aërienne et stridente de quelque Mouezzin invitant les arabes à la prière. Deux heures sonnent et aucune nouvelle ne parvient au général qui, ainsi que toute l'armée, commence à s'impatienter. Enfin à trois heures, le général, apprenant qu'Abd-el-Kader doit arriver par le côté sud, fait faire un changement de front, en conservant les mêmes dispositions dans les brigades. Ordre étant donné au commandant d'arlillerie de tirer le canon aussitôt que l'émir paraîtra, les pièces sont chargées et prêtes. Mais l'Emir ne venant pas et le général apprenant qu'il est à une faible distance, fait appeler son chef d'état-major, le colonel de Motion ; il lui témoigne l'intention d'aller au-devant d'Abd-el-Kader. Le colonel se permit de lui faire quelques objections, dont le général ne tint compte. Bientôt arriva au galop le chef de la tribu des Oulassahs, qui venait engager le général français à aller joindre Abd-el-Kader, qui l'attendait sur un plateau rapproché, et offrit de l'y conduire. Toute l'armée et ceux qui étaient auprès du maréchal surtout étaient indignés de la conduite hautaine d'Abd-el-Kader et de la condescendance du maréchal Bugeaud qui allait se présenter devant l'émir, en présence de toute son armée, comme un simple invité et presque subordonné. Son chef d'état-major aurait voulu le retenir; et je lui ai entendu répéter plusieurs fois qu'il avait tort de faire une pareille démarche. mais rien n'y fit ; comme il était un peu tard, le maréchal piqua des deux, et nous prîmes le galop pour arriver plus tôt au rendez-vous.

L'escorte se composoit de douze officiers de tout grade et de dix-huit chasseurs d'Afrique seulement. Nous perdîmes bientôt de vue notre armée et nous marchâmes ainsi pendant quarante minutes dans une gorge assez étroite sans rencontrer personne. Nous apercevions seulement, sur deux mamelons peu éloignés, flotter les nombreux étendards de l'armée de l'émir. Le colonel de Motion, inquiet de notre isolement, et craignant de tomber dans un piége, crut devoir faire observer au général qu'il était déjà trop loin. Je dois avouer que si l'escorte eût été livrée à ses propres inspirations, malgré son grand désir de voir Abd-el-Kader, la plupart des hommes qui la composaient eussent volontiers repris le chemin de notre camp. Le général répondit à M. le chef d'état-major qu'il vouloit absolument aller jusqu'à l'émir, si celui-ci ne venait pas jusqu'à lui. Nous continuâmes donc à marcher ; bientôt nous rencontrons trois Arabes, dont un nègre, qui venaient à fond de train annoncer au général que leur chef était sur une hauteur voisine et que les Arabes s'opposaient à ce qu'il s'avançât davantage. Nous étions déjà à une lieue et demie de notre armée, et plus près de celle de l'émir. Sur de nouvelles observations que se permit le chef d'état-major, le général répondit que puisque Abd-el-Kader n'osait pas venir jusqu'à nous, il aurait, lui, le courage d'avoir assez de confiance aux

Arabes pour aller le trouver au milieu de toute son armée. Précédés des trois émissaires de l'émir, nous poursuivons notre marche dans un chemin étroit, sinueux, dominé par des montagnes peu élevées, dont les points culminants étaient occupés, de distance en distance par les postes avancés de l'armée arabe. Enfin, nous arrivons, non sans avoir fait maintes réflexions sur ce voyage si pittoresque et si hardi, au plateau où l'émir devait se trouver. A peine, en effet, l'avions-nous atteint, que l'émir se détacha de son escorte, et, faisant cabrer son superbe cheval noir, il s'approcha du général Bugeaud. La suite de l'émir se composait de cent vingt-cinq hommes, tant chefs que réguliers et bédouins. Les deux escortes s'arrêtèrent à soixante pas environ l'une de l'autre et les deux chefs s'avancèrent au milieu, accompagnés des interprêtes, d'un codja ou écrivain et du califa de l'émir, qui tenait le traité de paix. Avant de descendre de cheval, les deux chefs se donnèrent une poignée de mains. Cet abord parut un peu froid de part et d'autre; l'émir descendit bientôt de cheval et s'assit par terre. Un Arabe vint aussitôt prendre la bride du cheval du général Bugeaud, qui descendit à son tour et resta un instant levé. Enfin, il s'assit à son tour au côté gauche d'Abd-el-Kader. Les deux interprêtes étaient assis en face et le califa debout derrière l'émir. L'escorte de celui-ci se forma en fer.à cheval, à la distance de trente pas. Nous en fîmes autant de notre côté. Le cheval de l'émir, ainsi que celui du général Bugeaud, furent tenus à une faible distance de leurs chefs respectifs. A peine assis, la conversation s'engagea. Ne pouvant rien entendre, je m'attachai à étudier la figure et à saisir les traits d'Abd-el-Kader. Son costume était simple et ressemblait entièrement à celui d'un cavalier arabe mis convenablement ; il se composait de deux bournous obligés, un noir et un blanc, et du turban, maintenu à la tête avec la corde en poil de chameau. Sa figure, remplie de distinction, est petite, ovale, d'un teint pâle ; le front est large légèrement carré ; les sourcils bien fournis et arqués, d'un brun foncé ; les yeux, qu'il tient constamment à demi-fermés, semblent un peu petits et bruns; le nez est effilé, la bouche petite et d'un sourire fort gracieux; les dents d'une blancheur remarquable; la barbe, qui recouvre seulement la lèvre supérieure et le menton, d'un châtain foncé et bien tenue. En un mot, l'ensemble de sa physionomie, qui paraît souffreteuse, ressemble un peu à celle d'un Christ de trente ans. Comme chez tous les individus de sa race, sa figure paraît impassible et peu pénétrable. Dès le début de la conférence, sa tête faisait assez fréquemment des signes négatifs. Mais à la fin, il a souri trois ou quatre fois très gracieusement.

Pendant tout le temps de l'entrevue, l'émir portait souvent sa main droite à sa figure et la passait sous le nez en écartant les doigts. Ce geste qu'il répétait fréquemment était fait avec élégance, j'ajouterai même avec une certaine coquetterie. Il se mouchait aussi fort souvent avec un mouchoir rouge qui, par sa souplesse ressemblait beaucoup à un foulard, ou bien il s'essuyait la figure avec un mouchoir blanc que les arabes attachent ordinairement à leur ceinture. Dans l'intervalle de tous ces mouvements et pendant que le général parlait à l'interprète, Abd-el-Kader s'amusait à arracher des brins d'herbe ; je crus m'apercevoir que tous les mouvements, faits d'ailleurs avec une main d'une finesse et d'une beauté remarquables, paraissaient calculés pour se donner une noble et fière contenance vis-à-vis des siens, qui l'examinaient avec une attention soutenue et de nous qui ne perdions pas le moindre de ses mouvements.

Le moment de la séparation fut très expressif de part et d'autre, l'émir le témoigna cette fois par un très agréable sourire. La séance dura depuis quatre heures quarante minutes jusqu'à cinq heures et vingt minutes, en tout quarante minutes. Le général a rompu le premier et s'est levé aussitôt. Au moment où l'émir a fait le premier effort pour se lever, le général, debout avant lui, lui a pris la main pour l'aider. Ce mouvement, que plusieurs personnes ont critiqué comme trop humiliant, n'était, bien certainement, de la part du général Bugeaud, qu'un acte de pure politesse, sinon même, et ce qui est plus probable, d'une impatience facile à saisir. Une fois levés, leurs mains sont restées un instant enlacées ; les derniers adieux ont paru fort gracieux et empreints d'une satisfaction marquée de part et d'autre, surtout du côté de l'émir. Abd-el-Kader est remonté de suite à cheval, et en deux bonds, il a disparu au milieu des siens. Un spectacle magique se déroula autour de nous et nous fit éprouver des sensations en rapport avec le grandeur du sujet et l'immensité au milieu de laquelle la scène se passait. A peine l'émir eut-il rejoint son escorte que, sur un signal convenu à l'avance, toutes les musiques de son armée jouèrent à la fois ; les sons des hautbois criards et leurs tams tams, se mêlant aux cris d'allégresse poussés par toute la population arabe et repercutés de mille manières par les nombreux vallons qui nous entouraient, produisirent un de ces effets impossible à décrire. Que l'on se figure douze mille hommes composant l'armée ; puis toutes les populations arabes groupées sur les innombrables points culminants qui nous environnaient, pousser des *iou-iou iou* d'allégresse entremêlés des *tams tams*, des timbales et des grosses caisses, le tout accompagné par le son aigu et soutenu du hautbois ; puis tout ce concert, qui ne laissait pas que de jeter dans l'espace une certaine harmonie, répétée par les mille échos des montagnes, et l'on aura à peu près une idée de l'effet grandiose et imposant qu'il dut produire. Nous étions en admiration de ce concert, auquel nos oreilles étaient si peu habituées, lorsqu'un bruit dominant tous les autres, les fit cesser instantanément, retentit à l'horizon, en imprimant aux montagnes une forte commotion.

C'était un splendide coup de tonnerre qui seul, et sublime comme sa cause, sembla tomber du ciel pour mettre le sceau de Dieu, mais du dieu des musulmans, comme le répétaient les Arabes, à l'acte qui venait de s'accomplir.

Un instant après, le général Bugeaud s'arrêta pour jeter un regard de curiosité sur l'armée d'Abd-el-Kader ; il la trouva fort belle et composée d'environ dix mille cavaliers.

Tous les hommes de l'escorte de l'émir étaient désarmés, à l'exception de quatre cabaïles qui avaient conservé leurs fusils. Tous étaient montés sur de beaux chevaux richement harnachés. Parmi les lieutenants de l'émir, il y en avait deux qui se distinguaient entre tous, autant par la beauté et la noblesse de leur figure que par la richesse de leur costume. C'était le fameux Boumeydin, premier califa de l'émir qui nourrissait en secret l'espoir de lui succéder un jour. Ennemi juré du nom chrétien, ce chef redoutable ne cessa de fixer sur notre faible escorte son regard fier et altier : Le second était le compagnon de Sidi-Embarak, mort si héroïquement d'un coup de pistolet tiré sur lui à bout portant par un de nos braves officiers dans l'affaire de........

Bien des personnes qui plus tard ont trouvé des imitateurs en France, blâmaient le général Bugeaud de s'être si bénévolement exposé, lui et sa faible escorte en allant à la rencontre de l'émir au milieu de son armée, au lieu de le faire venir chez lui, comme cela avait été convenu. Cet acte était justifier, sinon de faiblesse, au moins d'une imprudente témérité. Nous n'avons jamais cru ni à l'une ni à l'autre de ces deux suppositions. Une troisième opinion qui n'a pas été signalée, m'a toujours semblé plus propre à justifier la conduite du général. Ce n'était pas la première fois que celui-ci se mesurait avec l'émir ; et sa grande sagacité lui avait fait entrevoir qu'il avait affaire à un homme de cœur. En allant donc avec hardiesse, sang-froid et une certaine courtoisie, trouver Abd-el-Kader au milieu de son armée, c'était lui donner une grande preuve de confiance qui serait peut-être comprise de tous les arabes. En effet, le traité de paix étant signé des deux côtés, l'émir avait bien accepté le rendez-vous; mais aussi peu confiant en nous, que les arabes le sont fréquemment entre eux, il fit savoir au général qu'il ne pouvait se résoudre à venir aussi près de notre armée, qu'il le désirait ; les siens, a-t-il ajouté, s'y opposent. Rien ne pouvant donc faire changer cette résolution et le général Bugeaud, sachant qu'il était en présence d'arabes et non d'européens crut, avec raison, qu'il fallait leur donner un bon exemple. Il s'est donc avancé résolument au milieu d'eux et leur a montré, par cette conduite, empreinte d'une grande dignité, que puisque les arabes n'avaient pas assez de confiance aux français, il avait, lui, assez de foi dans la parole de son ennemi, pour que, une fois donnée, il osât se mettre entre ses mains. Cet acte digne en tous points du héros qui l'accomplissait, dut bien certainement faire réfléchir l'émir ainsi que tous les siens et leur laisser une opinion très honorable du général.

Je sais bien qu'il faut prendre garde au caractère de l'arabe et aux promesses fallacieuses qu'il fait trop facilement. Car si on consulte l'histoire de ce peuple depuis les temps les plus reculés et mêmes les plus récents, on apprend que les traités de paix avec lui, ne durent que jusqu'à ce que le plus faible soit devenu le plus fort : ruses, trahisons, brigandages, peu leur importe, pourvu qu'ils se vengent.

Sais-tu, dit le général Bugeaud, qu'il y a peu de généraux qui eussent osé signer le traité que j'ai conclu avec toi ? je n'ai pas craint de t'agrandir et d'ajouter à ta puissance, parce que je suis assuré que tu ne feras usage de la grande existence que nous te donnons que pour améliorer le sort de la nation arabe et la maintenir en paix et en bonne intelligence avec la France.

— Je te remercie de tes bons sentiments pour moi, répondit Abd-el-Kader ; si Dieu le veut, je ferai le bonheur des arabes ; et si la paix est jamais rompue, ce ne sera pas ma faute.

— Sur ce point, je me suis porté ta caution auprès du roi des français.

— Tu ne risques rien à le faire ; nous avons une religion et des mœurs qui nous obligent à tenir notre parole ; je n'y ai jamais manqué.

— Je compte là-dessus, et c'est à ce titre que je t'offre mon amitié particulière.

— J'accepte ton amitié. Mais que les français prennent garde à ne pas écouter les intrigants.

— Les français ne se laissent conduire par personne ; ce ne sont pas quelques faits particuliers, commis par des individus qui pourront rompre la paix : ce serait l'inobservation d'un traité ou un grand acte d'hostilité.

— Quant aux faits coupables et particuliers, nous nous en préviendrons, et nous les punirons réciproquement.

— C'est très bien ; tu n'as qu'à me prévenir, et les coupables seront punis.

— Je te recommande les koulouglis qui resteront à Tlemcen.

— Tu peux être tranquille, ils seront traités comme les hadars (les maures). Mais tu m'as promis de mettre les Douërs dans le pays de Hafra. (Partie des montagnes entre la mer et le lac Sebkha).

— Le pays de Hafra ne serait peut-être pas suffisant ; mais ils seront placés de manière à ne pouvoir nuire au maintien de la paix.

— As-tu ordonné, reprit le général Bugeaud après un moment de silence, de rétablir les relations commerciales à Alger et autour de toutes nos villes ?

— Non. Je le ferai dès que tu m'auras rendu Tlemcen.

— Tu sais bien que je ne puis le rendre que quand le traité aura été approuvé par mon roi.

— Tu n'as donc pas le pouvoir de traiter ?

— Si, mais il faut que le traité soit approuvé : cela est nécessaire pour ta garantie, car s'il était fait par moi tout seul, un autre général qui me remplacerait pourrait le défaire ; au lieu qu'étant approuvé par le roi, mon successeur sera obligé de le maintenir.

— Si tu ne me rends pas Tlemcen, comme tu le promets dans le traité, je ne vois pas la nécessité de faire la paix, ce ne sera qu'une trêve.

— Cela est vrai ; ceci ne peut n'être qu'une trêve ; mais c'est toi qui gagne à cette trêve, car pendant le temps qu'elle existe, je ne détruirai pas les moissons.

— Tu peux les détruire, cela nous est égal, et à présent que nous avons fait la paix, je te donnerai, par écrit, l'autorisation de détruire tout ce que tu pourras ; tu ne peux en détruire qu'une bien faible partie, et les Arabes ne mangent pas de grains.

— Je crois que les arabes ne pensent pas tous comme toi, car je vois qu'ils désirent la paix, et quelques-uns m'ont remercié d'avoir ménagé les moissons, depuis la Schika jusqu'ici ; comme je l'avais promis à Amady-Sakal.

Ici Abd-el-Kader sourit d'un air dédaigneux, puis demanda combien il fallait de temps pour avoir l'approbation du roi des français.

— Il faut trois semaines.

— C'est bien long.

— Tu ne risques rien, moi seul pourrais y perdre. »

Le lieutenant de l'émir, Ben Arach, qui venait de s'approcher, dit alors au général :

« C'est trop long, trois semaines ; il ne faut pas attendre cela plus de dix à quinze jours.

— Est-ce que tu commandes à la mer ? répliqua le général français, d'un air un peu impérieux ?

— Eh bien, en ce cas, reprit Abd-el-Kader, nous ne rétablirons les relations commerciales qu'après que l'approbation du roi sera arrivée et quand la paix sera définitive.

— C'est à tes coreligionnaires que tu fais le plus de tort, car tu les prives du commerce dont ils ont besoin ; et nous, nous pouvons nous en passer, puisque nous recevons par la mer tout ce qui nous est nécessaire.»

Alors le général, ne voulant pas prolonger plus longtemps cet entretien, se leva brusquement, mais comme Abd-el-Kader continuait de rester assis et mettait une espèce d'affectation à échanger quelques paroles avec son interlocuteur, qui se tenait debout devant lui, M. Bugeaud, pénétrant son intention, le saisit par la main, et l'enlève en disant d'un ton familier : « Parbleu, lorsqu'un général français se lève, tu dois aussi te lever, toi. » Ainsi se termina cette inutile entrevue.

Après avoir été le mauvais génie du général Drouet d'Erlon, Ben-Durand devaient être celui du général Bugeaud, en le décidant d'entrer dans la voie des négociations avant de tenter le sort des armes.

Les pouvoirs du général, pour le cas où il croirait devoir adopter le parti de la paix, le Gouvernement lui prescrivait, comme conditions, *sine quâ non*, d'imposer à l'émir, les quatre points suivants :

1° Reconnaissance de la souveraineté de la France par Abd-el-Kader ;

2° Limitation de son pouvoir au Chélif ;

3° Payement d'un tribut ;

4° Remise d'otages comme garantie de l'exécution du traité.

Nous verrons bientôt que le traité de la Tafna ne contient aucune de ces conditions. On ne peut comprendre que le général Bugeaud qui avait pour mission, s'il jugeait à propos de faire la paix, d'exiger d'abord d'Abd-el-Kader la *reconnaissance de la souveraineté de la France sur l'Algérie*, ait pu glisser sur cet ordre si impératif et n'ait pas agi avec l'émir comme on le lui prescrivait.

Cette paix fut accueillie en France par un profond sentiment de répulsion. Le ministre Molé, partageant le même sentiment, protesta devant la chambre et assura que les conditions de ce traité seraient considérablement modifiées. Mais, coïncidence singulière qui donna lieu à de sérieuses réflexions, pendant que le ministre Molé fesait cette solennelle déclaration aux Chambres, le télégraphe annonçait au gouverneur général que le roi approuvait les conventions. Cette approbation royale, donnée en dehors du ministère, fît naître et propager la pensée qu'il pouvait y avoir une entente secrète entre le roi et le général Bugeaud qui avait hautement proclamé à la tribune son antiphatie contre la colonie.

A la suite du combat de la Sikak, Abd-el-Kader s'était vu une troisième fois abondonné de tous et réduit à demander un refuge à quelques pauvres Kabyles des environs de Nédroma. Et, cependant, Abd-el-Kader s'est relevé de cet échec, plus puissant que jamais. N'ayant plus d'armée à commander, il songea qu'il avait du moins un devoir à remplir. Le lendemain du combat, il se dirigea vers Nedroma, où l'on transporta une partie des blessés de la Sikak. Aux uns, il fit entrevoir, comme consolation, les récompenses d'en haut qu'ils ont gagnées dans les combats du Seigneur : « Si Dieu a permis qu'ils fussent blessés, c'est qu'il a voulu les marquer afin de les reconnaître au jour du jugement ; » aux autres, il prodigua ses soins ; à tous, il apporta un soulagement ou matériel, ou moral. Les Kabyles qui lui avaient fourni leurs contingents dans les précédents combats s'émurent à ce spectacle inaccoummé ; quelques acclamations se firent entendre ; et bientôt ces acclamations, répétées de douar en douar, vinrent apprendre à Mascara qu'Abd-el-Kader était toujours le sultan.

Comme par le passé, nous restons bloqués dans Oran, dans Arzew, dans Montaganem. Comme par le passé, Abd-el-Kader reste maître de tous les espaces situés en dehors de la portée de nos canons. Sans doute, un tel résultat était dû en grande partie aux incertitudes du gouvernement; à l'ignorance où nous étions alors de tout ce qui touche aux Arabes; mais il serait injuste de ne pas en chercher également la cause dans le génie de ce jeune homme qui, longtemps convaincu qu'il avait reçu de Dieu la mission de délivrer du joug chrétien une terre musulmane, sut puiser, dans un profond sentiment religieux, l'énergie qu'il déploya pendant quinze années, et fut, en définitive, le Pierre l'Ermite de l'islamisme.

L'armée que nous rejoignîmes à la nuit, n'ayant pas eu les mêmes distractions que nous, attendait avec grande impatience notre retour.

Elle accueillit froidement le traité de paix ; et, durant toute la route jusqu'à la Tafna, on entendait les chuchotements des officiers qui en exprimaient leur mécontentement. Le général en chef se doutant ou ayant été instruit de cet accueil peu satisfaisant, jugea à propos de réunir de nouveau tous les officiers. Cette fois, non pour leur faire une cours de manœuvres et de défenses militaires, mais une longue dissertation sur les horreurs qu'entraîne la guerre après elle et les avantages de la paix. Les officiers réunis sur la plage, le général arriva à pied au milieu du cercle.

« Pour être mieux entendu dit-il, je vais monter à cheval, » il enfourcha lentement son blanc coursier ; et, dominant ainsi l'auditoire, il prononça un long discours, bien certainement préparé de la veille et pendant la nuit. Le général débuta en donnant l'assurance qu'il était parti d'Oran avec la ferme volonté de se battre et de battre Abd-el-Kader : puis ses idées avaient changé à la suite de sérieuses réflexions. En comparant les résultats et les désordres qu'entraîne toujours après elle la guerre, il chercha à démontrer les avantages que produit une paix honorable laquelle, au lieu de victimes et de regrets, permet aux institutions de se développer librement et tranquillement, donne aux propriétaires la sécurité nécessaire pour cultiver à l'aise les champs, où de défricher les terres encore incultes, etc. Tout le monde sait que le général Bugeaud était un agronome habile et un praticien expérimenté. Aussi profita-t-il de cette occasion pour nous faire une vraie conférence agronomique en appuyant avec intention sur cet axiome que l'agriculture ne peut prospérer qu'en temps de paix. « J'espère, ajouta-t-il, que celle que je viens de signer donnera cet avantage à nos colons qui m'en seront reconnaissants. » Je dois à la vérité de dire que si la chaleur tropicale qu'il faisait sur ce sol sablonneux n'amollit pas la verve de l'orateur, elle affaiblit considérablement l'enthousiasme de tout l'auditoire ; car pas un applaudissement, même un simple témoignage de satisfaction ne se fit entendre. Il est vrai, qu'ayant subi trop longtemps l'influence incandescente des rayons solaires, tout le monde était pressé de rejoindre sa tente. Il faut avouer aussi que le sujet n'était pas de ceux qui intéressent le plus les militaires, surtout en campagne.

Le soir, tous les officiers supérieures furent invités à un punch que le général en chef leur offrait. La réunion eût lieu dans une grande ferme, et fut très animée; à quelque observations qu'on se permit de lui faire, entr'autres sur la manière dont serait accueilli ce traité en France, Bugeaud répondait avec vivacité qu'il croyait avoir fait une bonne opération dans l'intérêt de la France et qu'il se souciait peu de ce qu'en diraient les journaux. D'ailleurs je les connais, ajouta-t-il, je sais leur opinion et j'aurai facilement une réponse à tous : au Courrier français, je dirai ceci, au National, cela, etc, et il passa ainsi en revue toute la presse qu'il paraissait en effet bien connaître. Quand il eut fini sa très spirituelle et amusante tirade sur tous les journaux dont il connaissait parfaitement l'opinion, à laquelle toute l'assistance applaudit, en poussant des bravi, le général Leydet s'approcha; et, trinquant avec Bugeaud, il se permit de lui dire : Mais, mon général, vous avez oublié un autre journal que vous n'avez pas nommé ? Lequel ! demanda Bugeaud ? Le Charivari ! lui répondit le spirituel Leydet. A ce mot, Bugeaud laissa échapper un juron accentué, et, pirouettant sur ses talons, il dit, *non*, ajoutant que ce journal n'avait aucune importance. Ceux qui ont vécu à cette époque doivent se rappeler comment le Charivari égratignait écorchait gentiment ceux dont il n'était pas content. Leydet avait raison, car le Charivari donna la parodie du discours de Bugeaud sur la guerre et sur la paix, qui fut un modèle de genre. J'ignore l'effet qu'il produisit sur l'orateur, mais il fut d'un comique désopilant pour ceux qui l'avaient entendu prononcer; on entretint plus souvent et on conserva plus longtemps le souvenir du discours parodié par le Charivari que les articles des grands journaux sur le même sujet.

Ce traité fait avec une armée bien organisée, bien commandée et merveilleusement disposée à se mesurer avec celle de l'émir, à vaincre même, désirait surtout venger le brave général Trézel de sa glorieuse défaite à la Macta et réparer notre si déplorable échec de Constantine. Il eut au contraire, pour conséquences, fatales, d'élever, de généraliser, jusqu'au désert, la puissance de l'émir et d'en faire, non l'égal, mais le supérieur de nos gouverneurs, même de Bugeaud, de celui qui l'avait si complètement battu et détruit sa cavalerie en 1835 à la Sikac. En un mot, Abd-el-Kader devint, par ce traité, le vrai sultan de tout le pays. Il eut un résultat que toute l'armée avait prévu et contraire à celui si puissamment proclamé par le général en chef. Aussi, au lieu de ramener le calme, la tranquillité de la colonie, de favoriser l'agriculture et la fenaison, comme le disait si complaisamment Bugeaud, il permettait à Abd-el-Kader dans la sécurité la plus complète, de perfectionner l'organisation et l'armement de son armée, de nous aliéner bien des chefs indigènes qui lui étaient hostiles qui, par crainte ou peu confiants en notre puissance devinrent ses auxiliaires. En résumé, une simple victoire remportée, elle était probable et même certaine nous eut évité toutes les guerres si coûteuses de 1836 à 1845. Un échec, qui n'était pas probable, fut-il arrivé, n'aurait pas eu des conséquenses aussi funestes.

Voici un fait qui témoigne de la bonne foi et de la confiance, qu'il est permis d'avoir dans le caractère et les promesses de l'arabe et dans celles de l'émir en particulier. Pendant qu'Abd-el-Kader signait le traité de la Tafna avec Bugeaud, il négociait secrètement un autre traité avec le gouverneur Danrémont et tachait ainsi de mettre en désaccord les deux généraux comme l'avait fait avec Desmichels. C'était bien là une manœuvre de l'arabe intelligent et astucieux.

Nous séjournâmes huit jours à la Tafna y employant le temps à faire des excursions aux environs sans trop nous éloigner; car, malgré la signature de la paix, les Arabes ne nous inspiraient pas une confiance exagérée. Etant près de la frontière du Maroc, un ordre du jour recommanda expressément de ne pas dépasser les lignes d'avant-postes de ce côté; c'était pourtant la contrée la plus pittoresque des environs. Mais il en est toujours ainsi, le fruit défendu est celui que l'on voudrait cueillir de préférence à tout autre. Ne pouvant dépasser la ligne qui n'était qu'à deux cents mètres, notre seule distraction consistait à aller promener sur le gazon aride de l'île de *Rachgoun* séparée du continent par une distance de cinq kilomètres.

Cette île a cinq ou six cents mètres de long et trois cents de large sur laquelle pousse une mince couche de gazon au moment des pluies, pour disparaître complètement l'été. Pas un seul arbre ni arbrisseau n'y végète. Le poste qu'on y a mis n'y trouve aucune ressource, ni une goutte d'eau ni un peu d'ombrage. Cet îlot est le résultat d'une éruption volcanique qui a séparé le bloc rocheux de la terre ferme et l'a lancé dans la mer. La berge a bien cinquante mètres de hauteur au-dessus de la mer. Du côté est, elle est à pic et présente, dans toute sa hauteur, les traces d'un volcan, c'est-à-dire la moitié de la cheminée; il est probable que l'autre moitié était demeurée attachée au continent et que c'est l'éclat de ce volcan qui a déterminé cette séparation. Les scories mêlées avec la cendre étaient dans un tel état de conservation qu'on aurait cru en soufflant y ranimer le feu. Nous avons vainement cherché les traces de ce phénomène sur les roches du continent.

Trois mamelons peu élevés présentent cependant à leur sommet un enfoncement en entonnoir très prononcé, qui témoignent que ce sont d'anciens cratères éteints.

Nous quittâmes la Tafna, nom déjà historique que le burin a gravé et inscrit au nombre des faits les plus néfastes de notre conquête d'Algérie. N'ayant aucune crainte de rencontrer l'ennemi, notre retour ressemblait à une simple reconnaissance. Ce fut très heureux pour l'armée, car la chaleur était brûlante; les malheureux fantassins restaient derrière, haletants, ne pouvant respirer. Le pays, très accidenté, la chaleur s'engouffrait au fond de ces ravins comme dans une fournaise et pas une plus petite source ne secrétait à la surface. Les hommes arrivèrent exténués au bivouac. La deuxième journée fut encore plus pénible. A huit heures du matin, la chaleur était horrible; les hommes fatigués, altérés et ne trouvant pas une goutte d'eau pour se rafraîchir, s'arrêtaient haletants ne pouvant plus marcher. Un trop grand nombre se couchaient; je prévins le colonel Eynard, chef d'état-major, de la nécessité de faire une halte. Il en informa aussitôt le général : Celui-ci répondit qu'il éprouvait lui aussi les effets de la chaleur, qu'il plaignait fort les soldats, mais qu'il ne pouvait faire une halte que là ou il y aurait de l'eau. Il fallut continuer à marcher. Une heure après, on signale un ruisseau avec un courant d'une eau très claire. Cette nouvelle si impatiemment attendue, donna du courage à tous. Une grande déception nous y attendait. A la vue de cette eau limpide comme le cristal, tout le monde s'y précipita avec rage.

Mais à peine avait-elle franchi les lèvres qu'on jetait le verre à terre avec désespoir. C'était salé comme si on avait mis une poignée de sel dans un verre d'eau ordinaire. Tout le monde criait, quelques-uns seulement ne purent contenir leur rire d'une si singulière déception.

Les soldats, toujours fort ingénieux, creusèrent à quelque distance de la rive, des petits puisarts où l'eau arrivait un peu filtrée et débarrassée d'une partie de sel. Pendant que j'étais à déplorer pour nous et surtout pour nos pauvres éclopés, une pareille boisson, j'aperçus deux ou trois Arabes qui se délectaient avec leur gourde. Le plaisir qu'ils avaient l'air d'éprouver et la facilité avec laquelle ils avalaient le nectar me fit supposer que le liquide n'était pas de même nature que notre affreux breuvage. Je courus à eux et reconnus aussitôt que c'était une eau fraîche et merveilleusement bonne. Comme ils en avaient deux grandes outres, j'en achetai une pour six francs que je distribuai directement à l'ambulance. Ayant demandé aux Arabes la source où ils avaient été chercher cette délectable boisson, ils refusèrent de me l'indiquer. Je me rendis aussitôt à l'état-major avec ma gourde pleine que j'offris au colonel Eynard : il la vida presque d'un seul trait. Il alla de suite aux Arabes avec le chaous *(bourreau)* les somma de lui indiquer la source, sinon des coups de bâtons. L'argument était irrésistible. Une escouade partit avec eux et revint bientôt avec les bidons pleins de ce liquide qui jamais n'a été trouvé ni si bon, ni aussi agréable. Inutile de dire que les escouades se succédèrent tout le temps de la grande halte; et, au départ, nos soldats marchaient comme s'ils venaient de se régaler de quelques verres de vin de Bordeaux ou de Bourgogne. La chaleur était accablante, mon thermomètre exposé au soleil éclata. Il marquait cinquante-cinq degrés. Le soir nous campâmes à Aïn Alméria sur un charmant plateau où coulait un ruisseau abondant d'une eau claire et fraîche mais très légèrement sulfureuse.

L'ambulance fut établie au milieu d'un massif de figuiers et d'orangers qui donnait un ombrage bien séduisant par cette température. L'armée n'étant poursuivie ni préoccupée d'aucun ennemi, le général jugea à propos de passer deux journées à ce bivouac qui offrait de l'ombrage et de l'eau; deux conditions favorables pour procurer un repos réparateur aux soldats.

Le troisième jour, l'armée reprit lentement sa route excepté une brigade que le général laissa en observation à ce camp. Mon ambulance fut désignée pour y faire le service.

Prévenu que cette station devait durer plusieurs jours, nous y préparâmes notre installation en conséquence. Nous nous fîmes construire aussitôt des cabanes en bois bien feuillé où on était un peu moins chaudement que sous la tente. Nous y séjournâmes dix jours pendant lesquels nous occupions nos loisirs, autant que la chaleur le permettait, à aller à la chasse, dont une mérite d'être racontée.

LA CHASSE AU LION

Les Arabes qui venaient nous porter des provisions nous racontèrent qu'un Lion venait de temps en temps à leur douër leur enlever tantôt un mouton, tantôt un veau. Un matin le chef de la tribu vint, tout effaré, nous apprendre que le Lion avait failli lui enlever un enfant et pria le commandant des chasseurs, chasseur émerite, de venir chasser avec eux cette bête fauve. Le commandant trouva la proposition assez originale et répondit à l'Arabe de revenir le lendemain qu'il tâcherait d'organiser cette partie. Il demanda à ses camarades s'ils étaient disposés à l'accompagner. Trois ou quatre officiers répondirent à cet appel et je me joignis à eux. Dix ou douze simples chasseurs furent choisis pour nous accompagner. L'Arabe prévenu, par le commandant de Saint-Fargeau, vint coucher au camp; et le lendemain nous partîmes à trois heures du matin. En partant le commandant nous signifia qu'il était le chef de l'expédition et défendit de faire feu sans son ordre. L'obéissance la plus passive lui fut promise.

Une demi-heure après notre départ, nous nous engageâmes dans un petit chemin ou mieux un sentier suivant le flanc d'une montagne qui dominait un ravin au fond duquel les lantisques et les chênes verts formaient des touffes très serrées. Une heure après, l'Arabe désigna au chasseur en chef le makis ou l'animal faisait son repaire. On fit halte : le commandant nous renouvela de ne pas faire feu sans son ordre. Tous les fusils étaient chargés à balle. Une fois arrivés bien en face et au-dessus de l'endroit désigné par l'Arabe, tout le monde mit pied-à-terre et fit face au ravin. Ordre fut donné aussitôt à six chasseurs de tirer ensemble sur un point que l'Arabe désigna. A peine les coups tirés, les branches des lentisques s'agitèrent légèrement. Un instant après, les six autres chasseurs firent feu. Cette fois l'animal, touché ou non, quitta son repaire; ce que nous jugeâmes au mouvement des branches. Bientôt le calme se fit et une nouvelle décharge des douze chasseurs fut dirigée sur le même point, après laquelle le fauve, quittant son repaire, parut sur un petit mamelon légèrement caché par une touffe d'arbustes, mais assez découvert pour nous montrer sa tête et sa queue s'agitant majestueusement au-dessus et à travers le sommet des branches. L'animal, quoique du côté opposé au ravin, se trouvait à une faible portée de fusil à balle : Si, en ce moment, l'ordre avait été donné de faire feu, nul doute que quelque projectile ne l'eut atteint. Mais le commandant, saisi par la contemplation d'un pareil gibier qui, pour nous tous, pour le chef surtout, était un rare objet d'admiration, le silence continua et le Lion, après nous avoir souhaité la bienvenue, fit un bond et disparut derrière le mamelon. Le commandant poussa aussitôt un juron à faire trembler les rochers en disant que nous aurions dû tirer. Nous, en riant, lui répondîmes que, esclaves de la consigne, nous attendions ses ordres et suivions son exemple. Bientôt le fauve reparut sur un autre rocher, mais à une distance hors de portée de nos armes. N'importe, cette fois tout le monde tira à volonté, uniquement pour avoir le plaisir d'avoir lancé une balle à un gibier du nom de Lion, ennemi qu'on était bien sûr de ne plus rencontrer en deçà de la Méditerranée. Cette chasse, qui nous fit revenir bredouille, eut cependant le bon résultat d'avoir effrayé le féroce voisin de la tribu. Il est allé choisir ses pénates ailleurs, car il n'a plus reparu dans ces parages.

MIRAGE

Tout en me promenant aux environs du camp, j'aperçus du côté du Levant une grande nappe d'eau ayant au moins deux kilomètres d'étendue. Parvenu sur les bords du côté du couchant, faisant face au soleil levant, je voyais l'eau produire des vagues comme si elle avait été agitée par le vent. Le temps était relativement calme, une brise légère agitait à peine les feuillages; je me dirigeai de ce côté et bientôt j'aperçus qu'en marchant en face de ce que je croyais être des vagues, celles-ci s'éloignaient laissant toujours la même distance entre elles et moi. C'est ainsi que j'atteignis la rive opposée; les pieds presque secs et complétement désillusionné. En revenant sur mes pas, je ne vis rien qu'une immense plaine blanchâtre, aride et luisante. J'y revins le lendemain aux mêmes heures, et le même phénomène se reproduisit. Je m'aperçus alors que pour observer ce phénomène, il fallait que le sol où se produisait le mirage fut entre le soleil et l'observateur, celui-ci faisant face au soleil. Pour m'en assurer, je revins le soir, deux heures avant le coucher du soleil: le même phénomène se produisit mais moins accentué. Enfin, pour compléter mon observation, je me rendis, à onze heures, au centre du marais; et, à midi, il me semblait parfois que j'étais complétement dans un îlot entouré d'eau. Seulement, l'effet n'était pas également prononcé de tous les côtés; mais malgré quelques irrégularités, le phénomène n'en était pas moins curieux. Un matin, qu'il faisait du vent, en me livrant à cette distraction, le hasard me rendit témoin d'un spectacle intéressant. Le vent d'Ouest chassait et faisait rouler sur le sol des plantes sèches et détachées; celles-ci, dès qu'elles arrivaient au point d'optique où le mirage se produisait, avaient l'air de surnager seulement, mais si elles étaient un peu fortes et de forme arrondie comme les têtes de chardon, poussées par le vent, elles suivaient les ondulations de l'eau et ressemblaient à des petits canots agités par les vagues. J'ai passé là des instants bien amusants en me donnant le spectacle de lancer successivement plusieurs têtes de chardons. Parfois on aurait dit une petite flottille de canots faisant assaut de vitesse. Ce phénomène était produit par une faible couche de sel dont le sol est imprégné, qui au dessèchement lors des fortes chaleurs, se cristallise à la surface de la terre. Du reste, ces observations furent, en leur temps, envoyées à l'Académie des sciences qui leur fit un accueil flatteur.

Le mirage le plus curieux que j'ai observé en Algérie a été celui de la rade Moustapha-Pacha, près de Hussien-Dey, à deux lieues d'Alger. Nous étions trois personnes nous promenant en canot. Le temps était beau, le ciel parsemé de nuages blancs presque transparents. Tout à coup, un de nous s'écria : Ah! que c'est beau! regardez donc en haut. Comme lui, nous aperçûmes la ville d'Alger reproduite et se détachant d'un nuage, avec ses maisons, ses mosquées, ses minarets reproduites d'une manière frappante. Les minarets surtout ressemblaient à d'énormes et élégantes stalactites prêtes à tomber sur leurs frères. Le mirage dura quelques minutes, disparut tout à coup, nous laissant dans un état d'ébahissement. C'est la première fois qu'un pareil phénomène a été observé à Alger et je ne crois pas qu'il se soit reproduit depuis.

Notre séjour à Aïn-Alméria nous laissant des loisirs, nous faisions d'assez longues promenades aux environs du camp, sans trop nous éloigner; car, bien qu'en paix, nous pensions qu'il était prudent d'en agir ainsi. Puis, il faut l'avouer, notre foi dans le traité n'était pas aussi solidement gravée dans nos esprits que le caractères l'étaient sur la cire qui avait servi à le sceller.

Un jour, nous aperçûmes deux jolies gazelles qui, à notre vue, disparurent comme un éclair; nous courûmes après, mais en vain. Racontant notre trouvaille à un arabe, il nous dit qu'il y avait de ce côté un troupeau de six gazelles qui allaient tous les jours se désaltérer à un petit ruisseau au fond de la vallée. L'idée nous vint de leur faire une chasse à courre avec l'intention de les forcer, mais non de les tuer. Nous savions le respect que les indigènes ont pour cet animal et aucun de nous n'aurait eu le courage de lancer une simple grain de plomb sur un gibier si gentil et si coquet. Nous aurions voulu seulement le prendre vivant et l'apprivoiser comme font les Arabes. Nous fîmes part de cette récréation à Sidi-Mohamet qui l'approuva et nous promit son concours. Il fut convenu que les cavaliers se formeraient en trois groupes dans la plaine et placés chacun à la distance de deux kilomètres environ. J'étais du peloton du milieu. Une fois à notre poste, quatre arabes furent battre le petit bois de Lentisques et de Mérisiers et firent débusquer les gazelles à portée du premier peloton. Six gazelles sortirent en effet; mais deux se dérobèrent et rentrèrent aussitôt dans le bois; les quatres autres purent seulement être ramassées et se mettre aux prises avec les cavaliers qui les chargèrent à fond de train de notre côté. En quelques secondes elles furent à notre portée. Nous les chargeâmes à notre tour; mais elles avaient toujours un tel avantage sur nos chevaux qu'il fut impossible de les atteindre, ni de les fatiguer. Le 3ᵉ peloton, quoique composé de trois cavaliers émérites, ne fut pas plus heureux. Ces animaux, aux jambes, d'acier, auraient fatigué encore bon nombre de chevaux. Il est impossible de peindre la rapidité de cette course et surtout l'élégance avec laquelle ces quadrupèdes, aux allures si fines et si élégantes franchissaient les nombreux obstacles formés par des touffes assez hautes de Lentisques.

LION TUÉ A ORAN

Les lions étaient rares aux environs d'Oran ; cependant l'épisode que je vais raconter prouvera que ces fauves y paraissaient quelquefois. Il y avait à la ville un habile braconnier qui était la ressource des habitants. Il s'appelait, je crois, Laurent. Chaque fois qu'on désirait une pièce de gibier on s'adressait à lui, et rarement il faillissait aux demandes. Un jour, il fut à la chasse à l'intention de M. Donier, comptable de vivres, *héleniste* émérite, *chansonnier* comme Desaugier et *comme ce spirituel auteur*, membre de l'ancien caveau. Il avait, le lendemain, une réunion de camarades pour fêter notre retour de l'expédition. A cette époque, le gibier était si abondant, même à une faible distance de la ville, qu'il n'était pas nécessaire d'avoir des chiens. Le lièvre partait presque à vos pieds ; perdreaux et poules de Carthage attendaient le bruit de vos pas pour s'envoler. Poursuivant un vol de perdreaux qui s'étaient abattus dans un petit bois non loin de la mer, et engagé dans un sentier, au lieu de perdreaux, Laurent aperçut un énorme lion, venant à lui d'un pas majestueux. Étonné d'abord, effrayé ensuite, il s'arrêta court ; le fauve en fit autant. Laurent, tout frémissant, resta un instant immobile ; indécis sur ce qu'il devait faire en présence et en face d'un pareil gibier, il le regarda toujours fixement craignant de le voir fondre sur lui. Voyant le fauve toujours immobile, et ses yeux fixés sur lui, Laurent fit cette réflexion, *in extremis* : Si je prends la fuite, se dit-il, je suis perdu ; car, en deux bonds il tombe sur moi. Mort pour mort, il faut jouer quitte ou double.

Ce disant et ne perdant pas un instant de vue son peu sympathique vis-à-vis, il descend son fusil, prend dans sa poche une balle qu'il glisse dans le deuxième canon de fusil, le premier en ayant été préalablement chargé avant le départ, comme un en cas ; cela fait, Laurent réfléchit encore et se dit : Tirerai-je ou non ? Enfin, comptant sur son adresse, il visa l'animal qui ne bougea pas, lâcha le coup et aussitôt il aperçut le fauve faire un mouvement, un saut. Laurent croit qu'il vient à lui. La peur le saisit, il jette son fusil à terre et se sauve, espérant que ses jambes seraient plus prestes que celles de son ennemi. Se croyant poursuivi, il courut de toutes ses forces jusqu'à une petite guinguette qui était à l'entrée de la ville. Là, il tomba presque en défaillance, inondé de sueur, essoufflé et ne pouvant prononcer une parole. Enfin, le calme lui revint peu à peu, et il put raconter sa mésaventure. L'événement s'étant aussitôt répandu, quelques chasseurs émérites se réunirent et engagèrent Laurent à les conduire à l'endroit où il avait rencontré la bête. Un des chasseurs connaissant l'adresse du braconnier, lui dit que peut-être il avait tué le lion. On partit bien armé ; et, arrivés au lieu où le drame s'était accompli, le fusil fut trouvé sur le sentier ; et, bientôt, le lion mortellement étendu dans le fourré à quelque distance de l'endroit où il avait reçu la balle, que son vis-à-vis lui avait envoyée en signe de reconnaissance, à la tête. Inutile de raconter la joie avec laquelle l'animal fut relevé et porté en triomphe à Oran. Un des chasseurs voulut acheter la peau du lion : mais Laurent refusa, en disant qu'il voulait la garder et coucher dessus toute sa vie, en mémoire de la peur que cette majesté des fauves lui avait donnée.

Bugeaud était allé pour battre Abd-el-Kader ; s'il ne l'a pas attaqué, c'est qu'il a eu peu de confiance dans le succès. Car un général laisse rarement échapper l'occasion d'une bataille, si modeste qu'elle soit, quand elle peut avoir, comme ici, le double résultat : 1° d'amoindrir la force et le prestige d'un ennemi de la trempe d'Abd-el-Kader; 2° d'attacher une feuille de laurier de plus à sa couronne de général. Dans cette campagne, tous les honneurs ont été pour l'émir. Ayant déjà une armée bien organisée, cette paix faite avec un général qui l'avait battu quelques années auparavant et qui reculait maintenant devant le même ennemi, en le traitant d'égal à égal, a triplé la puissance morale d'Abd-el-Kader; la confiance, ainsi accrue auprès de ses coreligionnaires, lui a permis de reculer les limites de son pouvoir; d'étendre son commandement du sud jusqu'aux régions qui lui avaient été jusqu'alors très hostiles.

En résumé, cette expédition, la mieux organisée de toutes celles qui s'étaient faites jusqu'alors en Algérie; si bien composée et commandée par un général habile, n'a abouti qu'à amoindrir notre influence, tandis qu'elle a agrandi considérablement celle d'Abd-el-Kader. La paix de la Tafna, faite et accomplie d'une manière si solennelle, au milieu de son armée et des nombreuses populations qui en furent témoins, a permis à l'émir de compléter son organisation militaire, d'en perfectionner l'armement ; et, par-dessus tout, en homme habile, de créer des manufactures d'armes, de poudre et d'avoir un stock de munitions considérables en prévision de l'avenir.

Jouissant d'une quiétude que le traité lui donnait, l'émir parcourait le pays de l'est à l'ouest, appelant, préparant les populations et les organisant de manière à être prêtes aux éventualités qu'il prévoyait. Sachant que la France subirait difficilement les conséquences d'un pareil traité, il voulait être en mesure de se défendre en cas d'attaque ou d'attaquer aussitôt qu'il se croirait en force. De notre côté, en apprenant le succès qu'il obtenait et la prépondérance qu'il exerçait sur le pays, le gouvernement n'était pas sans quelque inquiétude. Mais il eut le bon sens de profiter du calme apparent pour ordonner la deuxième expédition de Constantine, venger l'échec de la première et réhabiliter notre influence auprès des indigènes qui nous restaient fidèles.

Bugeaud aurait du faire à la Tafna ce qu'il fit plus tard à Isly; il est probable et presque certain que l'armée de l'émir étant moins bien organisée et moins capable de soutenir la lutte, le succès eût été plus facile et aussi décisif. En agissant ainsi, Bugeaud eut évité de grandes dépenses, écrasé la puissance encore naissante de l'émir; éteint son prestige auprès des siens, rétabli la confiance de ses ennemis indigènes; confirmé notre puissance; évité les guerres qui se sont succédées sans interruption jusqu'à la bataille de l'Isly; et, finalement, avancé la colonisation de l'espace de temps écoulé entre ces deux évènements majeurs.

A peine rentré à Oran, le général Bugeaud était allé le 16 juin avec un escadron de cavalerie jusqu'à Arsew; de là, voulant pousser jusqu'à Mostaganem, les Garabas s'y sont opposés, en disant que le traité de paix les laissait maîtres de cette partie du terrain et que le général ne pourrait la passer sans en violer les clauses. L'émir lui avait écrit pour le prévenir que s'il continuait sa route jusqu'à Mostaganem, les Garabas ne voulant pas le reconnaître pour chef, il ne pouvait lui répondre des événements qui surviendraient. Le général crut qu'il était prudent de *rétrograder*.

 L'émir a fait couper la tête à un des siens qui venait d'être arrêté par les Garabas. Voici à quelle occasion : cinq arabes de l'émir, pensant que la paix était faite et qu'ils pouvaient venir à Alger, furent attaqués en se retirant, par les Garabas, qui coupèrent la tête à quatre; le cinquième ayant pu se sauver, rapporta la nouvelle à l'émir; celui-ci, pour donner un exemple d'obéissance aux siens, lui fit subir le même supplice, en promettant d'en faire autant à quiconque aurait des relations commerciales avec les français, avant l'arrivée de la ratification de la paix. C'était là un bon avertissement à l'adresse de Bugeaud et de ses successeurs.

2ᵉ EXPÉDITION DE CONSTANTINE

 Peu de temps après mon retour à Alger, le projet de réparer l'échec de la première expédition de Constantine fut agité, et je fus désigné pour en faire partie. Le ministre avait d'ailleurs donné des ordres pour y faire participer les officiers qui avaient été à la première. L'expédition devait être commandée par le général Comte Danremont, gouverneur de l'Algérie. Pénétré de l'insuffisance des moyens à la première, ce général voulut prendre toutes les précautions afin que celle qu'il allait commander obtint un résultat favorable. Des ordres furent donnés en conséquence à l'administration ; et afin d'en mieux assurer le succès, le gouverneur résolut de se rapprocher de Constantine en occupant fortement la position de Medjez-el-Amar et d'y concentrer le corps expéditionnaire. On y traça l'emplacement d'un vaste camp qui devint bientôt une immense place d'armes. L'armée expéditionnaire devait se composer de quinze à seize mille hommes. Mais comme il fallut laisser des détachements à Dréan, à Guelma et à Medjez-el-Amar, le chiffre réel fut de dix mille hommes.

C'est avec cet effectif que le général Danremont et le duc de Nemours qui commandait la brigade d'avant-garde, ouvrirent la marche et quittèrent le camp de Medjez-el Amar le 1ᵉʳ octobre 1837.

Le service de santé fut divisé en trois ambulances ; une pour la brigade d'avant-garde à laquelle je fus attaché sous les ordres de Baudens, qui a laissé un nom célèbre dans la chirurgie militaire.

La seconde ambulance était dirigée par le professeur Sédillot, qui a illustré la chirurgie française, dont la réputation comme praticien et comme savant, est justement proclamée. Et enfin à la tête de l'ambulance du quartier général, était le trop modeste et habile praticien mon ami M. Hutin devenu inspecteur du service de santé.

A notre départ de Bône, une chose m'étonna, qui me fit comprendre l'échec inévitable que la première expédition devait essuyer. Ce fut le matériel qu'on avait mis à la disposition de chaque ambulance. Notre service de santé seul avait de quoi transporter, au minimum, plus de cent malades au lieu *de seize* à la première ; tous les services en général étaient organisés avec la même prévoyance.

Le temps était très beau; l'armée animée d'un même sentiment; impatiente de venger la défaite précédente, elle partait avec une confiance et un entrain qui faisaient plaisir à voir. Nous n'avions pas, il est vrai, un Bey avec sa brillante escorte, sa musique, ses étendards et ses oriflammes multicolores, pour faire la *fantasia*; toutes ces loques étaient remplacées par un matériel de guerre, qui, s'il ne reflétait pas d'une manière aussi orientale les rayons du soleil, il nous promettait, en revanche, un secours plus sérieux.

L'armée suivit la même marche qu'à la première; c'est-à-dire, premier bivouac à Dréhan; deuxième à Nechmeïa, où j'eus soin d'éviter, cette fois, le voisinage des scorpions; troisième, à Med-jez-Hamar; quatrième, à l'Oued-Zenaty; cinquième, à Sidi-Tantam; sixième, au Summa, de si triste mémoire, où nous avons trouvé et foulé à nos pieds quelques ossements de nos malheureux soldats qui y étaient morts de froid à notre premier passage. Jusque-là, l'armée avait cheminé sans rencontrer aucune opposition de la part de l'ennemi; à peine si on apercevait quelques arabes à cheval, sur la crête des montagnes voisines. Mais à partir de ce dernier bivouac, des groupes nombreux se montraient de tous les côtés, indice de la réception qui nous attendait. Il est bien certain que l'échec que nous avions éprouvé, et la résistance que la ville nous avait opposée, entretenaient les espérances de l'ennemi. Il voulait réserver ses moyens pour les combiner avec ceux de la ville qui, ayant considérablement augmenté ses travaux de défense, espérait nous ménager une retraite beaucoup plus meurtrière que la première.

A peine les troupes installées au Mansourah et au

Condiat-Aty, on s'occupa des travaux de siège. L'ennemi ne tarda pas à les inquiéter et le 7, il essaya de les troubler par deux vigoureuses sorties ; l'une du côté de Mansourah, l'autre de Condiat-Aty. Toutes les deux furent vigoureusement repoussées et l'ennemi rentra en ville après avoir subi des pertes considérables. Les Arabes du dehors, combinant leur attaque avec celle des assiégés, subirent le même échec et furent refoulés dans leurs montagnes. Le général Vallée, pressé d'établir ses batteries, fut reconnaître à Condiat-Aty, le terrain le plus favorable pour leur emplacement ; une de brèche et une d'obusier. Tous ces travaux commencèrent le soir même, et furent continués toute la nuit. Mais la pluie qui tombait à déluge contraria les travailleurs. Les rampes ménagées pour le passage de l'artillerie s'écroulaient, les trains qui portaient les canons et les munitions, s'embourbaient à chaque instant jusqu'aux moyeux ; les sacs-à-terre, même, exposés à cette pluie torrentielle, n'étaient plus portables tant ils étaient fangeux.

Les malheureux soldats occupés à ces travaux, plongés dans la boue, transis de froid, avaient leurs membres engourdis et ne trouvaient aucun abri pour se réchauffer. Tous les feux étaient forcément éteints ; pas une tente ne pouvait être dressée.

Cependant, une troisième batterie, baptisée du nom de batterie Danrémont, reçut trois pièces de 24 et deux obusiers ; et, pour témoigner aux assiégés que nous étions en état d'ouvrir le feu, quelques coups de canon furent tirés de cette batterie.

Ces détonations avaient aussi pour but d'entretenir le moral de l'armée et de lui témoigner que les travaux de siège avançaient. On ne saurait croire, en effet, dans ces moments si critiques, en présence des difficultés de tout genre qui contrariaient nos opérations, mises en présence des souvenirs de la si malheureuse expédition précédente, combien les angoisses étaient grandes chez ceux qui avaient été témoins de la retraite de 1836 ; alors surtout que le temps semblait nous préparer les mêmes calamités. La nuit du 8 au 9, fut encore plus affreuse ; la pluie tomba avec rage sans discontinuer ; et, si le maréchal Vallée ne s'était hâté de faire venir les pièces la veille, il eut été complétement impossible de les amener, Ce fait fut très heureux ; car, la vue seule des batteries établies et la quantité de munitions pour entretenir le feu, produisirent un effet immense sur le moral de tout le monde.

Le 9, au matin, malgré la pluie, les batteries de Mansourah ouvrirent le feu sans produire d'autre effet sur la ville que d'éteindre les batteries de la Casbah. Le gouverneur, jugeant le peu de résultat qu'on pourrait obtenir de ce côté, renonça à une tentative qui aurait pu épuiser inutilement nos munitions de siège ; et, d'accord avec le général Vallée, il fit dégarnir les batteries de Mansourah et renforcer celle du Koudiat-Atty.

Ce fut un travail de géants ; car Mansourah est séparée du Condiat-Aty par un terrain très accidenté, présentant deux brèches au fond desquelles coulent le Boumerzouk et le Rummel. Là, pas de routes tracées ; un terrain glaiseux, glissant ; les rives du Boumerzouk hérissées de roches inégales, presque à pic ; les torrents, eux-mêmes grossis, présentaient un fond rocheux et inégal. Eh bien ! il fallait franchir tous ces obstacles pour transporter les pièces de 24. Les chevaux ne pouvant suffire, il fallut y atteler des hommes, lesquels à coups de levier et à l'aide d'autres engins, on faisait glisser les pièces. Tout le monde doutait du succès ; mais l'élan était si considérable qu'avec la patience et deux jours et demi de travail, les pièces arrivèrent sur le plateau.

Leur passage à travers le camp fut accueilli par des applaudissements.

Lorsque les préparatifs du siége furent assez avancés, la brigade du Duc de Nemours reçut l'ordre d'aller prendre position au Coudiat-Aty : Ce mot, on le comprendra facilement, produisit chez moi une commotion bien pénible ; elle me rappelait le séjour que j'y avais fait l'année précédente et les biens tristes événements qui s'y étaient accomplis. J'eus même la faiblesse en apprenant l'ordre d'y revenir, d'éprouver un serrement de cœur au souvenir des misères et des privations de tout genre, que la 1re brigade d'avant-garde y avait souffert et supporté avec une si stoïque résignation. Le temps était assez beau, le Boumerzouk et le Roumel furent plus dociles dans leur traversée ; seuls, les Arabes nous disputèrent assez sérieusement leur passage, auquel se joignirent les canons de la Ville.

Et, singulière coïncidence, un capitaine d'artillerie, à peine avait-il franchi le Roumel qu'il eut la tête emportée par un boulet, presqu'à la même place que le fourrier du 17e Léger en 1836. Enfin, nous voilà arrivés au Coudiat-Aty ; je priai M. Baudens de demander, pour l'ambulance, la même installation que j'avais en 1836. Ce ne fut pas sans une émotion, facile à comprendre, que je pénétrai dans l'enceinte du Marabout qui avait servi de refuge à nos malheureux malades, lors de la première expédition. A peine fûmes-nous installés, le temps changea, des pluies torrentielles nous inondèrent pendant trois jours sans discontinuer et transformèrent tout le plateau en un véritable marais fangeux.

Malgré ce temps, les Arabes harcelaient nos avant-postes de tous côtés, et la ville ne discontinuait pas de nous envoyer des bombes et des obus. Les travaux de siège étaient considérablement gênés et ralentis par ces pluies. Deux grosses pièces de siège de 24, ne pouvant être montées, durent être abandonnées en route. Le Roumel, devenu inguéable, suspendit toute communication du Coudiat-Aty avec le quartier général, installé à Sidi Mabrouck, derrière le plateau du Mansourah. Les deux corps d'armée restèrent ainsi, comme en 1836, complètement isolés, pendant quelques jours ; notre position commençait à devenir très critique, par la diminution des vivres et des munitions. Au quartier général, on n'était pas moins inquiet de ne pouvoir nous faire parvenir aucun ordre.

Enfin, un soldat, du 17ᵉ Léger, nommé Morache, s'offrit pour traverser à la nage le Roumel, devenu un affreux torrent, et porter un ordre quelconque au Coudiat-Aty. Le dépêche fixée sur le front, il eut le courage et le bonheur de traverser la rivière, sous les coups de fusils des Arabes, et d'arriver sain et sauf au quartier général de la brigade. On apprit ainsi que les travaux de siège marchaient bien du côté de Mansourah ; et aussitôt que la rivière le permettrait, on nous enverrait des provisions. Le temps ayant favorablement changé, les pluies cessant, les deux rivières, devenues enfin guéables, un grand convoi de provisions put les franchir et nous arriver sain et sauf.

Inutile de dire combien l'artillerie et le génie mirent à profit le beau temps pour activer les travaux nécessaires au placement des pièces de siége. Ce temps fut long, le terrain trop délayé, s'affaissait sous le poids des gros canons. Les chevaux avaient bien pu monter les pièces de 12, mais celles de 16 et de 24 surtout, ne purent arriver qu'avec les plus grandes difficultés à leur place. Les deux pièces de 24, dont j'ai parlé tout à l'heure fussent demeurées peut-être sur le bord de la rivière et au bas de la côte sans le colonel Lamoricière qui mit une partie de son régiment au service de l'artillerie ; et, au moyen de cordes ou d'autres engins, les zouaves finirent par les hisser, en glissant jusqu'à leur poste.

Les zouaves reçurent, à cet effet, les applaudissements de toute la brigade. Les travaux reprirent bon train, malgré les contrariétés que l'ennemi nous faisait supporter. Les plus malheureux de l'expédition ne furent pas seulement les hommes; les chevaux et les mulets eurent aussi leur part de misère ; les fourrages ayant considérablement diminué avaient presque disparu chez nous. Ces pauvres bêtes, les pieds dans l'eau et dans la boue, souffrant la faim et ne pouvant se livrer au sommeil, faisaient peine à voir, et surtout à entendre. On connait peu en général le cri d'alarme et de souffrance de ces bêtes si utiles; c'est là que j'ai entendu pour la première, et, je puis le dire maintenant, pour la dernière, ce cri plaintif; il peut se comparer à celui de deux petits chiens cherchant leur mère. Ce cri, répété par tous les chevaux, produisait pendant la nuit, un effet navrant des plus lugubres : dévorés par la faim, ils se mangeaient entr'eux, qui, la crinière, qui la queue. Quand ils étaient à côté les uns les autres ils se mettaient tête bêche ; et, pendant que l'un rongeait la queue, l'autre lui arrachait la crinière. Rien d'un pittoresque aussi pénible, que de voir ces malheureuses bêtes si abîmées ; combien en moururent, des mulets surtout !... Quant à moi, j'avais eu le bonheur de conserver deux bottes de foin et j'en distribuai de temps en temps, une poignée à mon pauvre *Coco* ; j'eus ainsi le bonheur de le ramener jusqu'à Bône ; mais dans quel état !... il n'avait que quelques brins de crins à la queue et bien moins encore à la crinière tant ses camarades de misère la lui avaient rongée.

La pluie ayant recommencé de plus belle, le sol converti en véritable cloaque, nous avions de la boue jusqu'à mi-jambes ; personne n'osait quitter son poste à moins que le service l'y obligeât. Le Marabout étant encombré de malades, nous cherchions à nous mettre à l'abri du mauvais temps dans les fourgons vides où nous nous empilions, au nombre de six ou de huit, dans chaque caisson. Une fois blottis, on laissait tomber le couvercle cylindrique en ayant soin de mettre un tasseau afin que l'air pût circuler dans l'intérieur. Il arrivait parfois dans ce réduit étroit, haut placé et d'un accès peu facile, des incidents assez bizarres ; lorsque le dernier montait, les bottes crottées et remplies de boue pendant qu'il prenait sa place, la jambe en l'air, tout le monde criait : Gare à la boue ! et l'on se retournait jusqu'à ce qu'il eut trouvé à se caser. Ces scènes se renouvelaient à chaque arrivant jusqu'à ce que le fourgon fut au complet. Il nous arriva, à ce propos, un incident assez comique, qui aurait pu tourner à un drame sérieux. Une nuit, pendant que nous dormions, nous fûmes réveillés par des coups de feu tirés de plusieurs côtés, et par le cri :

Aux armes ! qui retentit dans tout le camp. En guerre et si près de l'ennemi, à ce cri, surtout la nuit, tout le monde se lève comme un ressort et court à son poste. Dans cette boîte, nous nous disputions à celui qui descendrait le premier ; mais le couvercle resta immobile et résista à tous nos efforts. On s'aperçut que le tasseau avait été oublié, et le loquet, ne s'ouvrait que dehors. (Le serrurier n'avait pas songé qu'il y aurait un jour à l'intérieur des habitants.) Nous eûmes beau appeler, cogner contre le caisson, personne ne vint à notre secours ; nous restâmes ainsi dans cette ratière pendant tout le temps que dura l'alerte, entendant avec impatience et non sans crainte, les coups de feu qui avaient l'air de s'approcher. Il est bien possible que nos oreilles, rendues plus sensibles par cette singulière situation, rapprochassent la distance des combattants. Le calme rétabli, on s'aperçut bien vite de notre absence ; comme c'était la nuit on crut que nous avions pris une autre direction. L'alerte finie et les feux cessants, tout le monde reprit son poste ; ce fut au jour seulement que, frappant violemment sur le caisson, deux infirmiers entendant ce bruit et sachant qu'il était transformé en chambre à coucher, s'apercevant que le couvercle était fermé, s'empressèrent de l'ouvrir et de nous rendre à la liberté. Il était temps, car nous commencions à trouver que l'air intérieur, un peu trop saturé, avait besoin d'être renouvelé. En émergeant de cette souricière nous eûmes l'avantage de servir de spectacle et de provoquer un fou rire sur toutes les personnes qui nous virent sortir de là comme des personnages, boueux, venant de jouer une pièce à la Guignol.

Malgré le mauvais temps, les travaux de la tranchée, avançaient surtout du côté du Mansourah, où le sol était plus solide; tandis qu'au Coudiat-Aty il était si fangeux et défoncé que le découragement commençait à gagner la tête de l'armée ; en voici une preuve : le 7, à onze heures du soir le sous-intendant d'Arnaud, chef de notre ambulance, vint me trouver et me dit confidentiellement à l'oreille : « Mon cher docteur, dites à l'officier d'administration, aussi doucement que je vous le dis moi-même, de préparer tout le matériel, de manière à ce qu'il puisse être chargé aussitôt que l'ordre vous arrivera ; par là on débat, en ce moment, la question de savoir si on doit persister dans les travaux de siège, que le temps contrarie à chaque instant, ou s'il ne serait pas plus sage de battre de nouveau en retraite. » Heureusement pour l'armée et pour la France, la providence fit cesser la pluie et nous gratifia, au jour, d'un rayon de soleil nous faisant espérer un temps meilleur. Cet incident n'a jamais été, je crois, connu officiellement; mais ceux qui étaient dans la confidence sentirent leur cœur battre de joie en prévoyant la possibilité de continuer les travaux. — La retraite dans les conditions où nous nous trouvions eut été un désastre cent fois plus calamiteux qu'à la première expédition. Plus de la moitié des mulets étaient morts de misère; et ceux qui restaient n'étaient guère capables de faire un service quelconque. Des centaines de vautours planaient au-dessus du campement du train, pour venir chercher leur pitance sur les animaux morts qui infectait le camp.

On aurait pu en tuer un grand nombre, mais les ordres les plus formels étaient donnés de ne pas tirer un coup de fusil pour les éloigner.

Le 11 octobre 1837 commença le feu de la batterie

de 24 qu'on avait eu tant de mal à établir. L'effet en fut immédiat et terrible. En deux ou trois heures le couronnement des murailles fut détruit et mis hors d'état de protéger les pièces de rempart.

Vers deux heures et demie un obusier, pointé par le commandant Malechard sur un but indiqué par le général Vallée, détermina le premier éboulement. Un cri de joie retentit aussitôt parmi tous ceux qui assistaient à ce spectacle.

Dès ce moment, Constantine était à nous. La brèche étant une porte par laquelle nos soldats sont toujours sûrs d'entrer.

Le gouverneur général qui avait jugé le danger des assiégeants et qui croyait que ceux-ci l'avaient mesuré comme lui, fit passer à la ville des propositions de capitulation.

Le lendemain seulement il reçut une réponse ; elle était hautaine et caractéristique, comme un fragment de poésie arabe.

« Nous avons à Constantine, disaient les assiégés, des magasins encombrés de munitions de guerre et de bouche. Les Français manquent-ils de froment et de poudre ? Nous leur en enverrons ; mais ils nous parlent de brèche et de capitulation, nous ne savons pas ce qu'ils veulent dire. Derrière la brèche il y a des maisons ; dans ces maisons il y aura des guerriers, et nous ne rendrons la ville que lorsque toutes les maisons seront brûlées et tous les guerriers morts. »

Le général de Danrémont se fit traduire cette réponse.

« Bien, dit-il ; ce sont des gens de cœur ; Constantine nous coûtera plus cher, soit, mais la gloire paiera le sang. »

Le premier sang qui devait être répandu c'était malheureusement le sien.

Le général désirant s'assurer de l'état des travaux de notre côté monta à cheval et se dirigea sur le Coudiat-Aty accompagné de monsieur le duc de Nemours et de son état-major.

Il était huit heures du matin ; un soleil brillant commençait à rayonner sur l'horizon et rendait tous les cœurs joyeux par une promesse de beau temps. Quelques heures encore, la brèche ouverte allait être praticable : c'était dire que le jour même ou le lendemain, Constantine serait à nous. Le comte de Damrémont, en passant au milieu des soldats, pouvait en quelque sorte se réjouir de la joie que tout le monde éprouvait et manifestait. Il mit pied à terre, toujours accompagné du duc de Nemours, et s'avança vers un point complètement découvert commandé par le canon de la place. Ce point parut si dangereux que le général Rulhières tenta d'empêcher le gouverneur de s'y rendre; mais le vieux soldat sourit à ce doute ; il semblait à ces hommes qui avaient traversé sains et saufs ces grandes batailles de l'empire qu'on appelait Austerlitz, la Moskowa et Waterloo, que toute lutte nouvelle n'était qu'une escarmouche et que la mort n'avait plus de prise pour eux.

« Laissez, laissez, dit-il, et il continua son chemin ; presque au même instant un biscaïen, parti de la place, lui traversa le ventre au-dessous de l'ombilic et brisa la 2e et 3e vertèbre lombaire. La mort fut instantanée.

Le général Perrégaux, son chef d'état-major, reçut en même temps une balle qui, pénétrant dans les fausses nasales, s'arrêta profondément à la base du crâne, dont l'extraction ne fut pas possible. Le général en chef fut transporté immédiatement à mon ambulance, et le lendemain j'en fis l'autopsie en présence de M. Sédillot et de plusieurs officiers d'état-major. Nous constatâmes que le projectile était entré un peu au dessous de l'ombilic et sorti dans la région lombaire, traversant ainsi la masse intestinale et brisant la deuxième et la troisième vertèbre lombaire. Nous dressâmes à la hâte, Sédillot et moi, le procès-verbal constatant le genre de la blessure et nous fîmes l'inventaire de tout ce que le général en chef avait sur lui : argent, montre et bijoux. Quant au général Perrégaux, il put être envoyé à l'ambulance du quartier général et évacué sur Bône au premier convoi des blessés. Il mourut pendant la traversée, sur le bâtiment qui le transportait en France. Le général Rulhieres, reçut en même temps un coup de feu, mais sans aucune gravité. Il est bien évident, que l'ennemi ayant aperçu ce groupe, fit une décharge en masse qui, à son point de vue, eût un succès trop complet. Cet accident, comme on doit le penser, provoqua une très pénible émotion dans toute l'armée ; car le général Damremont avait su gagner l'estime et la confiance de tous, comme il en reçut des regrets unanimes.

Constantine prise, on en a accordé tout le mérite au maréchal Vallée, — ajoutant même que la mort du général Damrémont fut un malheur favorable à cette opération ; on l'accusait même de lenteur et d'hésitation. Mais, si l'on veut juger impartialement les faits, on peut voir que tout était préparé ; mieux que cela, la brèche même presque faite lorsque le général fut atteint ; et, après sa mort, on n'eut qu'à continuer le feu des batteries déjà établies. Si le général Damrémont eut mis la gloire avant le sentiment d'humanité, et qu'il eut continué les opérations de la brèche au lieu de proposer une si généreuse capitulation, la ville aurait été prise vingt-quatre heures plus tôt ; il n'aurait probablement pas été tué et eut été nommé maréchal de France.

Heureusement, il fut remplacé par un homme d'énergie, qui, par ses brillants antécédents, captiva de suite la confiance de l'armée ; le maréchal Vallée eut le mérite et les honneurs qu'il avait bien mérités. Mais nous pouvons dire, en toute vérité, que la mort du général Damrémont laissa de vifs regrets dans toute l'armée.

Le général d'artillerie Vallée, comme le plus ancien de grade, prit le commandement de l'armée : et, avec une énergie égale à la fermeté de son caractère, il activa les travaux de siège. Favorisées du reste par un beau temps, les difficultés s'aplanirent.

Les travaux parvenus à un degré très avancé, je reçus l'ordre de me transporter avec une section d'ambulance, tout à fait aux avant-postes, derrière les sacs-à-terre qui, seuls, nous protégeaient des feux de la place. Pour y arriver, il fallait descendre une pente à découvert faisant face aux feux de la ville.

Pendant la descente, ayant été aperçus, l'ennemi tira sur nous et nous entendions, mes sous-aides et moi, les balles ricocher sur les rochers. Je leur disais en riant, que je ne serais pas fâché d'en recevoir une qui me traverserait le gras de la jambe ou du bras, ce que l'on appelle vulgairement une blessure d'officier. Mais, le cliquetis des projectiles augmentant, un sous-aide, vrai loustic, disait qu'on pourrait bien en recevoir aussi à la tête ou ailleurs : (je crois qu'il faudrait nous presser ajouta-t-il.) C'est ce que nous fîmes ; profitant du conseil, nous prîmes le galop et arrivâmes sains et saufs à notre poste.

C'est sur ce même sentier, que se produisit un incident fâcheux et bien triste pour celui qui en fut l'auteur. Un capitaine du X... régiment, chargé de porter un ordre au commandant de la tranchée, fut pris, à moitié chemin, d'un vertige qui le cloua sur place, n'osant ni avancer ni reculer. Le général Damremont surpris de ne pas avoir de réponse, dépêcha un officier d'état-major, pour s'informer du motif de ce retard ; il supposait que le capitaine avait pu être blessé ou tué en route. Dès que l'aide de camp aperçut le capitaine X.... il lui demanda pourquoi il n'allait pas rendre compte de sa mission ; en apprenant que l'ordre n'avait pas été porté, il y fut lui-même et dénonça au général en chef la faiblesse qu'avait eu le premier messager. Le général en chef en colère fit venir le capitaine, lui reprocha sa lâcheté, lui fit enlever les épaulettes, le mit aux arrêts et le déclara hors d'état de servir.

Ce qu'il y a d'étonnant, c'est que ce capitaine officier distingué, s'était vaillamment conduit en toutes circonstances dans les autres campagnes. On ne pouvait donc attribuer une pareille conduite, qu'à une hallucination qui avait paralysé un instant ses facultés ; il paya bien cher, trop cher peut-être !... ce moment d'absence. Mais à l'armée en présence de l'ennemi, on n'a pas le temps de faire de la psychologie, on juge et on est obligé de juger sommairement et brutalement les faits.

Ce triste épisode m'en rappelle un du même genre, qui heureusement n'eut pas des suites si fâcheuses ; je ne le mentionne qu'à titre de curiosité. Le comte de Septeuil. dont j'étais le médecin et l'ami, m'invita en 1844 un jour à déjeuner avec trois de ses vieux camarades ; le général Lawœstine et deux autres vieux de la vieille, aussi généraux. Inutile de dire que la conversation roula sur leurs hauts faits et les historiettes qui, à cette époque de grandeur militaire et de libertés morales, étaient très variées. Le général P..., dont je veux taire le nom, bien connu par ses vanteries, racontait ses prouesses. Le comte de Septeuil, qui le connaissait bien, agacé de ses récits ampoulés, se leva brusquement et lui dit en riant : Toi, mais tu n'es qu'un lâche et je vais te le rappeler. Voici ce qu'il raconta : Tous les quatre convives étaient, à cette époque, attachés à l'état-major du maréchal Lannes. Pendant la bataille de .... le maréchal avait chargé le général P..., alors simple capitaine et aide de camp, de porter un ordre. Après un temps qui parut un peu long, croyant que l'ordonnance avait été tuée ou blessée, le maréchal dépêcha Septeuil avec un double du même ordre.

Parvenu à une certaine distance, Septeuil rencontra son camarade, tranquillement arrêté, et lui demanda pourquoi il ne s'empressait pas de porter la réponse au maréchal. P... lui répondit qu'il avait encore la missive dans sa poche. Tu es un lâche, lui dit Septeuil, et après quelques observations un peu brusques, stoïquement accueillies, P.. répondit : Imbécile, j'attendais que l'Empereur, qui doit passer par là, me vit au moment où j'accomplirai cette mission qui n'était pas sans quelque danger. Eh bien ! Si Septeuil avait mis le même zèle à dénoncer au maréchal Lannes son camarade, que l'aide de camp P... en mit à signaler, au général Damrémont, le capitaine M..., il est probable que le capitaine P... n'aurait jamais eu ses épaulettes ornées de trois étoiles et que le capitaine M... n'aurait pas eu les siennes arrachées publiquement et sa carrière, qui avait de l'avenir, complètement perdue.

L'ambulance placée aussi près que possible de la ville, abritée seulement par les sacs à terre, quoique exposée aux projectiles, nous permit de faire quelques observations assez curieuses, surtout lorsque les batteries de siège commencèrent le feu. Nous apercevions, en regardant à travers les petits créneaux, que les sacs-à-terre laissaient entre eux, l'ennemi courant sur les remparts et l'effet que nos pièces produisaient sur les murailles. La nuit, le spectacle changeait, et n'eut été le danger de la situation, nos places auraient été payées bien cher par un simple touriste. Les projectiles des assaillants et des assiégés tels que : bombes, obus et boulets rougis se croisaient en l'air et formaient un feu d'artifice très pittoresque. Nous disions même quelquefois, en voyant les obus filer en sens inverse qu'il serait curieux d'en voir deux se rencontrer en l'air et s'écraser mutuellement.

Il n'en fut heureusement rien : ces voyageurs malfaisants avaient la politesse de passer l'un à côté de l'autre sans se heurter. Cela dura à peu près quatre jours et quatre nuits, sans qu'aucun accident ne survint à l'ambulance. Un matin seulement, pendant que nous mangions un morceau de pain et de fromage assis sur un roc, un éclat d'obus vint frapper le rocher sur lequel j'étais et en fit sauter un éclat. Tous mes camarades poussèrent un cri croyant que j'avais la cuisse abîmée : il n'en fut heureusement rien ; je n'eus même pas une égratignure. Un instant après, le chef d'escadron d'état-major, comte Mathieu Dumas, qui était à côté du Prince, duc de Nemours, reçut une balle à la hanche qui resta fixée à l'os illiaque; je pus constater sa présence, mais il me fut impossible d'en faire l'extraction. Je me contentai d'élargir la plaie afin de faciliter de nouvelles recherches ; une fois pansé il fut transporté à l'ambulance où M. Baudens, renouvelant les tentatives, ne fut pas plus heureux que moi. Quelques mois après, à Paris, la balle put être détachée et extraite.

Enfin la brèche, paraissant suffisamment prête, le général en chef voulut s'en assurer en envoyant un officier de bonne volonté. On fit un appel à ce sujet, et plusieurs officiers se présentèrent pour avoir cet honneur. On accorda la préférence de cette mission si périlleuse à un de mes amis le capitaine de Garderens de Bouasse qui avait déjà donné des preuves de courage dans différentes circonstances, en Afrique. Le feu cessant, je le vois encore passer à quatre heures du matin devant l'ambulance, me donner une poignée de mains et me recommander de me tenir prêt à le panser si l'ennemi lui permettait de revenir. Tous les yeux étaient fixés sur ce messager marchant au pas accéléré, le drapeau roulé à la main, et arrivant sain et sauf malgré les coups de feu que la place lui envoyait. Parvenu auprès de la brèche il disparut subitement; tout le monde le croyait mort ou gravement blessé. Il reparut bientôt ; et, plantant son drapeau au bas de la brèche, Garderens revint au galop un bras pendant. A peine fut-il à portée de nos sentinelles avancées, un cri général retentit de toute part; il reçut force félicitations et annonça que le fossé n'était pas suffisamment comblé pour permettre aux troupes de monter à l'assaut. Il avait reçu deux blessures dont l'une à l'épaule gauche, l'autre à la cuisse du même côté. Heureusement aucun vaisseau important n'avait été atteint et il put, après un très long traitement, reprendre son service et arriver au grade de général de brigade.

Les batteries de siège ouvrirent de nouveau le feu toute la journée et un éboulement qu'elles provoquèrent combla le fossé de manière à pouvoir y passer facilement. Ce fut l'avis d'un conseil réuni par le général en chef composé d'hommes spéciaux du génie et de l'artillerie. En conséquence l'ordre fut donné de se préparer à l'assaut pour le lendemain de bonne heure. Cette nouvelle impressionna tellement l'armée que personne ne dormit de la nuit; tous attendaient avec impatience et anxiété l'heure du succès ou de la défaite. Disons cependant que la grande majorité ne doutait pas du succès. Au point du jour, chaque corps prit l'ordre de marche qui lui avait été indiqué; la compagnie franche, capitaine Gérard, et les zouaves en tête, avec leur brave colonel Lamoricière. Les batteries tiraient encore quelques coups pour distraire l'ennemi et lui faire supposer que le moment de l'assaut n'était pas encore venu. Pendant ce temps, les troupes étaient en mouvement, et la tête de colonne s'arrêta presqu'à côté de notre ambulance; puis tout à coup un silence imposant se fit. Le bruit des canons fut remplacé par les tambours qui battirent à l'unisson le pas de charge, avec accompagnement des musiques qui entonnèrent l'air national la *Marseillaise*. Dire et d'écrire l'effet produit par ce battement des tambours précédant et accompagnant ces hommes qui d'un pas grave et cadencé, l'arme sur l'épaule droite, marchaient à la mort ou à peu près, est impossible. Il faut l'avoir vu pour comprendre ces effets entraînants : ceux qui ne faisaient pas partie de ces légions militantes n'avaient qu'un regret, celui de ne pas marcher avec, afin de partager les périls et la gloire d'une mission si solennelle. L'ennemi lui-même semblait immobilisé ; car il ralentit considérablement ses feux sur ceux qui allaient si bravement le dompter.

On voyait la longue colonne s'approcher sous le feu qui semblait fouetter sa course au lieu de la ralentir ; on vit sa tête disparaître dans le fossé, reparaître sur le talus, ramper en gravissant la brèche, couronner l'ouverture ; puis s'élevant au-dessus de toutes les têtes, le drapeau que portait le capitaine Garderens flotter un instant et se fixer sur la crête de la muraille échancrée.

C'était le premier drapeau français qui eût flotté sur les remparts de Constantine.

Mais, pour être maîtres de la brèche, nos soldats étaient loin de s'être créés une entrée dans la ville.

Au sommet du talus où ils étaient arrivés, commençait pour eux l'inextricable réseau des rues, aspect plus terrible que la vue de tous les remparts, obstacle inconnu plus insurmontable que tous les obstacles connus. Là s'étend un labyrinthe de constructions incompréhensibles ; des enfoncements qui semblent ouvrir des passages et qui n'aboutissent à rien ; des apparences d'entrées sans issues, des semblants de maisons, dont il est impossible de distinguer les côtés, de désigner les faces, puis du feu partout, des canons de fusil passant par chaque ouverture, une grêle de balles cliquetant sur les armes, ou s'amortissant avec un bruit sourd dans les chairs ; voilà ce que voit, ce qu'entend, ce qu'éprouve la première colonne arrivée au couronnement du talus.

Une anxiété générale s'empara de nous tous, simples spectateurs, en voyant les premiers monter sur la brèche et en apercevant une partie du bataillon, Lamoricière toujours en tête, qui l'avait franchie, lorsque tout à coup une détonation énorme partit du centre de la brèche, lançant en l'air la terre et les hommes qui étaient dessus. Un cri d'alarme retentit aussitôt dans l'armée, croyant qu'un précipice infranchissable pouvait résulter de cette explosion ; mais l'élan était donné et les hommes suivant l'exemple de leurs chefs ne ralentirent leur marche que le temps de laisser disparaître la fumée qui masquait leur passage. Une fusillade atroce s'engagea dans les rues et dans les maisons, surtout dans la caserne des Janissaires où eut lieu un massacre effrayant et où toutes les pièces, jusqu'au deuxième étage, étaient jonchées de cadavres.

L'assaut de Constantine devant rester dans l'histoire de l'Algérie et de France comme un fait d'armes des plus glorieux et des plus accidentés ; les lecteurs me sauront gré de leur en donner la description très pittoresque que j'emprunte à la narration qu'en a donnée Claussolles dans l'*Algérie pittoresque* (1845.)

Alors la petite troupe se divise en trois corps ou plutôt en trois compagnies. La compagnie de droite, sous les ordres du capitaine Sauzai, la compagnie de gauche sous les ordres du capitaine de Sérigny, le centre sous les ordres du colonel Lamoricière.

On comprend qu'au milieu du feu tous ces mouvements que nous allons raconter sont rapides comme la pensée.

Le capitaine Sauzai, qui va opérer à droite, jette les yeux autour de lui, traverse un petit plateau formé de décombres amoncelés et aperçoit au dessus de lui au pied d'un grand édifice, dont on pouvait voir le Coudiat-Aty, le sommet débordant le rempart, une batterie dont les canonniers, restés fermes à leurs postes, sont prêts à défendre les pièces. Sans tirer un seul coup de fusil, à l'ordre du capitaine Sauzai, les zouaves se précipitent à la baïonnette sur la batterie : à l'instant tout s'enflamme en face et autour de cette poignée d'hommes qui devient le centre d'un cercle de feu. Le lieutenant de la compagnie a le bras fracassé de trois balles; une douzaine de zouaves tombent dans l'intervalle ; mais ce qui reste debout se précipite sur la batterie et tue sur leurs pièces les canonniers turcs qui ne tentent pas même de fuir.

La batterie éteinte, le capitaine Sauzai regarde autour de lui ; à une demi-portée de fusil, une autre batterie s'élève derrière une barricade formée de charrettes et d'affûts brisés. Un instant le désir lui prend d'éteindre cette seconde batterie comme il a fait de la première ; mais il faut qu'il s'engage dans un défilé entre deux feux ; mieux vaut entrer dans ce grand édifice que nous avons signalé et en chasser ses défenseurs. Une porte est aussi enfoncée, quelques Arabes sont tués en se défendant ; mais le grand nombre fuit, s'échappant par des issues qu'eux seuls connaissent. Une fois maîtres de ces immenses constructions, les zouaves s'orientent, reconnaissent qu'ils sont dans un magasin à grains ; ils descendent par les fenêtres à l'aide d'échelles apportées à tout hasard, se reforment, marchent aux canonniers qui, voyant la position tournée, paraissent moins décidés que leurs camarades de la première batterie à se faire tuer sur leurs pièces. En effet, quelques-uns seulement restent et soutiennent l'attaque ; plusieurs se dérobent par des ruelles et des faux-fuyans; la colonne de droite a renversé son dernier obstacle, terrassé sa dernière résistance.

C'est aux sapeurs et aux soldats du génie à ouvrir maintenant des communications plus avancées.

A gauche, le courage a été le même, mais le succès différent. Un bâtiment en saillie, dont la base a été minée par les boulets, resserrait un étroit passage dans lequel s'engage le capitaine Sérigny et ses hommes, appartenaient presque tous au 2ᵉ léger. Tout à coup le mur s'ébranle, vacille et s'écroule; tout un pan de maçonnerie couvre tout un flot d'hommes; plusieurs sont tués et ensevelis; un plus grand nombre, blessés, soulèvent les pierres qui s'agitent avec une effrayante mobilité; des cris, des gémissements s'élèvent de ce chaos. Le capitaine Sérigny, enveloppé sous les décombres jusqu'à la poitrine, se tord dans une agonie désespérée, s'épuise en efforts impuissants, et se sent se briser peu à peu tous les os de sa poitrine.

Un dernier cri de douleur indique que le cœur du brave capitaine vient de se briser comme le reste.

Pendant ce temps, la colonne du centre est restée en face de la véritable difficulté, de la véritable résistance, du suprême péril.

On foule un terrain factice, on s'agite dans l'étroit espace que nos boulets ont déblayé au haut de la brêche. Quelle communication existe entre ce terrain et les terrains avoisinants? c'est ce qu'il est impossible de découvrir. Les terres remuées, les décombres amoncelés se sont superposés au sol primitif, ont envahi les issues, obstrué les portes, défiguré les localités.

On se croyait dans une rue, on est sur les toits.

Quelques-uns dépassent les autres comme des citadelles; ce sont ceux-là qu'il faut occuper afin de reconnaître le terrain. On apporte des échelles, et deux lignes d'attaque commencent; l'une, qui paraît sur la terre ferme ; l'autre, aérienne et suspendue, qui semble à dix ou quinze pieds au-dessus de la première.

A l'un des premiers toits, escaladés ainsi, le capitaine Sauzai, qui vient de faire sur la droite le beau mouvement que continuent les sapeurs et les hommes du génie, est tué.

Enfin, après avoir sondé plusieurs ouvertures fermées, plusieurs couloirs qu'on trouve sans issues, on parvient dans un bazar ; quelques soldats s'y engagent ; mais à peine ont-ils fait quelques pas dans un sombre couloir, qu'une fusillade éclate à droite et à gauche. Chaque niche de marchand est une espèce de guérite qui renferme un ou deux combattants ; mais le bruit de la fusillade, au lieu d'éloigner nos soldats, les attire. Du renfort arrive aux premiers engagés ; ils s'élancent si rapidement, que les Arabes n'ont pas le temps de recharger leurs fusils. Il n'ont plus que leurs yatagans, médiocre défense contre nos baïonnettes. Leurs renfoncements, au lieu de demeurer une protection, deviennent dès lors un piège où ils sont tous pris. On les y poignarde ; plusieurs sont cloués contre la muraille. Quelques-uns cependant parviennent à fuir ; on les poursuit, mais ils disparaissent comme des spectres qui s'enfoncent à travers les ruelles. Nos soldats avancent en se demandant les uns aux autres la raison de ce prodige. Tout-à-coup ils se heurtent à une porte que l'on vient de refermer ; une autre porte de pierre est jetée d'un côté à l'autre de la ruelle ; des battants de bois ferrés interceptent le passage. C'est un nouvel obstacle à surmonter ; mais, sans s'y attendre, on l'a prévu. On appelle les sapeurs qui portent les sacs à poudre. Si l'on ne peut enfoncer la porte, on la fera sauter. Tout-à-coup la porte s'ouvre d'elle-même, une fusillade terrible éclate, venant de l'intérieur de la ville. Deux capitaines et une quarantaine d'hommes formant la tête de colonne tombent tués ou blessés, encombrant le passage devenu plus impraticable par l'amoncellement des cadavres qu'il ne l'était par la réunion du bois et du fer.

Pendant que ces choses se passent dans l'intérieur de la ville, le général en chef, qui ne peut apprécier les difficultés qui, à chaque pas, se pressent devant le colonel de Lamoricière et ses hommes, ordonne au colonel Combes du 47ᵉ de ligne, de partir avec son premier bataillon, de rejoindre la première colonne et de l'appuyer au besoin.

Le colonel Combes arrive au pied du rempart, mais là, le colonel Lamoricière lui crie de s'arrêter pour éviter l'encombrement, et le colonel Combes attend, l'arme au pied.

C'est pendant qu'il attend que le colonel Lamoricière s'engage dans le couloir qui conduit à la rue Marchande, et la porte ouverte voit tomber toute sa tête de colonne sous le feu de l'ennemi.

Le moment est venu d'appeler le colonel Combes : on ne sait pas combien d'hommes on laissera dans l'effroyable souterrain.

Le colonel Combes envoie la compagnie franche, composée de soldats de choix du 2ᵉ bataillon d'Afrique; elle arrive au pas de course et s'engage à son tour dans le couloir.

On est soutenu, on peut donc charger.

Mais à peine le cri : — En avant ! est-il sorti des lèvre, du colonel Lamoricière, que quelque chose d'étrange ou plutôt d'incompréhensible s'accomplit.

Tout-à-coup un bruit pareil à un coup de tonnerre se fait entendre ; tous les soldats engagés sous la voûte sentent la terre trembler et voient les murailles se mouvoir. En même temps la lumière disparaît ; l'atmosphère cesse d'être respirable ; on avale du feu ; on se sent étreint, enveloppé, frappé tout à la fois. A la première explosion violente, succèdent des explosions plus faibles, qui éclatent au milieu des rangs, jettent une flamme rouge et, en s'éteignant, redoublent l'obscurité et l'étouffement. Les uns croient s'enfoncer dans un abîme, les autres croient être lancés dans les nuages. Tous voudraient crier, car tous souffrent, mais aucun n'a de voix. Enfin le jour reparait : peu à peu l'air rentre dans les poitrines ; chacun commence à comprendre que quelque mine vient d'éclater. Mais avant le jour, avec la respiration, la conscience de la douleur est revenue. Ils se regardent les uns les autres et s'épouvantent de ne plus se voir. La fumée a disparu, mais le feu les enveloppe encore. Ils essaient de fuir, le feu est attaché à eux ; il les suit, il les ronge. Quelques-uns sont entièrement dépouillés de leurs vêtements, et ont de larges sillons sur le corps ; d'autres sont entièrement dépouillés de l'épiderme. Ce sont des écorchés qui marchent, qui hurlent, qui délirent. Ceux qui ont le moins souffert ont les mains et le visage brûlés.

Voici ce qui était arrivé, dit-on.

La bourre d'un fusil avait mis le feu à une quantité considérable de poudre apportée la veille près de la porte par les indigènes, et contenue dans un simple coffre de bois.

Cette première explosion avait été surtout funeste aux indigènes ; mais du coffre de bois la flamme avait gagné les sacs à poudre des sapeurs ; et, des sacs à poudre des sapeurs, elle avait atteint les gibernes des soldats ; de là ces explosions partielles qui avaient dévoré tous ces hommes comme ensevelis dans un soupirail de l'enfer.

Tous les soldats engagés dans la voûte furent atteints par le feu : quelques-uns furent immédiatement asphyxiés; d'autres furent mutilés et tombèrent sur la place, respirant encore. Enfin le plus grand nombre put se retirer vers la brèche.

Il y avait eu un moment de confusion terrible, un moment de vertige, où tout avait tremblé, sol et murailles; les indigènes profitèrent de ce moment. La première explosion les avait écartés ; mais bientôt, placés en dehors de la voûte, ils purent mesurer le danger, et comprirent que le danger ne les menaçait plus.

Alors ils revinrent à la charge, s'élançant comme à une curée, déchargeant leurs fusils au hasard sous cette voûte pleine d'hommes de fumée, de terreurs et de cris. Puis, leurs fusils déchargés, ils se jettèrent à corps perdu sur cette multitude folle de douleur, qu'ils fouillèrent à grands coups de yatagan et de flissat.

Ce fut un terrible moment pour les troupes du colonel Combes, qui, au nombre de trois cents environ, se tenaient sur la brèche, et en dehors de l'activité de ce gaz enflammé, lorsqu'elles virent reparaître cette colonne noircie, ces hommes brûlés, ces spectres de feu. Une commotion spontanée, électrique, irrésistible, frappa tous les cœurs du même coup. Le cri : en avant ! s'élança de toutes les bouches. Le colonel Lamoricière le visage brûlé, les yeux éteints, ne pouvait se soutenir debout, on le croyait blessé mortellement. Le colonel Combes prit le commandement, ordonna aux tambours de battre, aux clairons de sonner, et s'élança à son tour dans l'effroyable voie où gisaient les débris de la première colonne, à moitié brûlée.

La bravoure du colonel Combes était proverbiale dans l'armée. Il aborda donc franchement l'ennemi, qu'il rencontra au sortir de la porte, à l'entrée de la rue Marchande. Les indigènes s'étaient embusqués presqu'en face de la porte, derrière un amas de débris et de cadavres formant une espèce de barricade ; il fallait les chasser de là.

Le colonel Combes ordonna à une compagnie de son régiment d'enlever cette barricade, et promit la croix au premier qui la franchirait.

Aussitôt la compagnie se précipite, un lieutenant la devance, la gravit, et va s'élancer de l'autre côté, lorsque tout-à-coup il retombe en arrière, sous une décharge terrible. On le croit mort, mais il se relève ; le pied lui a manqué ; sa chute lui a sauvé la vie. Ceux qui venaient derrière lui sont foudroyés.

Au même instant et coup sur coup, le colonel reçoit une balle qui lui traverse le cou.

Mais il reste debout, s'appuie au mur, s'assure que son mouvement s'exécute et que la barricade est emportée.

Alors il se détache de la muraille, reprend le chemin par lequel il est venu, traverse la route et reparaît sur la brêche déserte en ce moment.

Le général en chef, le duc de Nemours et les généraux qui l'entouraient, le virent descendre lentement, s'approcher d'un pas raide et mesuré, du pas d'un cadavre.

Ils l'attendirent, ne comprenant rien à ce mouvement qui n'avait plus rien de vivant.

Lorsque le colonel Combes fut en face d'eux, ils comprirent.

Son visage était couvert d'une pâleur mortelle ; deux sillons de sang ruisselaient de sa poitrine.

« — Monseigneur, dit-il au duc de Nemours d'une voix calme et ferme, je suis blessé mortellement, mais je meurs heureux, car j'ai vu une belle journée pour la France. La ville est à nous. Hélas ! plus heureux encore que moi sont ceux qui survivent, car ils parleront de la victoire ! »

Puis il fit quelques pas et s'affaissa sur lui-même. La force ne l'avait soutenu que juste le temps nécessaire à donner ce spectacle d'une mort digne en fierté sereine des plus belles morts de l'antiquité. »

La mort ne fut pas aussi rapide ; il put être transporté à l'ambulance et y subir un pansement. Il succomba vingt-quatre heures après.

Le colonel Lamoricière, plus heureux, sauta en l'air et retomba à plat sur les décombres de la brèche au milieu de la fumée de la poudre. Malgré ce saut périlleux, il n'eut aucune blessure. Ses habits seulement furent brûlés ; la peau du visage et du cou fortement noircie présentait quelques brûlures légères et sans gravité. Les mains était dans les mêmes conditions. C'était comme un véritable tatouage appliqué uniformément.

Le blessé qui me donna le plus d'émotion fut le colonel de Richepanse. J'ai raconté dans ma première expédition que le commandant de Richepanse avait été blessé mortellement de deux coups de feu, et qu'un des projectiles, extrait par moi, fut envoyé à sa mère sur la demande qu'elle m'en fit. Lorsqu'il fut question de la deuxième expédition de Constantine, le second frère voulut venger la mort de son aîné en y prenant part. Sa mère m'avait écrit, avant notre départ de Bone, une très longue lettre pour recommander son fils à tous mes soins ; qu'on juge de mon émotion, lorsque, occupé au pansement des blessés, on annonce le colonel de Richepanse qui, au même endroit où son frère avait été tué, venait de sauter sur la brèche et était grièvement brûlé. Confiant le pansement que je faisais à un sous-aide, je courus au colonel et le trouvai complètement défiguré ; les paupières sanglantes, les cils et les sourcils brûlés ; toute la figure fortement atteinte. En outre le pantalon et les vêtements qui couvraient le ventre, tous brûlés. Je fus effrayé d'une pareille brûlure que je jugeai tout de suite mortelle. Heureusement, l'examen dissipa mes craintes ; non pour la vue que je crus fortement compromise, mais pour la blessure du ventre. Le colonel avait l'habitude de porter dans sa ceinture deux paquets de cartouches pour s'en servir au besoin. Celles-ci, ayant pris feu, éclatèrent au moment de l'explosion ; mais rencontrant moins de résistance en dehors qu'en dedans, les vêtements seuls furent brûlés, et le ventre ne reçut qu'une blessure superficielle. On le transporta dans une maison particulière ; et, à force de soins que je lui donnai à Constantine et jusqu'à Bône, où je le ramenai avec moi, je parvins à le guérir si complètement qu'il a pu suivre sa carrière et arriver au grade de général. Grand nombre de brulés moururent. — Il se passa une scène très dramatique entr'eux dont je veux dire deux mots. Huit officiers, tous distingués, grièvement brûlés, surtout à la tête, furent mis dans une salle spéciale. Quelques-uns étaient dans le délire. Une nuit, l'infirmier vint me chercher à la hâte pour me dire que les malades se battaient entre eux. Quatre ou cinq pendant leur délire, s'imaginant, les uns qu'ils étaient surpris par les Arabes, les autres qu'ils les surprenaient, se battaient, avec fureur, à coups de poing ; rien de lugubre et de pareil à cette scène navrante venue pendant la nuit et à une lumière douteuse. J'en fus effrayé ; on eût dit des spectres se griffant et s'écorchant leur visage ruisselant de sang. Nous eûmes beaucoup de peine à les séparer et à leur faire reprendre leur place. Je laissai deux infirmiers de garde pour les surveiller ; le lendemain nous eûmes soin de les séparer. Des huit qui étaient là, deux seulement survécurent, dont l'un, le capitaine Répond, devenu intendant-général. Rien de plus triste et de plus navrant que les scènes de douleur que présentait alors la maison du Califa, transformée en hôpital, immédiatement après l'assaut, où les malheureux blessés et brûlés étaient tassés, à côté les uns des autres, en proie à des souffrances atroces qui leur arrachaient des cris les plus plaintifs : tous demandaient à être pansés : plusieurs, ayant le sentiment d'une mort certaine, sollicitaient avec instance une potion qui abrégeât et mit fin à leur douleur. Deux exemples seulement parmi tant d'autres : le commandant Vieux du génie, qui était grillé des pieds à la tête, comme si tout son corps avait été dans une rôtissoire, ne cessait, au milieu de ses cris lugubres et involontaires, de réclamer une forte dose de laudanum. Mon ami, le capitaine Potier, également du génie, outre ses brûlures, avait reçu une balle qui lui avait fracturé une vertèbre lombaire ; il faisait peine à entendre, tant il souffrait ; ses instances pour avoir une potion qui y mit fin, étaient si pressantes, que je n'osais aller le voir, la blessure étant essentiellement mortelle.

Je le faisais panser par un de mes sous-aides : ne m'ayant pas vu de la journée, le capitaine me fit demander et je ne pus lui refuser cette visite. A peine auprès de lui, il me prit instinctivement la capote et me dit : Bonnafont, vous savez que je vais mourir et que vos soins, si habiles qu'ils soient, ne peuvent me guérir. Eh ! bien ! rendez-moi un service ; je crus qu'il allait me donner quelques recommandations pour ses parents ou quelques amis communs que nous avions à Alger. Mais non ; il me demanda avec une instance à arracher l'âme, une potion qui mît fin à ses jours, ajoutant que je ferais une bonne action. Je fis semblant de le lui promettre et voulus m'en aller. Mais il me retint et insista si fort, que, pour avoir l'air de lui donner un dernier témoignage d'amitié, j'appelai un sous-aide ; et, en présence du malade, je lui ordonnai d'aller chercher une potion avec une dose d'opium qui fit croire au pauvre moribond qu'elle l'endormirait complètement. Un signe au sous-aide lui fit comprendre qu'il s'agissait d'une potion ordinaire. Celle-ci arrivée, j'en fis prendre une bonne cuillerée au moribond et lui laissai le reste, je le quittai le cœur bien gros. Deux heures après, il n'était plus, et la potion n'avait pas été touchée.

Oh ! la guerre, la guerre ! pourquoi les conférenciers, maintenant si on vogue, qui prêchent la concorde et émettent des théories si humanitaires, n'organisent-ils pas des conférences pour proclamer à satiété et relater avec soin les calamités inhérentes aux grandes guerres, afin que les peuples sachent de plus en plus combien elles sont désastreuses. Malheureusement, c'est le contraire qui se fait ; peintres, historiens et orateurs, tous ne représentent, n'écrivent et ne parlent de nos guerres que pour glorifier les grandes batailles et apothéoser le vainqueur. Le vaincu lui-même, ne voulant s'avouer ni transmettre aux générations futures sa défaite, cherche et finit par trouver dans un coin obscur du champ de bataille, parmi les débris sanglants des braves qui ont succombé, quelques faits de courage et de dévouement qui puissent faire oublier la défaite.

Certes, nous savons que l'histoire est là pour démontrer que lorsque la patrie est en danger, elle trouve chez chaque peuple assez de courage et d'abnégation pour la défendre. Il serait donc à désirer, pour diminuer cette tendance guerrière de certains esprits, que le contraire se fît

Pour moi, si j'étais peintre ou historien, je représenterais bien les faits d'armes traduisant les traits de courage de quelques uns et la bravoure de tous ; mais, à côté, je représenterais aussi le champ de bataille après l'action ; ce charnier de chair humaine, où, au bruit des armes, au piaffement des chevaux et à la voix impérieuse du commandement, succède le silence de la mort et du désespoir, trop souvent interrompu par les cris plaintifs et les gémissements des malheureux mutilés, mille fois plus à plaindre que ceux qui ont glorieusement succombé.

Je voudrais aussi que dans de vastes panoramas, à côté du mouvement des troupes, allant au combat ou combattant encore, on représentât la fin d'une bataille; le sol jonché de cette valeureuse jeunesse, dont le sang qui coule à flots aurait été si utile à l'agriculture, aux sciences, aux arts et surtout à une propagation virile et non éphémère de l'espèce.

Je voudrais plus encore, tant j'ai horreur de la guerre : je voudrais que, par une puissance magique, on pût transporter quelques-uns de ces débris sanglants, et que, les promenant dans les villes et dans les campagnes, chaque mère put reconnaître le lambeau d'un fils qu'elle chérissait, qui était tout son espoir ; que cette jeune fille pût distinguer là, inanimé, au milieu d'une mare de sang, le cœur de son fiancé qui, dans quelques mois, dans quelques jours peut-être, ayant payé sa dette à l'Etat, allait faire son bonheur et réaliser toutes ses espérances.

Voilà ce que je voudrais afin de diminuer, sinon de faire disparaître chez tous les peuples, ce fléau qui s'appelle guerre, digne des temps barbares, mais indigne d'une époque où les tendances intellectuelles ont pris un essor plus humanitaire, plus utile à la société ; et, il faut bien l'espérer, plus en rapport avec la mission que le Créateur a confiée à l'intelligence de l'homme.

Il y a dans le fait de la guerre des conditions psychologiques bien différentes que tous ceux qui l'ont faite ont éprouvées et que je voudrais pouvoir dépeindre. Cela présente quelques difficultés à cause de la subtilité des émotions qu'éprouvent vainqueurs et vaincus. Tant que les armées sont en présence, les hommes sont dans un état d'exaltation vrai ou factice, mais nécessaire à vaincre et à braver les périls pour atteindre et décrocher le rameau que la victoire fait miroiter entre les belligérants. Jusque-là, les morts, les mourants, toutes les misères qui escortent les armées sont mises de côté ; car là il ne s'agit que d'aller en avant et il le faut. Tant pis pour ceux qui sont condamnés forcément à l'inaction, et mis au rang des impédimenta qui encombrent et gênent les mouvements de ceux à qui incombe forcément le devoir de vaincre ou de mourir.

Malgré les misères que l'armée supportait devant Constantine, il fallait aller, il fallait se battre, contenir l'ennemi ; le moral devait nécessairement se tenir au niveau nécessaire pour supporter toutes les fatigues, avec l'espoir de vaincre.

Mais la victoire est gagnée ; les suites de la guerre se présentent alors avec le spectacle de blessés, de morts et de mourants : c'est hideux à voir; c'est là que commence l'impérieux devoir de l'officier de santé.

Pendant que l'armée militante peut prendre un peu de repos qu'elle a si chèrement conquis, le chirurgien vit au milieu des malades et des blessés, pansant les uns, soignant les autres et répandant par tout et toujours des consolations dans le but de diminuer leurs souffrances, remonter leur moral qui d'un état d'exhaltation extrême, tombe dans celui d'un affaissement dangereux; manquant souvent des moyens nécessaires pour suffire à toutes les exigeances. Car, malgré les prévoyances administratives, la spontanéité des évènements dépasse souvent toutes les prévisions.

C'est ainsi, qu'après l'explosion de la mine, plus de trois cents hommes ayant été complètement brûlés, il fallut chercher à leur procurer au moins une chemise; on comprendra facilement, qu'en organisant l'expédition, personne ne pouvait songer à un pareil accident. Ces hommes nus, brûlés, mis sur le grabat à côté les uns des autres formaient un spectacle qu'il suffit de nommer pour s'en faire une idée. Racontant ces misères à l'interprête en chef, M. Villeneuve, il me dit que peut-être, ont trouverait, dans les magasins du palais du Bey, de la toile qui pourrait servir à confectionner des chemises. Nous prîmes rendez-vous, après mon service, au Palais ; là de concert avec M.

Baudens, nous demanderions au duc de Nemours, la permission de faire des recherches dans le Palais et ses dépendances à ce sujet. Le prince, dont la sollicitude pour les malades n'avait pas de limites, nous donna toute latitude d'y prendre ce qui pourrait être utilisé.

Nous y trouvâmes un magasin rempli de toile de coton. Une difficulté se présenta ; il ne suffisait pas d'avoir de la toile ; il fallait encore la convertir en chemises et où trouver des ouvrières ?... M. Villeneuve, qui n'était jamais embarrassé, me fit signe que le harem, à côté, renfermait deux cent cinquante femmes environ, parmi lesquelles nous avions la chance d'en trouver. Mais le harem était gardé et l'on ne pouvait y entrer qu'avec la permission du prince et du général en chef. Elle fut de suite largement accordée. Aussitôt Villeneuve et moi, allâmes frapper à la porte du sérail. Elle fut ouverte doucement par la gardienne, femme magnifique, luxueusement mise ; en un mot, par la belle Aïcha qui a joué plus tard un rôle assez important et dont nous aurons à nous entretenir en son temps. Avec un air fier et altier, elle repoussa vivement M. Villeneuve ; voulut nous chasser, et essaya de fermer la porte. Mais celui-ci la retint violemment ; repoussant à son tour la belle sultane, il lui dit qu'il avait l'ordre et le pouvoir d'entrer. Nous pénétrâmes donc dans le harem où des femmes blanches, noires, jeunes, vieilles, laides, jolies étaient accroupies dans plusieurs chambrées saturées de parfums et de tabac.

Mais d'ouvrières, point. Villeneuve en questionna plusieurs ; quelques-unes seulement lui dirent qu'elles étaient capables de coudre. Mais elles n'avaient ni fil, ni aiguilles. Cette fois, ce fut moi qui eus l'idée de recourir aux cantinières. J'en trouvai quatre de bonne volonté qui mirent à notre disposition toutes leurs ressources. Nous fîmes porter les toiles au harem ; les cantinières y étant installées, recrutèrent dans le sérail les femmes qui voulurent bien les seconder ; au bout de vingt-quatre heures, nous eûmes quelques chemises et insensiblement, tous nos malades en furent à peu près pourvus.

Je reviendrai un instant sur la question du sérail ; ce que devinrent ces femmes ; surtout celle qu'on appelait la belle Aïcha ainsi que l'épisode auquel elle a donné lieu.

Revenons à nos malades et aux blessés qui réclamaient plus impérieusement nos soins. Les cantines n'étant pas, à beaucoup près, pourvues afin de suffire au pansement de tous les brulés, nous dûmes ménager nos moyens : fort heureusement, en poursuivant nos recherches dans les magasins du palais, nous y trouvâmes des balles de coton en très grand nombre qui nous fournirent une ressource précieuse, attendu que ce moyen était alors à la mode et très recommandé pour le pansement des brûlures. Cette découverte nous permit de recouvrir tous nos blessés d'une couche épaisse de coton. Immédiatement après l'assaut, les blessés furent dirigés, partie sur la maison du Kalifat, et partie dans la caserne des Janissaires. Celle-ci étant encore encombrée de cadavres, je fus la visiter avec M. Liautey, sous-intendant, pour savoir à peu près, le chiffre de malades que l'on pourrait y placer. Un affreux spectacle s'offrit à nos yeux en y entrant : le rez-de-chaussée jonché de morts ; français et arabes, étaient empilés les uns sur les autres. Les turcs pressés par les assaillants, se réfugiant au premier étage, y défendirent pied à pied, leur position. Poursuivis dans tous les coins par nos courageux zouaves, escaliers, chambres, coins et recoins étaient encombrés de débris humains; le sang ruisselait encore de partout. Après avoir visité les chambres, calculé et indiqué le nombre de blessés que l'on pouvait y placer, je revins à mon poste, à l'hôpital du Kalifat, où les blessés auraient pu être installés commodément, si le nombre n'avait été si considérable. Après que l'administration eut déblayé la caserne des Janissaires des centaines de cadavres qu'elle contenait, et lui avoir fait subir un lavage général, on y transporta le matériel nécessaire qu'on préleva sur les habitants. Pendant cette opération, ayant eu un moment de répit, je l'employai à aller visiter ce qu'on appelle la roche Tarpeïenne; c'est-à-dire la crête du rocher sur lequel la ville est construite, qui, du côté de la sortie du Rummel, présente une hauteur à pic de 250 mètres. Là, nous aperçûmes une roche percée où deux personnes pouvaient passer facilement : un câble assez épais avait été attaché à un pilier fortement enfoncé dans le sol. De là, le câble traversant cette ouverture, pendait à pic, se balançant dans l'espace, jusqu'au bas de la roche. Les habitants persuadés, comme on le leur avait fait croire, que les *Roumis*, s'ils prenaient la ville, allaient les exterminer, voulurent mettre leurs femmes à l'abri des supplices qu'ils redoutaient, se réservant la mission de défendre la ville jusqu'à la dernière extrémité. Comme il n'y avait aucun autre moyen de salut, la ville étant complètement cernée, quelqu'un eût la malheureuse idée d'utiliser cette ouverture du rocher, destinée jusqu'alors à y lancer les criminels, pour cause d'adultère, et la faire servir au sauvetage des femmes au moyen du câble dont nous venons de parler. Mais il arriva ce qui aurait du être prévu, c'est que le parcours du câble d'une pareille hauteur était si considérables, qu'il ne pouvait y avoir de force humaine capable de ralentir la vitesse qu'un corps devait acquérir ni de résister au choc mortel en arrivant à terre. L'accumulation des femmes et leur panique étaient si considérables que dans leur affolement, elle voulaient descendre toutes à la fois; arrivées à une certaine distance du point de départ, elles durent se pousser mutuellement et tomber sur les rochers où elles s'empilèrent, s'étouffant les unes les autres, si elles n'étaient déjà mortes en tombant. Vues de la hauteur du rocher, on apercevait ces malheureuses, formant une masse énorme, multicolore; et, avec une lorgnette, on pouvait apercevoir quelques mouvements ondulatoires produits par les agonisantes.

Nos cœurs se serrèrent à la vue d'un si saisissant et si navrant spectacle. Pas une de ces malheureuses victimes n'a été sauvée; combien j'ai entendu ensuite d'habitants qui ont maudit celui ou ceux qui nous avaient fait passer pour des conquérants si cruels, alors qu'ils ont vu que nous avions si scrupuleusement respecté leur religion, leurs mœurs et leur propriété !...

J'ai dit tout à l'heure que nous avions trouvé à peu près deux cent cinquante femmes dans le harem. Je me faisais une toute autre idée de l'intérieur d'un établissement qui constitue le paradis terrestre des chefs musulmans. La déception que M. Villeneuve et moi éprouvâmes fut très grande. Ces femmes de tout âge, jeunes, vieilles, peu de jolies, beaucoup de laides, mal habillées, ressemblaient à un troupeau en désordre, et ne produisit aucune impression à laquelle on devait s'attendre. Il est vrai que le troupeau fut un peu ahuri par l'apparition de pareils et si inattendus visiteurs.

Cette réunion de femmes devint un embarras ; on ne savait trop comment on pourrait leur rendre la liberté d'une manière convenable. Le général en chef et le duc de Nemours conseillèrent de leur demander si elles avaient un endroit où elles désiraient aller de préférence. Un très grand nombre demandèrent à être transportées à Tunis: les autres restèrent en ville. Quant à la belle Aïcha, elle avait, du temps du bey, réussi à nouer une correspondance avec un Maure de la ville et sollicita d'être conduite chez lui. Quelques temps après, ayant été catéchisée par un prêtre, celui-ci parvint à la convertir et à lui faire demander le baptême. L'évêque d'Alger instruit de cette conversion, voulut avoir l'honneur de la baptiser. Elle fut conduite à Alger, où son instruction catholique étant arrivée à un degré suffisant, l'évêque Dupuch qui était Bordelais, la recommanda à une de ses anciennes paroissiennes de Bordeaux, Mme la comtesse X*** qui sollicita la faveur d'être sa marraine. La reine Amélie, cette sainte femme qui allait toujours au-devant de tout ce qui pouvait contribuer à une bonne œuvre, devint aussi la protectrice de la nouvelle Néophyte. Aïcha fut donc baptisée, et tous les journaux catholiques de l'époque, célébrèrent avec pompe, cette nouvelle conversion. Ayant quitté Alger lorsqu'elle était encore sous la protection et chez l'évêque Dupuch je ne puis raconter ce qui s'est passé pendant l'espace de quelques mois. On dit qu'elle vint voir sa marraine à Bordeaux, où elle serait restée quelque temps. Mais le mode d'existence que lui faisait la nouvelle religion et probablement les exigences qu'elle lui imposait, ne furent pas longtemps de son goût; car elle déserta le giron de l'Église, pour aller reprendre la vie, plus en harmonie avec ses anciennes habitudes, que lui promettait la religion de Mahomet, sous laquelle elle avait toujours vécu.

Peu de jours après la prise de la ville, on organisa un convoi pour transporter les blessés, du moins ceux qui étaient transportables, à Bône : je fus désigné pour l'accompagner avec un nombre suffisant de sous-aides. Avant de partir, je fis comprendre parmi les blessés évacués, le colonel de Richepanse dont la vue était très compromise, et le capitaine Canrobert atteint d'un coup de feu très grave avec fracture à une jambe; je désirai ne pas me séparer de mes deux malades qui m'avaient été chaudement recommandés et que j'eus le plaisir et le bonheur de guérir. Le trajet de Constantine à Bône fut un peu long et pénible pour les malades, à cause du mauvais temps et du mauvais état de la route, qui imprimait des cahotements très nuisibles, surtout aux blessés qui avaient des fractures.

L'inflammation qui survint à la jambe du capitaine Canrobert, me fit craindre un instant que l'amputation ne fut nécessaire. Heureusement, les accidents purent être calmés, et une fois son entrée à l'hôpital et sa jambe mise dans un appareil inamovible, la guérison s'opéra très heureusement sous la direction de M. Hutin, chirurgien en chef de l'hôpital.

Cette blessure reçue pendant une charge à l'ennemi n'était que la préface de la carrière militaire que le jeune capitaine a si brillamment parcourue depuis, jusqu'au grade suprême du maréchalat.

L'armée entra à Constantine le 13 octobre 1837; lorsque le calme y fut un peu rétabli, le gouverneur demandant les autorités, on lui répondit que tous les chefs étaient morts, blessés ou partis. Ben Aïssa même, le *quos-Ego* d'Ahmet, était au nombre de ces derniers. Le vieux cheik El-Belat, seul, était resté. Il avait un fils, Sidi-Hamouda, homme très intelligent; il le présenta au général, qui le chargea d'organiser une municipalité quelconque laquelle devrait aussitôt donner des renseignements sur les ressources que pourrait fournir la ville, à tous les points de vue de l'installation de l'armée d'occupation. L'intervention de Hamouda, comme Caïd ou maire de la ville, eut immédiatement l'avantage de rassurer par son influence les populations de la ville et de la campagne sur nos pacifiques et généreuses intentions.

Presqu'aussitôt tous les habitants rentrèrent en ville et reprirent possession de leurs propriétés. Quelques tribus mêmes vinrent faire leur soumission.

Quelque jours après, une fâcheuse circonstance vint mettre le trouble à ces heureux préliminaires de concorde et de confiance. Le 12° régiment de ligne qui était arrivé, comme nous l'avons déjà dit, à Bône, avec quelques cholériques et consigné au fort génois pour y faire quarantaine, fut, après avoir reçu sa liberté, envoyé à Constantine. Soit l'effet de cette arrivée ou non, (car le régiment n'avait pas eu un seul cholérique depuis son débarquement,) toujours est-il que le choléra se déclara dans l'armée et y fit d'affreux ravages. En présence d'un pareil fléau, le maréchal, par une sage prévoyance, fit évacuer la ville; et, le 18, il fit partir une première colonne escortant les dépouilles du général Damremont. Le 21, j'accompagnai un 2° convoi de malades parmi lesquels se trouvaient comme je l'ai dit, le colonel Richepanse et le capitaine Canrobert. Le 29, le maréchal Vallée quitta à son tour la ville, laissant 2,000 hommes de garnison sous les ordres du général Bernell.

La prise de Constantine qui provoqua un enthousiasme général en France, fut accueillie plus froidement par le ministère, lequel, par ses agissements contre la colonie, donnait à supposer qu'il aurait préféré trouver là encore une nouvelle occasion d'en proclamer, sinon l'abandon, mais l'occupation restreinte.

Nous, qui étions en Afrique, qui suivions avec intérêt la marche lente mais ascendante de cette conquête, et qui avions eu toujours confiance dans l'avenir qu'elle réservait à notre patrie, nous étions indignés de l'indifférence, disons mieux, de l'opposition qu'elle rencontrait parmi ceux qui avaient plus spécialement mission de la protéger et de la favoriser.

Des hommes de talent, mais entièrement opposés, d'abord à l'expédition, puis à l'occupation de l'Algérie, entretenaient, par leurs discours insinuants et persuasifs, le doute aux deux Chambres tout en formant autour du gouvernement un cordon isolant qui empêchait la vérité d'y pénétrer. Ces hommes bien connus étaient, Jobert, Desjobert, Duverger de Hauranne, Gasparrin, Passy, De Sade, Corne, etc., etc :

Le discours d'ouverture avait bien annoncé, en termes pompeux, la conquête de Constantine. « Si la victoire, disait la Couronne, a plus fait quelquefois pour la puissance de la France, jamais elle n'a élevé plus haut la gloire et l'honneur de nos armes. » Mais, comme toujours, le ministère avait pris à tâche de ne rien préciser, de n'annoncer aucune détermination positive sur la conservation de la nouvelle conquête. « Dans l'est de l'Algérie, ajoutait-il, comme dans l'ouest, nous avons voulu la paix ; mais l'opiniâtreté du Bey qui commandait à Constantine nous a obligé a prouver une fois de plus aux indigènes qu'ils devaient renoncer à nous résister. » Voilà tout. A la Chambre des pairs, M. de Gasparin, sans crainte de heurter la susceptibilité nationale, proclamait tout haut l'incapacité de la France à coloniser, et proposait d'abandonner Constantine après l'avoir démantelée. M. Mérilhou, au contraire, sommait le ministère de conserver l'Algérie et demandait une loi qui déclarât cette province définitivement unie à la France.

EXPÉDITION DE SÉTIF ET DJIMILA

Le général Galbois apprenant que les Arabes de la Medjanah avaient l'intention de se révolter, écrivit au scheik Mocrani que s'il ne venait faire sa soumission il irait la lui imposer. Ne recevant aucune réponse, et sachant les préparatifs que ce chef faisait, le général voulut le devancer : une expédition fut décidée.

Cette expédition devait commencer avec celle que le maréchal Vallée devait faire pour occuper le fort de Hamza; pénétrer jusqu'au défilé du Bibarge; et, si les circonstances l'eussent permis, traverser le défilé des Portes de fer; s'avancer jusqu'à la plaine de la Medjanah et venir à notre rencontre.

La colonne expéditionnaire partit de Constantine le 5 décembre 1838 se dirigeant du côté de Milah, petite ville où nous bivouaquâmes le surlendemain par un très beau temps. Milah est dans un site très pittoresque; possédant de l'eau en quantité et des jardins où les orangers, les grenadiers, les bananiers, le laurier-rose, lui forment une ceinture toujours fraîche et verdoyante. Il se passa là un bien triste évènement; un

Arabe ayant tué un de nos soldats, fut pris et immédiatement conduit vers le général, lequel le livra aussitôt au caïd de la ville qui était avec nous; celui-ci eut bientôt jugé l'affaire. Il fit un signe à Bram-Chaous, qui lui coupa la tête immédiatement. Nous restâmes deux jours à Milah. En y arrivant nous fûmes témoins d'un spectacle que je n'oserais raconter si je n'en avais été témoin.

Avant d'entrer en ville, le général Galbois fut informé par le caïd qu'une jeune femme folle ou mieux derviche, entourée du plus grand respect par tous les Musulmans, se promenait complètement nue dans la ville; il le priait instamment de la faire respecter par les soldats afin qu'aucune entrave ne fut mise aux habitudes et autres exercices de cette sainte fille. Le général le lui promit et aussitôt un ordre du jour bien motivé, recommandait, *à tous*, de la respecter à l'instar des habitants. Ce qui fut religieusement observé.

Que l'on se figure maintenant cette jeune fille de 17 ans au plus, bien faite, mais à la peau bistrée et basanée, se promenant dans un camp au milieu des soldats, s'arrêtant de temps en temps au milieu d'eux, regardant tout cet ensemble nouveau pour elle, ne fixant rien, l'effet qu'elle devait produire? Je l'ai vue un matin s'arrêter au milieu d'un groupe de soldats qui déjeûnaient, accepter et prendre part à leur gamelle : tout se passait comme si la jeune fille avait été un convive habitué et faisant partie de l'escouade. Pendant les deux jours que nous sommes restés à Milah, la consigne fut religieusement observée; pas un incident ne fut signalé. Le caïd très sensible à ce témoignage de respect donné à cette sainte fille, en exprima sa reconnaissance au général au nom de tous les habitants.

Nous quittâmes ce charmant bivouac à regret et le surlendemain nous fûmes assaillis par un orage affreux qui ayant inondé et détrempé la terre, rendit notre marche très pénible. En passant le long d'un ravin peu profond par un sentier étroit et très glissant, plusieurs mulets qui portaient nos bagages dégringolèrent, et nous arrivâmes à la nuit à côté d'un Douër, du nom d'*Aïn-Smora*, où nous bivouaquâmes. Le désordre que le mauvais temps et l'absence de routes mit dans la marche fut très grand, personne ne retrouvait son quartier-général ni ses bagages. J'étais là, seul, attendant, toujours la pluie sur le dos, et commençant déjà à être très inquiet, lorsque le capitaine de Vernon, et les lieutenants de Prémonville et Baradere du 3º chasseurs à cheval, m'invitèrent à partager leur gîte ; ce que j'acceptai volontiers. Leur tente une fois placée, il fallut enlever la boue qui était dedans ; à peine y fûmes-nous installés, tant bien que mal, le terrain n'étant pas assez ferme, les piquets se détachaient à tout instant, l'eau entrait et inondait l'intérieur. Il fallut mettre un planton à chaque piquet pour le maintenir ; mes compagnons m'offrirent un repas assez confortable pour la circonstance ; celui-ci fini, nous nous installâmes sous nos couvertures disposés à dormir, toujours au bruit de la pluie qui clapotait et le vent qui sifflait. A peine endormis, nous sentîmes que notre lit était frais et humide et en sortant ma main de dessous le manteau, je me sentis inondé. Je poussais un cri ; mes compagnons n'étaient pas non plus sur un lit de roses, mais ils dormaient si profondément qu'ils eussent continué leur somme si je ne les eusse réveillés. Nous étions dans une vraie mare ; chacun de nous prit un ustensile de cuisine, poêle, casserole, etc., pour lancer l'eau dehors : une fois, la mare desséchée, il fallut chercher un moyen, non d'empêcher une nouvelle inondation ce qui n'était pas possible, mais de chercher à concentrer l'eau sur un point et d'étancher, le mieux possible, le sol en y creusant un petit puisard. Nous mettant tous les quatre à la besogne, nous eûmes bientôt fait un petit puisard assez large et assez profond pour qu'il put nous permettre de dormir quelques instants avant de s'emplir ; nous convînmes que chacun de nous le viderait à son tour et nous tirâmes au sort à qui commencerait. La nuit se passa ainsi à vider chacun le puisard à son tour ; seulement, lorsque le numéro 1 appelait le numéro 2, tout le monde se réveillait. Arrivé au numéro 3, les autres ne pouvant dormir, nous restâmes éveillés, riant de notre mésaventure, jusqu'au jour. Au moment de notre départ, je fus désagréablement étonné de ne pas trouver mon cheval ; croyant qu'il m'eût été pris par les Arabes, le général mit à ma disposition un de ses chevaux de bagages. Mais, surprise agréable ! Au moment où je partais, je vois arriver mon *coco* tout bridé et tout sellé, lequel, pas si bête qu'un âne, ayant senti une grande meule de paille à proximité du bivouac, avait été s'y installer et où, plus heureux que nous, il avait trouvé bonne hospitalité et bon gîte. Un Arabe *Semi-Semi* me le ramenait tout harnaché et refusa tout salaire. Le temps s'était remis au beau ; mais il était curieux de voir dans quel état boueux se trouvaient hommes et bêtes. Quant aux tentes, il fut impossible de les enlever elles étaient tellement mouillées et boueuses, que force fût de les abandonner. Heureusement nous étions dans un pays ami et dans le district du chef Bou-Akas qui donna sa parole au général que tout ce qu'il laissait serait bien gardé; et, à son retour, il retrouverait tout à sa place. Bou-Akas tint parole; car, en revenant, non-seulement le matériel était à sa place, mais la cantinière d'un régiment ayant oublié une sacoche renfermant près de 200 francs en numéraire, la retrouva parfaitement intacte où elle l'avait laissée.

Le général fit compliment à Bou-Akas, le remercia des services qu'il avait rendus à l'armée et lui donna quelques temps après un riche souvenir de sa bonne action. Le soir nous bivouaquâmes à Djmilah bien connu maintenant par ses ruines romaines; telles que son temple, l'ancien théâtre, et surtout l'arc de triomphe si bien conservé et dédié à Marc-Aurèle Sévère Antonin. Deux jours après nous plantions nos tentes à Casbaïte l'ancienne *Cuiculus* des romains où se remarquent quelques ruines, surtout une nécropole où j'ai compté plus de trente tombeaux, surmontés d'une petite chapelle bien conservée où deux hommes purent se coucher, ornés en dedans d'une petite niche dans l'une desquelles j'ai trouvé une lampe funéraire en terre, tout à fait intacte, que les indigènes y avaient respectée.

Le lendemain, après une heure de marche, l'armée s'engagea dans un défilé où les Cabaïles nous attendaient. Le général dût prendre des dispositions pour les éloigner. Nos fantassins grimpant comme des chamois sur le flanc de la montagne, les repoussèrent et facilitèrent le passage. Nous eûmes cependant quelques blessés. Dans un certain endroit les protégés par des rochers épars, derrière lesquels ils pouvaient se cacher, tiraient sur nous comme à la cible et ne visant que les officiers. Deux officiers venaient même d'être blessés, et je venais d'en panser un, lorsque le tambour-major du 17e léger vint m'offrir un fusil arabe en me disant qu'il m'appartenait. Etonné de sa proposition, il me raconta qu'un Cabaïle caché derrière un rocher, allait tirer sur moi, comme il aurait tiré sur tout autre officier; l'ayant aperçu, il eut le temps de le viser et de le tuer avec son fusil de chasse. Cette arme étant, dans ce moment là, très gênante à porter, je le remerciai et lui dis que j'en serais fort embarrassé; il la remplaça alors par le pistolet qu'il avait pris en même temps et que j'ai précieusement conservé. Ce tambour-major, très bon chasseur, maniant le fusil aussi adroitement que sa canne, faisait à chaque expédition la chasse aux Arabes, et il était rare qu'il ne fît pas quelques victimes. Très aimé et très estimé de son colonel Corbin, il fut nommé officier après cette expédition et est parvenu au grade de capitaine. Je regrette d'avoir oublié son nom.

Enfin, après deux jours d'une marche très pénible à travers les montagnes, nous arrivâmes au but de l'expédition, c'est-à-dire à Sétif. Le temps était beau, et nous fûmes tous dans l'admiration en présence des ruines aussi bien conservées de cette ancienne cité romaine; de la fertilité naturelle du sol et du magnifique panorama qui s'étalait de tous côtés à l'observateur. Au nord, les montagnes de la Kabylie où on distingue des villages huchés comme des nids d'aigle sur les points les plus inaccessibles. Au sud, la splendide plaine des Abdelnor, limitée par le grand Atlas. Plaine fertile, cultivable. A l'est, par les montagnes que nous venions de traverser, peu fertiles, mais très pittoresques. A l'ouest, par la belle plaine de la Medjanah, s'étendant jusqu'aux portes de fer, très productive et bien cultivée par les nombreuses tribus qui l'occupent. Les deux jours passés à ce bivouac furent employés à visiter les ruines si intéressantes de l'ancienne Sitifis, dont les murs d'enceinte si bien conservés, semblaient être d'une date récente. Pendant qu'officiers et soldats se livraient à cette distraction, le général s'impatientait de ne pas voir arriver les chefs des tribus qui avaient promis de faire leur soumission. Deux ou trois seulement firent honneur à leurs promesses et l'un d'eux apprit au général que les Cabaïles excités par le scheick X..... s'étaient révoltés, et se dirigeaient en grand nombre sur la route que nous devions reprendre, pour nous en disputer le passage; il engagea même le général à partir le plus tôt possible, afin de les devancer sur les points les plus difficiles, jusqu'à Djmilah, où un bataillon des zéphirs avait été laissé pour garder cette position. Le général, peu confiant d'abord, consulta les deux autres chefs, qui confirmèrent cette déclaration. Le général très impatient d'avoir des nouvelles du mouvement que le gouverneur devait faire de son côté à Alger, ayant appris que le mauvais temps et d'autres circonstances l'avaient empêché de l'opérer, se décida à partir et à à suivre le conseil des deux chefs; et bien il fit.

Le temps, heureusement très beau, ordre fut donné de lever le camp à minuit dans le plus grand silence. Mais une heure après notre départ, il survint ce qui arrive presque toujours dans les marches nocturnes, surtout dans un pays inconnu et dépourvu de chemins; sur une fausse indication, une partie de l'armée fut trop à gauche et s'éloigna de la route principale. A peine le jour commença-t-il à poindre, que le général instruit de cette fausse manœuvre, dut commander une halte, et attendre que la partie de l'armée qui s'était égarée, eut le temps de nous rejoindre. Ce retard nous coûta un peu cher, car les Cabaïles, que nous aurions devancés, sans cet incident, arrivèrent avant nous, et nous firent payer chèrement le droit de passage.

L'armée continua ainsi jusqu'à Djimilah, en soutetant pendant deux jours, le feu continuel des Cabaïles. Arrivés au camp de Djimilah un bien triste spectacle s'offrit devant nous ; à peine eûmes-nous quitté ce bataillon de zéphirs, en allant à Sétif, il fut aussitôt entouré et assiegé par une nuée de Cabaïles, qui faisaient pleuvoir sur le camp, des milliers de projectiles. Le brave commandant Chadesson, pour parer au danger qui l'entourait, fit élever, autour du camp, avec les nombreuses pierres que les ruines lui offraient, un petit mur d'enceinte, afin de mettre les hommes assis ou couchés à l'abri des coups de feu. Aussi, était-il curieux de voir toute la partie des tentes qui dépassait le niveau de la muraille, criblée par les balles ; les hommes ne pouvaient circuler que courbés. Les Arabes ayant détourné l'eau qui alimentait le camp, la fontaine étant à peu près à 500 mètre de distance, il fallait faire une expédition en règle pour protéger la corvée ; et la perte d'hommes que chaque corvée essuyait aurait fini par décimer bien vite la petite garnison : n'osant et ne pouvant plus aller à cette provision, les soldats aimait mieux se laisser mourir de soif, que de s'exposer à servir de cible aux Cabaïles. Quand nous arrivâmes, ce malheureux détachement faisait peine à voir ; nous apprîmes que pour se procurer une goutte d'eau, les officiers tendaient le soir leurs manteaux de toile cirée ; et la grande quantité de rosée qui accompagne les nuits, s'y liquéfiant, leur procurait jusqu'à un demi-verre d'eau fraîche. Quelques hommes, domptés par la soif, buvaient leur urine. La veille de notre arrivée, le capitaine adjudant-major Vaillant, ayant voulu se redresser pour examiner la position de l'ennemi, reçut un coup de feu qui lui traversa la partie supérieure droite de la poitrine.

A peine arrivé, mon camarade et ami Philippe, chirurgien-major du bataillon, après m'avoir secondé pour l'installation de nos blessés, me conduisit chez son intéressant malade, que nous jugeâmes fort mal ; le sang sortait encore par les deux ouvertures que le projectile avait faites ; heureusement l'issue ne fut pas aussi malheureuse que nous devions le craindre, car le capitaine a parfaitement guéri, et est arrivé après l'avoir bien conquis, au grade de général. Le matin, pendant que j'aidai Philippe à panser son intéressant blessé, il se produisit un incident assez comique qui vaut la peine d'être raconté. Le capitaine Vaillant, quoique d'un esprit gaulois, était très sévère. Les bataillons d'Afrique, surnommés plus tard les zéphirs, étaient composés d'anciens indisciplinés ou d'hommes ayant subi un grand nombre de punitions, et on sait que parmi ces jeunes militaires, il y en avait d'intelligents et d'instruits ; souvent même trop. Quelques-uns étaient de vrais loustics; aussi le capitaine, quand il passait, d'humeur joviale, devant eux, et qu'il en rencontrait un mal chaussé, il lui demandait ce qu'il avait fait de ses bottes. Mais, lui répondait le soldat, je n'en ai pas de rechange comme vous, mon capitaine. D'autrefois, après le pas, le capitaine leur demandait d'un ton goguenard s'ils avaient bien déjeûné ; il lui était souvent répondu qu'il ne serait pas si gai s'il avait fait aussi maigre chère qu'eux. Ces plaisanteries que les soldats acceptaient parce qu'elles étaient dites avec bonhomie et bienveillance, n'empêchaient pas le capitaine de leur infliger la punition de la bastonnade et même de la fameuse et trop cruelle crapaudine, quand les circonstances l'exigeaient. Le pansement venait de finir lorsqu'un soldat se présenta devant le malade. Après l'avoir salué très humblement, il lui demanda d'un air très humble et très compatissant comment il se trouvait. Le capitaine touché de cette démarche lui répondit : je ne suis pas bien, mon ami, je tousse beaucoup et j'espère que cela ira mieux. Tout à coup, mon zéphir se redresse droit et fier: Qu'est-ce que cela me fait à moi, mon capitaine, je ne suis pas blessé moi! je ne tousse pas, regardez : bonne poitrine, et il sortit en saluant militairement. Après cette incartade, qui nous parut si inconvenante, nous craignîmes que le capitaine se mit en colère et n'aggravât sa position. Il n'en fut rien, il resta calme, il sourit en qualifiant son interlocuteur d'un mot énergique mais bienveillant; et, pour le punir de ce manque d'égards, il lui envoya une pièce de cinq francs. Nous partîmes de Djimilah, y laissant le bataillon avec un petit renfort d'artillerie et nous ramenâmes les malades avec nous à Constantine. Assaillie tous les jours par une nuée de Cabaïles et accablée de privations, surtout par le manque d'eau, cette faible garnison dut faire des prodiges de valeur pour s'y maintenir jusqu'à ce que le temps permit au général Galbois d'y envoyer un régiment pour lever le camp et pour la ramener à Constantine, car les torrents étant débordés, coupèrent, durant plusieurs jours, toute communication entre Constantine et Djimilah.

Alexandre Dumas, père, dans sa spirituelle et sa poétique relation de la défense héroïque du camp de Djimilah, par le 3ᵉ zéphirs, a dit que le fameux chef Bou-Akas, instruit de cette attaque si acharnée de la part des

Cabaïles, se transporta à la hâte sur le pic d'une montagne voisine ; et là, déployant son bour nous, en signe de paix, le feu cessa comme par enchantement et le bataillon des zéphirs put, sous la protection de ce chef, aimé des Français, rejoindre Constantine sans être inquiété.

J'avais toujours ignoré l'effet produit par le bournous magique de Bou-Akas. Mais ce que je sais et puis affirmer c'est que le bataillon ne quitta le camp de Djimilah qu'après avoir vu le miroitement des baïonnettes du 26ᵉ de ligne qui vint le protéger et la chercher.

LES BIBANS

Depuis longtemps le maréchal Vallée nourrissait le projet de faire une expédition dans le seul but de traverser *les Bibans* ou les portes de fer. N'ayant pu l'accomplir pendant que nous étions à Sétif avec le général Galbois, il résolut de la faire en partant de Constantine. Le maréchal était aussi bien aise d'associer à cette intéressante et curieuse reconnaissance le prince duc d'Orléans qui lui en avait, dit-on, exprimé le désir. Dès que l'époque du départ de l'expédition fut décidée, je reçus une lettre de M. Pasquier, chirurgien du prince et Inspecteur du service de santé, me prévenant, qu'étant empêché de quitter Paris, je le remplacerai auprès de son Altesse durant cette expédition.

Mais le duc d'Orléans s'étant trouvé indisposé à Toulon, au moment de son embarquement, le roi et la reine désirèrent que son médecin l'acompagnât durant tout le temps de son absence. Du reste, encore fatigué des nombreuses expéditions que je venais de faire, et désirant me reposer, je déclinai l'honneur de faire partie de celle-ci. J'eus quelque peine à obtenir cette faveur du chirurgien en chef, M. Guyon, qui, dans mon intérêt, m'engageait beaucoup à y prendre part. J'insistai et je restai paisiblement à Alger : ce repos fut de bien courte durée. L'expédition des portes de fer ne fut d'ailleurs qu'une longue, fatiguante et curieuse promenade, sans importance aucune pour la colonisation. Mais, chose grave, si elle ne fut qu'un sujet de distraction pour le gouverneur, elle eut pour conséquence le renouvellement de la guerre avec Abd-el-Kader. On a vu précédemment, que, dans le traité de la Tafna, l'émir avait le commandement de tout le territoire, s'étendant de l'ouest, frontière du Maroc, jusqu'aux portes de fer, province de Constantine. Il avait été aussi stipulé, dans ce traité, qu'aucun passage de troupes n'aurait lieu par ce défilé, avant que le gouverneur ou l'émir se fussent prévenus d'avance ; sans quoi le traité perdrait sa valeur, et rendrait toute liberté, à celui qui se sentirait blessé, de recommencer les hostilités.

Le maréchal Vallée avait gardé le plus profond silence sur cette opération. L'émir savait bien que le maréchal faisait une expédition dans la province de Constantine, mais il ignorait complètement qu'elle dut revenir à Alger en passant par les portes de fer.

Abd-el-Kader était tranquillement à Milianah le jour où l'expédition quittait la pleine de la Medjanah pour pénétrer dans le défilé des Bibans. Aussitôt prévenu de cet incident, il donna ordre à ses troupes de défendre ce passage. Heureusement, l'armée avait déjà atteint le but lorsque, des hauteurs à pic qui dominent le défilé, les arabes ne purent décharger leurs armes que sur l'extrême arrière-garde ; circonstance très heureuse ; car, défendu un peu plus tôt par quelques centaines d'hommes seulement, l'armée, dans l'impossibilité de se défendre, eût été arrêtée ou y eût subi des pertes considérables. J'ignore quels ont été les avantages d'une pareille expédition; mais elle eut, pour conséquences fatales, le ravivement de la colère d'Abd-el-Kader, qui, le jour même ou le lendemain, de ce passage, traita de lâche le maréchal Vallée pour l'avoir opérée sans l'en instruire.

Il écrivit au maréchal : « c'est donc une déclaration de guerre, que tu me fais, lui dit-il, je l'accepte, et je vais la recommencer. »

La population d'Alger accueillit les soldats avec toutes les démonstrations de la joie. Effectivement la longue excursion qu'ils venaient de faire, sans avoir été troublée par aucune attaque sérieuse, au travers d'un pays qu'hérissent tant de difficultés, qu'habite une population qui inspira constamment les plus grandes craintes aux dominateurs de cette partie de l'Afrique, pouvait cependant avoir une signification que tout le monde s'empressa d'interpréter à notre avantage.

L'orgueil d'Abd-el-Kader en souffrit, dit-on, de plus d'une manière; car le passage des Portes de fer, outre qu'il devenait comme une heureuse revanche de la pointe poussée par lui, quelques mois auparavant, du côté de Bougie, tranchait une question de limites et résolvait en partie le grand problème que nous poursuivions; c'est-à-dire la facilité des communications entre Alger et Constantine. Dès ce moment l'émir ne cacha plus ses mauvaises dispositions; nourrissant la folle pensée d'établir la domination arabe dans toute l'Algérie, il souffla le feu de la guerre dans les tribus de la plaine, attaqua les camps isolés, surprit tous nos détachements, incendia les fermes et massacra les colons qui se reposaient par la foi des traités.

Pour exercer une action plus forte sur ces populations ignorantes, il leur représenta le passage des Portes de fer par l'armée française, comme une attaque directe à leur nationalité et à leurs idées religieuses. Ses émissaires qui, depuis six mois, semaient secrètement la défiance contre les Français, levèrent tout-à-coup le masque, et ravivèrent toutes les haines, toutes les superstitions.

D'ailleurs les nouvelles reçues d'Oran ne laissaient déjà aucun doute sur la probabilité d'une prochaine rupture : on l'y voyait mettre en œuvre toute son activité pour provoquer une insurrection générale. Vers la fin de septembre, il avait quitté Thaza pour se rendre dans cette province, où sa longue absence paraissait avoir affaibli son pouvoir ; aussi d'indignes violences signalèrent-elles son retour : quelques chefs, qui s'étaient montrés peu zélés à son égard, furent décapités, et leurs femmes essuyèrent les derniers outrages. Dans le même temps, il refoulait vers l'intérieur les populations sur le dévouement desquelles il ne pouvait compter ; convaincus entre autres de nous avoir, en plusieurs occasions, fourni des chevaux, les Medjaher furent violemment déplacés et contraints d'aller vivre au milieu des tribus qui garantissaient leur obéissance.

Ces dispositions présageaient la guerre, une guerre des plus sanglantes ; cependant le maréchal Vallée ne prit aucune mesure pour conjurer l'orage : il laissa ses troupes disséminées dans des postes peu favorables à la défense, et fut pris tout à fait à l'improviste. Subitement assaillis par une bande formidable, les habitants de la plaine virent leurs enfants égorgés, les troupeaux ravis, les récoltes au pillage, les maisons rasées ou incendiées ; c'étaient les Hadjoutes, qui, fidèles à leurs habitudes, signalaient leur présence par ces sauvages déprédations.

Les ordres étaient si formels, le châtiment infligé aux délinquants si terrible, que les marchés cessèrent d'être approvisionnés. En même temps, la guerre sainte était prêchée dans la mosquée de Mascara, et il était ordonné à tous les bons musulmans d'acheter des chevaux, des armes et des munitions de guerre. L'émir écrivait aux chefs des Arabes : « Sachez que nous ne
« sommes plus en paix avec l'impie, et que nous le
« chasserons de chez nous, s'il plaît à Dieu. Nous
« irons bientôt vous voir; tenez-vous prêt pour la
« guerre sainte, Dieu ne vous a élevé que pour faire
« triompher sa religion et combattre ses ennemis. Les
« musulmans doivent être comme des épines dans les
« yeux des chrétiens. Salut. »

De tous côtés ce n'étaient qu'attaques nouvelles et imprévues. Le 20 novembre, les beys de Miliahah et de Médéah traversèrent la Chiffa à la tête de deux à trois milles hommes et se répandirent dans la plaine, guidés à travers nos postes par les Hadjoutes. Le même jour, un convoi parti de Bouffarich pour Oued-el-L'aleg fut surpris, et sa faible escorte de trente hommes massacrée; enfin, le 21, un détachement qui se dirigeait d'Oued-el-Laleg sur Blidah, afin de porter secours à ce convoi, fut assailli par des hordes nombreuses ; et les têtes des cinquantes braves qui le composaient devinrent pour les Arabes de nouveaux trophées. Le commandant du camp se porta à leur rencontre; mais, pressé de toutes parts par une multitude aveuglement féroce, il n'eut que le temps de faire former en carré sa petite troupe, composée de deux compagnies du 25ᵉ de ligne et d'un bataillon du 1ᵉʳ de chasseurs d'Afrique. Sa retraitre exécutée avec un sangfroid et une intrépidité dignes peut-être d'un plus vaste

C'est ainsi que, profitant de l'incurie du maréchal Vallée, Abd-el-Kader déchirait le voile dont il s'était couvert jusqu'alors. Aucune déclaration n'avait précédé cette prise d'armes; ce ne fut que par une lettre adressée postérieurement au gouverneur général qu'il lui annonça le projet arrêté, disait-il, par tous les musulmans, de recommencer la guerre sainte. Le courage avec lequel nos soldats supportèrent le premier choc trouva de dignes imitateurs dans les colons, dont la plupart cependant finirent par abandonner tout à fait la plaine et venir chercher une refuge sous les murs d'Alger. La désolation était générale; les coureurs de l'ennemi avaient pénétré jusque sur le massif, et les tribus alliées furent contraintes de se concentrer autour de nos camps.

Deux convois, escortés seulement par trente hommes, se mettaient en route pour les blokaus de Mered et le camp d'Oued-Lalleg. Ils furent attaqués, chacun, par un millier d'Arabes. Le commandant du convoi de Mered forma ses voitures en carré; ses soldats se défendirent vigoureusement et donnèrent le temps à la garnison de Bouffarick de venir à leurs secours. Le commandant du détachement périt seul; atteint d'une balle, il fut tué sur le coup.

Le commandant du convoi d'Oued-Lalleg, surpris, à son tour, et n'ayant pas eu le temps de faire parquer ses voitures, ne put résister à l'attaque de ses nombreux ennemis. Lorsque une colonne, sortie de Bouffarick, accourut au bruit de la fusillade, tout le détachement avait déjà succombé. Ce malheur fut suivi d'une nouvelle calamité.

Le 21, une colonne de quinze cents cavaliers Arabes passa la Chiffa, dans la matinée. Le général Duvivier surveillait ses mouvements du camp supérieur de Blidah. Bientôt le commandant du camp d'Oued-Lalleg marcha imprudemment contre elle, à la tête de deux cents hommes seulement d'infanterie que, par une imprudence plus grande encore, il déploya en tirailleurs. Les Arabes, supérieurs en force, les attaquèrent avec une grande vigueur. Le commandant du détachement essaya de former le carré et de regagner le camp; mais ce mouvement fut malheureux; notre détachement fut écrasé et cent cinq hommes dont deux officiers restèrent sur la place.

Peu de jours après, une bonne leçon fut donnée aux Arabes par le général Rulhière, en conduisant un convoi de vivres au camp d'Erlon et une deuxième leur était préparée par le général d'Houdetot, aide de camp du roi. L'expédition dont je faisais partie se fit sans trop de difficultés ; les Arabes, reculant devant ces forces réunies, se bornèrent à tirailler à distance : nous apercevions les réguliers d'Abd-el-Kader défilant, en masse, sur la montagne au-dessus de Blidah, n'osant jamais s'approcher. Le ravitaillement du camp étant fait, nous reprîmes la route de Bouffarick et à mi-chemin, nous fûmes arrêtés par un autre ennemi sur lequel nous n'avions pas compté, qui nous barra complètement le passage.

Assaillis par un orage, dont on ne voit la force que dans les pays chauds, le ruisseau l'Oued-Djair, qui était à sec, en allant, devint, dans l'espace d'une heure, un torrent si impétueux que les chevaux ne purent le traverser. Force fut de bivouaquer dans la boue et dans l'eau, car nous n'avions pas de tente. Deux ou trois hommes ayant voulu franchir le torrent, furent noyés et quelques faisceaux d'armes qu'on avait dressés trop près de l'eau, furent emportés pendant la nuit.

De retour à Bouffarick, cette reconnaissance ayant constaté l'importance de l'armée d'Abd-el-Kader et la nécessité de la déloger des positions qu'elle occupait, une expédition plus importante fut résolue ; le maréchal gouverneur, désira en prendre le commandement. Tout s'organisa à cet effet ; et, à la fin de décembre, le corps d'armée fut prêt à se mettre en marche.

L'expédition partit le 30 décembre de Bouffarick ; le 31, nous approchions de Blidah, où on apercevait, presque à l'œil nu, les troupes d'Abd-el-Kader. Le général Ortholan, connaissant déjà le terrain, aurait désiré qu'on attaquât l'ennemi directement ; mais le maréchal Vallée aima mieux le tourner, en prenant un peu à droite de la ville. L'ambulance était sous la garde du 2e léger, commandé par le colonel Changarnier ; nous marchions paisiblement, lorsque le lieutenant-colonel Drolenveau, vint au galop annoncer au colonel que les réguliers d'Abd-el-Kader étaient embusqués à une faible distance et nous attendaient. Changarnier fit savoir aussitôt que pas un coup de fusil ne fut tiré sans son ordre, et au tambour-major de ne pas le perdre de vue et de battre la charge sitôt qu'il verrait la pointe de son épée en l'air. Quelques coups de fusil se firent bientôt entendre ; ils augmentèrent sensiblement sans que le 2e léger y répondit. Nous eûmes même un mulet d'ambulance blessé et le commandant Corte du 1er chasseurs reçut, à côté de l'ambulance, une balle qui lui traversa la nuque. A peine eus-je le temps de le panser, le 2e léger battit la charge ; et, bayonnette en avant, fondit sur les réguliers qui furent brillamment repoussés en subissant de grandes pertes. Le colonel Bourjoly s'élança à son tour avec le 1ᵉʳ chasseurs, fit une charge à fond, rejetant au loin les réguliers en piétinant sur les cadavres.

Ce colonel reçut une blessure assez singulière. Couché à plat ventre sur le pommeau de la selle, pendant la charge, une balle lui traversa la ceinture en faisant un seton à la peau du ventre sans pénétrer dans la cavité; le projectile ayant rasé seulement le péritoine. Cette charge vigoureusement conduite eût un plein succès et les réguliers ont dû en garder un cuisant souvenir; nous eûmes relativement peu de blessés, cinquante environ et six morts, tandis que les Arabes laissèrent un grand nombre des leurs sur le terrain.

A peine rentré sous sa tente, je fus voir le colonel Bourjoly que la perte de sang avait considérablement affaibli ; quand il apprit que sa blessure n'était pas mortelle, il reprit confiance, et se laissa évacuer par le premier convoi qui partit pour Douéra où il y avait un hôpital militaire très bien installé. Ce qui avait sauvé très probablement le général, c'est son pantalon dont ses nombreux plis avaient ralenti la force du projectile, et empêché de pénétrer plus avant dans le ventre; car, en prenant une ligne droite de l'ouverture d'entrée à la sortie, la ligne pénétrait au moins à trois ou quatre centimètres dans la cavité abdominale.

Quand je revis le colonel à Paris, il me montra le pantalon qu'il gardait religieusement; et je ne serais pas étonné que ses héritiers ne l'aient de même gardé qu'il l'avait conservé lui-même dans son cabinet, comme une relique, en souvenir de cette journée. Dès ce moment, les Arabes laissèrent la plaine tranquille, et rendirent les communications de Blidah à Bouffarick plus faciles.

Plusieurs petites expéditions durent cependant être organisées pour refouler les Arabes qui poussaient leurs reconnaissances jnsqu'au *Theil*. Quelques-unes furent heureuses, d'autres n'eurent que des insuccès propres à exciter le courage et la confiance de l'ennemi. La situation devenant critique, il fallut se préparer à une grande expédition et attaquer Abd-el-Kader au centre de sa capitale qui était Milianah, comme on avait dû le faire en 1835 à Mascara, pour venger l'échec de la Macta. Des renforts furent envoyés de France, dont le point central de réunion fut Bouffarick : je fus nommé chirurgien en chef de l'ambulance active. Malgré cette agglomération de troupes, les éclaireurs d'Abd-el-Kader ne cessaient de se promener et arrivaient jusqu'à se mesurer avec nos avant-postes. Pendant une nuit, quelques arabes eurent même l'audace de venir en rampant, mettre le feu à deux immenses meules de paille au centre de notre bivouac.

Le camp d'Erlon, situé en face da Blidah, séparé de Bouffarick de dix ou douze kilomètres seulement, et occupé par un régiment, ne pouvait qu'à grand peine communiquer avec nous. Un capitaine chargé d'aller rejoindre ce camp, avec sa compagnie, était parti de Bouffarick le matin de bonne heure ; mais assailli à mi-chemin, à l'Oued-Laleg par un détachement de cavaliers arabes, ils furent tous massacrés et le capitaine Grandchamp, devenu général, après avoir été blessé presque mortellement, se coucha par terre et fit le mort : les cavaliers, en passant, le croyant réellement mort, lui lançaient un coup de yatagan sur la figure qui fut ainsi complètement balafrée par dix ou douze entrailles dont il a eu le bonheur de guérir, grâce aux soins intelligents qu'il reçut de mon vieux camarade et ami Vilette.

La situation était devenue si critique qu'une grande expédition fut décidée : mais le souvenir des échecs essuyés, dans les précédentes expéditions, par Clauzel, Boyer et Berthézème, exigeaient qu'on prît, cette fois, les précautions nécessaires pour réussir.

EXPÉDITION

ET

PRISE DU COL DE MOUZALA

Le maréchal Vallée ayant informé le gouvernement de la nécessité de faire cette expédition, à laquelle le duc d'Orléans désirait prendre part, demanda et obtînt les moyens nécessaires. Bouffarick devint le point central de cette nouvelle et grande opération, et je conservai la direction du service de santé de l'ambulance de la division du prince. S. A. R., arrivé quinze jours avant le départ, vint s'installer à Bouffarick. C'est pendant ce temps que j'eus l'honneur de faire connaissance avec le prince, de le voir souvent et d'apprécier ses éminentes qualités. Bon, affable, il avait toujours un mot bienveillant pour ceux qui avaient l'honneur et le bonheur de l'approcher ; il recevait tous les soirs et faisait les honneurs de sa tente avec une dignité si familière, qu'il encourageait les officiers, quel que fut le grade, à lui adresser la parole : pas un ne le quittait sans être profondément touché de l'affabilité avec laquelle il accueillait ses observations. A table, lorsque tous les convives étaient assis, le Prince se levait; et, d'un air souriant et en vrai camarade, il faisait ce petit speeh.

« Messieurs,

« Nous n'avons ici, ni spectacles, ni concerts, ni nos femmes, ni nos enfants; aucune distraction ne nous oblige à sortir; nous pouvons donc dîner lentement, à notre aise et je vais vous en donner l'exemple. »

Puis, après le dîner, lorsqu'on passait sous la tente fumoir, le chef s'effaçait; le Prince n'était plus qu'un aimable amphitryon causant familièrement avec ses convives et leur racontant des histoires. Un soir pourtant, on parla politique, et la conversation s'étant un peu animée sur quelques événements qui venaient de se passer en Espagne, voici les paroles qu'il prononça, que j'ai retenues et écrites aussitôt.

« *Messieurs,*

La France est la terre classique des révolutions : mais je déclare que, si le duc d'Orléans assiste jamais à l'une d'elles, il se fera tuer où il tuera les autres; car tout gouvernement, quel qu'il soit, représentant l'ordre, a le droit et le devoir de se défendre. »

Enfin l'expédition se mit en marche; et, arrivés près de Blidah, le gouverneur sachant que les réguliers d'Abdel-Ka-Der se cachaient dans la forêt d'orangers en tiraillant vigoureusement sur tous les détachements qui allaient ou venaient au camp d'Elon, fit abattre des milliers d'orangers pour démasquer le terrain. Une pareille destruction d'arbres si précieux et si longs à venir ne pouvait trouver son excuse que dans une nécessité absolue; nécessité que bien des officiers supérieurs mettaient pourtant en doute, disant que l'ennemi aurait pu être facilement délogé sans en venir à une pareille extrémité. Je me rappelle qu'après un pareil abattis, nos chevaux piétinaient les oranges qui jonchaient le sol, sur un parcours de deux kilomètres. Nous continuâmes à marcher jusqu'à la rive gauche de la Schiffa. Là, nous aperçûmes le matin, de bonne heure, la cavalerie d'Abd-el-Kader, rangée en bataille du côté de Levant : aussitôt l'ordre fut donné à l'armée de se tenir prête. Les cavaliers arabes gardant l'immobilité, le général en chef fit partir des chasseurs à cheval pour sonder leurs intentions. Mais arrivés à une certaine distance, la cavalerie ennemie se dispersa, rentra dans la montagne, et une heure après pas un ne paraissait dans la plaine.

Le lendemain, à la pointe du jour, on aperçut la cavalerie d'Abd-el-Kader, prenant position du coté opposé, c'est-à-dire à l'ouest de la plaine, et s'y ranger en bataille, bannières déployées, ayant l'air de nous attendre. Comme la veille, le maréchal donna l'ordre de se préparer et de marcher. Mais à mesure que nous avancions, la cavalerie ennemie reculait se tenant toujours à égale distance, sans faire aucun mouvement agressif. Nous marchions ainsi quatre et même cinq heures, dans un pays sans routes et très accidenté : puis le général faisait faire une halte. Pendant ce temps, la cavalerie de l'émir diminuait, peu à peu, s'éclipsait dans la montagne pour disparaître complétement. Ce jeu à tiroir se renouvela quatre jours. Un matin la cavalerie arabe s'étant un peu rapprochée, le maréchal Vallée résolut de la faire charger. Ordre fut donné à deux régiments d'exécuter la charge. Ils partirent au galop; et, à peine en mouvement le duc d'Orléans s'aperçut de l'absence de son frère, le jeune duc d'Aumale, et il apprit qu'il avait suivi la charge de cavalerie. Le duc d'Orléans en fut tellement saisi et affecté qu'il envoya aussitôt un de ses officiers d'ordonnance, le capitaine Jamin, avec quelques hommes, pour arrêter et ramener son frère. Il était trop tard, la cavalerie était déjà si éloignée, qu'on ne la voyait plus ; elle en fut d'ailleurs quitte pour une course au clocher; les cavaliers d'Abd-el-Kader n'attendirent pas l'attaque et disparurent, comme les autres jours, dans la montagne (1).

Le maréchal Vallée, furieux de ne pouvoir atteindre son but, et voyant son armée fatiguée par ces allées et venues continuelles, traita, dit-on, Abd-el-Kader, de lâche, n'osant ni attaquer, ni attendre le combat. Ce mot étant parvenu jusqu'à l'émir, celui-ci lui aurait, disait-on, fait la réponse qui suit :

« Tu dis que je suis un lâche, parce que je ne te livre ni n'accepte la bataille; mais tu sais mieux que moi que je ne suis pas capable de me mesurer avec toi en bataille rangée, attendu que tu as une armée plus instruite, plus disciplinée que la mienne, et une artillerie qui me fait presque complètement défaut; mais je vais te faire une proposition :

« Permets moi de me procurer les moyens de bien organiser mon armée. Nous ferons une trêve de trois ans que j'emploierai à son instruction et à son armement. A cette époque, à nombre égal, je te donnerai ou j'accepterai un rendez-vous dans la plaine ; nous nous mesurerons, et nous verrons auquel des deux restera la victoire. » J'ignore quelle réponse fit le maréchal à cette singulière proposition qui était le pendant

---

(1) On voit, par ce trait de courage, que le jeune prince, duc d'Aumale, ayant à peine 18 ans inaugurait vaillamment sa carrière militaire qu'il a si glorieusement et si intelligemment accomplie.

de celle que l'émir avait faite à Bugeaud, à Oran, lors de l'expédition de la Tafna.

Le lendemain, au matin, de bonne heure, on vint annoncer au prince qui était en tête de la colonne que les réguliers d'Abd-el-Kader, s'étant massés et cachés dans les replis de la montagne de l'*Afroum*, semblaient y attendre l'arrivée des cavaliers pour attaquer sa division. Mais le prince jugea à propos de ne pas leur laisser le temps de prendre l'initiative ; de les surprendre, de les attaquer vigoureusement et de les chasser d'une position qui pouvait leur permettre de nous faire beaucoup de mal et contrarier notre marche.

A peine l'ordre donné, l'infanterie, les chasseurs d'Orléans en tête, se mit en marche ; et après une fusillade bien nourrie qui débusqua l'ennemi du bas de la montagne, elle déposa les sacs ; et, baïonnettes en avant, défiant le feu bien nourri des Arabes, elle les repoussa de partout avec un entrain et une rapidité étonnante, mais non sans subir des pertes sensibles.

Ma section d'ambulance ayant suivi ce mouvement, nous eûmes pas mal de blessés, entre autres le brave commandant Ulrich ; il reçut une balle au-dessus du nez qui resta fixée dans l'intérieur des fosses nasales, sans qu'il fût possible de l'extraire. Dupuytren ne fut pas plus heureux lorsque le malade fut le consulter à Paris. Cette balle a fait le pendant de celle que le général Trezel avait reçue à Waterloo dans la même région, laquelle, après avoir résisté à toutes les tentatives d'extraction, tomba, quinze ans après, seule dans la cuvette pendant que le général faisait sa toilette. Celle d'Ulrich en fit autant un beau matin quatre ans après, et fêla même le vase en tombant.

Le combat de l'*Affroum* un des beaux faits d'armes de l'armée d'Afrique, fait le plus grand honneur au prince qui l'avait commandé et dirigé, ainsi qu'aux braves qui l'exécutèrent.

Ce combat ayant déblayé la plaine, permit de continuer notre marche sur Cherchell sans être inquiétés.

Cherchell, ou l'ancienne *Césarée* des romains, ville assez importante, avait été, par les ordres de l'émir, complètement abandonnée. Les habitants étaient partis emportant et emmenant avec eux, bestiaux, meubles etc., etc. Un seul habitant était resté ; un vieillard assez bien mis, couché à côté de la porte d'entrée de la ville, où il avait été abandonné ; ne pouvant marcher il fut porté dans une maison où il reçut les soins les plus empressés de la part des zouaves. Nous séjournâmes un jour et demi dans cette ville; temps suffisant pour admirer le site excessivement pittoresque qui l'entoure et pour constater parmi les ruines, les mosaïques dont la mer s'est emparée, qui jonchent encore le fond de la plage. L'importance de cette ancienne cité et le rôle qu'elle avait dû jouer comme capitale de *l'ancienne* Mauritanie césarienne indiquent celui auquel elle est appelée, sous notre occupation, comme centre d'agriculture et de commerce.

Après une station de deux jours à Cherchell, l'armée revint sur ses pas pour se préparer à la glorieuse et si pénible ascension du mont Mouzaïa.

L'armée était divisée en trois colonnes : l'une commandée par le duc d'Orléans et dirigée par le général Duvivier. La deuxième, par le colonel Lamoricière ; et la troisième par le colonel Changarnier. Les trois colonnes s'avançaient par trois chemins ou mieux par trois sentiers étroits, escarpés, sinueux ; il fallait, à tout instant, que les hommes s'aidassent pour franchir les obstacles le long des rochers dont chaque anfractuosité cachait un groupe d'arabes tirant à bout portant. Nos soldats essuyaient ces feux, ainsi que ceux des batteries superposées sur la crête, sans y répondre, occupés qu'ils étaient à grimper, comme des chamois, de roche en roche. Le 2ᵉ léger, surtout, formant l'extrémité de l'aile gauche, dut surmonter des obstacles étonnants et subir le feu de l'ennemi plus longtemps sans pouvoir riposter. Il me semble les voir encore faisant la chaîne et passant successivement le fusil à ceux qui étaient arrivés, ne pouvant eux-mêmes les porter en donnant la main à leurs camarades. Le colonel Lamoricière, avec ses zouaves, était à la droite; et, après avoir culbuté l'ennemi, il se trouvait arrêté en un escarpement sur lequel *Hussein* dirigeait un feu nourri et très meurtrier; cette scène fut terrible, et très anxieuse. Bientôt une fusillade atroce, ressemblant à un roulement de tonnerre, s'engagea sur toute la ligne, surtout à l'aile gauche avec le 2ᵉ léger. Un brouillard épais, obscurcissant l'atmosphère, empêchait les combattants de se voir et de voir les obstacles qu'ils avaient à franchir. Mais n'importe, le colonel Changarnier jugeant le moment décisif, car, là, il fallait vaincre ou mourir; toute retraite étant devenue impossible, fit sonner la charge. Ici la réalité se dérobe à toute description; les soldats partirent à la baïonnette comme des lions, trébuchant, tombant, passant sur leurs camarades, se relevant, mais avançant toujours à travers les balles, les boulets, au milieu d'un brouillard épaissi encore par la fumée de la poudre. Enfin un solennel silence se fit; il fut effrayant; il semblait que nos cœurs avaient cessé de battre, tant nous sentions, nous, simples spectateurs, combien le moment était critique. Nos soldats étaient exténués de fatigue et de faim en face d'un ennemi acharné qui les attendait derrière des retranchements préparés de longue main, protégés eux-mêmes par trois batteries superposées. Ce silence et ce calme furent de courte durée ; bientôt une fusillade et de terribles coups de canon ébranlèrent nos cœurs et l'atmosphère. Les détonations, roulant dans les anfractuosités des montagnes et répercutées sans cesse, y produisaient un bruit infernal qui semblait vouloir les soulever et les renverser. A cet anxieux tapage qui dura trois quarts d'heure environ succéda un nouveau silence, mais plus solennel et plus émouvant que le premier. L'immobilité était complète ; seuls, les épais nuages de la poudre se mouvaient dans l'espace et étaient consultés par nous, comme des augures où nous cherchions à deviner s'ils apportaient la victoire ou la défaite, défaite qui eût été terrible et désastreuse. Mais Dieu protégeait la France, et nos braves la défendirent avec un courage au-dessus de tout éloge. Bientôt le bruit des clairons traversant cette épaisse couche de fumée parvint jusqu'à nous et nous pûmes distinguer la fanfare du 2ᵉ léger, dont l'air était si connu de toute l'armée ; à l'entrain dont elle était sonnée, c'était bien la victoire qu'elle annonçait. A cet air, tous, comme sous l'influence d'une secousse électrique, nous poussâmes un cri, à l'unisson de Vive le roi ! Vive le 2ᵉ léger ! Quoique les autres régiments eussent, eux aussi pris, autant que leur position le leur permettait, une part très active à ce succès, le 2ᵉ léger, formant l'extrémité de l'aile gauche, eut plus de distance à parcourir et de difficultés à surmonter en escaladant les rochers et en se trouvant en face des retranchements et des batteries que l'ennemi avait formés.

Changarnier voyant ses hommes tomber par files et ayant toujours le mot pour les encourager, leur répétait : « Ce n'est rien, mes amis, nous serons toujours assez nombreux pour atteindre les cîmes de l'Atlas. » Les arabes éperdus, ahuris en présence de tant de courage et certains qu'ils étaient de notre succès, abandonnèrent les batteries, les redoutes et s'enfoncèrent en courant au fond du ravin où coule la Schiffa.

Peu après que Changarnier fût à la cîme de la montagne, Lamoricière arriva le second et les deux héros s'embrassèrent, dit-on, aux applaudissements des soldats, qui, eux aussi, avaient bien raison de se féliciter d'être arrivés sains et saufs au haut du piton.

Ici se passa une scène très émouvante; elle m'a été racontée par M. Pasquier, qui se trouvait à côté du prince.

Le col pris, le général Duvivier, plus rapproché du quartier général, arriva le premier et vint rendre compte au prince du résultat obtenu. Entouré du bournous blanc, sa tenue adoptive, le général s'approcha d'un pas grave et mesuré, comme son caractère, et s'exprima ainsi :

« Monseigneur, cette journée marquera dans les fastes de l'armée d'Afrique; votre présence a électrisé les hommes qui se sont battus en vrais héros, etc. » Le prince lui tendit la main en le félicitant. Un quart d'heure après, parut le colonel Lamoricière, la figure teintée de noir par la fumée de la poudre ; le fez sur l'oreille, la démarche assurée, un peu sautillante ; enfin les allures d'un vrai soldat qui arrive d'une partie de plaisir. « Monseigneur, dit-il au prince, mes zouaves se sont battus comme de vrais lions ; *Vive le Roi !* » Le prince lui serra affectueusement la main.

Bientôt ce fut le tour du colonel Changarnier qui, n'ayant atteint le sommet de la montagne qu'avec les plus grandes difficultés, mit quelques instants à arriver au quartier général ; il était superbe à voir ; le col nu, la figure noircie par la fumée de la poudre collée, par la sueur, sur la peau ; les yeux hagards ; sa tunique déboutonnée et percée de trois balles ; sa casquette également trouée ; sa démarche, trahissant une grande animation, le rendait méconnaissable. A l'approche du prince, d'un air exalté, et faisant brandir son épée en l'air, il s'écria : «Monseigneur, j'étais dévoué à la famille des Bourbons ; plus tard j'ai servi le gouvernement de Juillet par devoir ; maintenant, Monseigneur, c'est avec admiration !» en prolongeant de deux points d'orgue la dernière syllabe. Après ces paroles, dites avec l'exaltation qu'expliquait la circonstance et la conviction du devoir glorieusement accompli, le prince, avec le calme et le charme qu'il savait donner à tout ce qu'il disait, lui répondit :

« Mon cher colonel, il n'appartient à aucun gouvernement de descendre dans le cœur des hommes. Il doit se contenter d'apprécier leurs actes, et les vôtres sont trop méritants pour que le roi ne vous en soit pas reconnaissant, soyez-en bien convaincu.» Une bonne poignée de mains termina cette scène émouvante.

La nouvelle de la prise de Constantine, en terrifiant la contrée de l'est de l'ancienne régence, s'était rapidement répandue dans toutes les régions en jetant une grande indécision dans l'esprit des populations indigènes qui voyaient notre puissance renverser insensiblement les obstacles principaux qui s'opposaient à notre domination.

Vint ensuite la prise du col de Mouzaïa, un des plus

beaux faits d'armes de notre armée ; qui, s'adressant directement à l'émir, avait considérablement terni son prestige. C'est alors qu'il eût fallu agir et profiter de ces deux succès pour le poursuivre et ne pas lui donner le temps de réorganiser son armée.

Après ces deux faits d'armes, le gouvernement aurait dû doubler l'effectif de l'armée et le roi Louis-Philippe déclarer dans le discours du trône, comme il le fit solennellement en 1843 : « Que la terre d'Afrique sera une terre désormais et pour toujours française. »

Une armée, non de cent, mais de quatre-vingt mille hommes, et même moins, mise en campagne après ces deux succès, sous l'influence d'une semblable et si rassurante déclaration du trône, aurait bien certainement obtenu rapidement le même résultat qui amena en 1845, la chute et la reddition de l'émir ; la colonisation y aurait gagné cinq bonnes années, et de grandes économies en hommes et en argent eussent été réalisées.

Tel était le plan du maréchal Clauzel et il était homme à le bien exécuter. Mais les ministères changeaient souvent à cette époque. Trois hommes, tous remarquables, se disputaient ou arrivaient successivement au pouvoir. C'étaient Guizot, Thiers et Molé, et chacun, à l'exemple de Pénélope, défaisait ou n'approuvait pas, pour l'Algérie, les projets de son prédécesseur. C'est ainsi que le ministère Thiers-Maison, très favorable à l'occupation, avait complètement adopté les plans que le maréchal Clauzel lui avait présentés. Sur ces entrefaites, le ministère fut changé et remplacé par Guizot et Molé, lesquels se montrèrent complètement hostiles, non seulement au plan général de conquête, mais même à envoyer les moyens nécessaires que le maréchal sollicitait pour faire l'expédition de Constantine. Vint ensuite le remplacement du maréchal Maison à la guerre par le général du génie Bernard, qui, plus complètement opposé à tout agrandissement de l'Algérie et même à son occupation, s'empressa d'écrire une lettre au maréchal Clauzel plus explicite ; son plan paraissait trop vaste et trop dispendieux au gouvernement; et, puisque l'expédition de Constantine était projetée, il ne pouvait l'autoriser que comme une expédition toute spéciale, ne devant avoir aucune conséquence pour l'exécution du plan général d'occupation qu'il avait présenté : Le ministre terminait sa lettre par cet avertissement : « Qu'il était bien entendu que cette expédition ne se ferait qu'avec les ressources (personnel et matériel) dont le maréchal Clauzel pouvait disposer. » On connaît les conséquences de ce refus, racontées dans le cours de ce livre, (première expédition de Constantine.)

Et chose plus grave qui s'est présentée trop souvent; nombre de tribus qui faisaient leur soumission quand nous marchions en avant; qui restaient soumises tant que nous restions près d'elles et que nous pouvions les protéger, étaient bien obligées, même forcées, d'abandonner notre drapeau afin d'éviter le châtiment qui leur était réservé par l'émir ou tout autre chef arabe.

Telle était pourtant la politique de cette époque à l'égard de l'Algérie. On faisait chevaucher à grands frais l'armée, allant tantôt de l'est à l'ouest, de l'Occident en Orient, commençant tout, n'achevant rien et ne pouvant rien achever ni rien organiser ; mais détruisant les pouvoirs, l'organisation sociale des Arabes, ainsi que les positions individuelles, et qui, à la place de ce qu'elle détruisait, ne savait ni ne pouvait rien reconstruire.

CONCLUSION

Bugeaud qui a eu la gloire de soumettre les Arabes et de préparer glorieusement la reddition de l'émir, vaincu par le duc d'Aumale, ne fit que réaliser le plan conçu par Clauzel en 1835. J'ai déjà dit que Clauzel, en sollicitant son retour en Afrique, n'avait accepté cette mission que sur la promesse formelle qui lui avait été faite par le gouvernement, surtout par M. Thiers, de lui donner un effectif de cinquante mille hommes ou plus, s'il le jugeait nécessaire pour soumettre toute la régence. Le plan du maréchal était d'attaquer successivement les trois provinces ; et il est probable que les Arabes n'ayant à cette époque, ni armée organisée, ni chef qui contralisât et régularisât leurs forces, auraient bien plus facilement cédé que lorsque l'émir, devenu et reconnu le chef unique, la régence eût une armée imposante et bien organisée à nous opposer.

Etait-ce une politique habile que celle qui ne faisait, à propos, ni la paix ni la guerre, ou qui faisait l'une et l'autre par entraînement d'amour-propre ; un peu par boutade pour satisfaire à un besoin momentané de l'opinion publique et, disons-le tout bas, parfois aussi à un entraînement militaire, que justifiaient à peine les évènements ?

Puis encore ces petits mouvements de troupes que nous montrions à l'Afrique, que le gouvernement rappelait, qui y rentraient quelque temps après et qu'on rappelait encore, dont le résultat se traduisait par la perte d'hommes, des dépenses inutiles et donnant ainsi au peuple, le plus stable de la terre, l'idée d'une versatilité qui démontrait celle du gouvernement et faisait supposer notre faiblesse; et pendant que l'esprit gouvernemental se perdait au milieu de toutes ses hésitations, les avertissements et les renseignements ne lui manquaient pas. Citons deux brochures qui parurent, l'une, en 1838, traitant de l'administration et de la politique, due à la plume intelligente et éminemment pratique de M. Blondel, directeur des finances à Alger ; l'autre, en 1839, purement hygiénique, traitant spécialement de la salubrité incontestable du climat d'Alger, de l'assainissement impératif des marais avant l'installation des nouveaux émigrants, et des précautions à observer pour le défrichement des terres, afin d'éviter les fièvres si graves à cette époque. Brochure imprimée pourtant aux frais du gouvernement et publiée par l'auteur de ce livre. Puis tant d'autres publications dont le nom m'échappe, et qui, toutes, émanant d'hommes compétents, connaissant parfaitement le pays, démontraient, par des arguments irréfutables, corroborés par l'histoire, l'avenir prospère à la France au triple point de vue politique, militaire et agricole. Mais c'était prêcher dans le désert, le démon de la fatalité empêchait ces documents de franchir le seuil des ministères. Citons un seul fait à l'appui :

Voici ce que le ministre de la guerre, général Bernard, poussé à bout dans un conseil, répondit à propos de l'Algérie en 1837 :

« L'Algérie n'est qu'un rocher stérile dans lequel il faut tout apporter, excepté l'air : encore y est-il mauvais. »

Heureusement, les colons, malgré le doute qu'exhalait l'esprit gouvernemental et la puissance croissante de l'émir, ne se découragèrent pas. Avec une persistance et une opiniâtreté, dont on n'a pas toujours tenu assez compte, ils ont souvent, au milieu de dangers réels, continué leurs travaux. Ils travaillaient pour eux, dira-t-on, cela est vrai, mais, tout en le faisant dans leur intérêt, leur œuvre collective ajoutait des nouveaux éléments à l'édifice qui devaient forcément achever de convaincre les plus incrédules, entraîner le gouvernement et, finalement, relier un jour d'une manière indissoluble, l'Algérie à la France.

FIN

www.ingramcontent.com/pod-product-compliance
Lightning Source LLC
Chambersburg PA
CBHW070434170426
43201CB00010B/1093